浴火温泉关

重塑世界历史

[英] 保罗·卡特里奇 / 著
王静 / 译
李永斌 / 审校

上海社会科学院出版社
SHANGHAI ACADEMY OF SOCIAL SCIENCES PRESS

Thermopylae

The Battle that Changed the World

Paul Cartledge

谨以此书献给剑桥大学古典系的助理职员，

并缅怀贝纳兹·纳兹汉德（2005 年 7 月去世）

丛书序言

中文中的“古典”一词，相对应的英文为classic，是由拉丁文classicus（意为“罗马一级公民的”）衍生而来的，classicus又是名词classis（意为“等级”）派生的形容词。作为“等级”含义的classis，与两个在罗马法领域的重要词汇有着密切联系：numerus（意为“大量人群组成的集体”）和ordo（意为“次序”“顺序”），numerus是量的体现，ordo是质的安排，两者共同构成法律与社会结构中的“量—质”框架。在这个框架中，classis是连接量和质的重要单元。就此意义而论，classis的形容词classicus的含义进一步从“罗马一级公民的”延伸到了“最高等级”之意，指涉一个依据其社会和经济地位而形成的社会等级。在古代罗马语境中，classicus还与dignitas（意为“高贵”）和auctoritas（意为“权威”）有着密切联系。因此，从classicus派生出来的classic又被赋予了“一流的”“卓越的”等含义。

当“古典”一词用于描述历史上的某种文化运动时，实则指向一种对文化遗产及其精神内核的特定认知，亦即对古代典范作品的尊崇。文艺复兴时期，欧洲知识界掀起了一场对希腊罗马文化的系统性复兴运动，古典主义精神由此在各文化领域蔚然成风。这一时期所确立的审美范式与人文理念，不仅为当时的人文主义者提供了方向指引，更为两个世纪后的新古典主义奠定了理论基础与实践准则。17 世纪时，意大利文艺复兴时期的作品引导法国的艺术家也走向了古典主义。为区别于文艺复兴时期的古典主义，人们通常把源于法国的古典主义文艺思潮称为新古典主义。在古典主义和新古典主义盛行时期，classic 一词获得了另外一种含义，那就是超越特定历史分期，成为跨越时空的价值判断标准，即“古典的”或“经典的”这样一种普遍的含义。通过这种语义演化，classic 一词最终确立了在现代语境中的基本含义，即在同类事物中堪称典范的卓越代表。这种意义的“古典”往往指一种文学或艺术风格发展到最充分、最和谐的阶段。从世界历史发展的角度看，人们将希腊罗马文明统称为“古典文明”，实际上是将其确认为当时世界文明发展的最高阶段。

在西方文明史上，希腊文明处于最重要的起点。那么，希腊文明究竟有些什么成就，能够被后世认为是西方文明的源头？2500 多年前，希腊的一些城邦就创造出了民主制度，雅典则是希腊民主政治中最典型的代表。在这种民主制度下，自由和平等的理念得以充分发掘和实践，人的创造性也得以最大程度地彰显，这种创造性最直接的体现就是文化的高度繁荣。古典时代希腊人的文化成就，已经深刻地映射在了现代人的头脑中。在哲学领域，有苏格拉底、柏拉图、亚里士多德等伟大的哲学家，他们创造的哲学基本术语，提出的哲学基本问题，直至今日仍然框定了哲学家求索和研究的基本对象。在历史学领域，“历史学之父”希罗多德奠定了历史学的基本价值体系，即探究人类的伟大功业，探究人类发生战争的根本原因。当然，还有修昔底德、色诺芬等重要的希腊历史学家；在戏剧领域，古希腊的三大悲剧家埃斯库罗斯、索福克勒斯和欧里庇得斯，以他们的作品深刻地揭示了人类在命运之前的悲剧，以及面对命运不屈抗争的精神。即便是阿里斯托芬这样的喜剧作家，也在嬉笑怒骂之间探索着人的本性。这些古希腊的先贤所创造的作品，在当时都是“一流的”“卓越的”，流传到今天，则变成了“古典的”“经典的”。希腊的科学也非常发达，清华大学吴国盛有言，“古代希腊人不仅创造了光辉夺目的文化成就，而且创造了一种全新的精神，这种精神恰恰是真正的现代精神，这才是希腊的奇迹之所在。希腊是科学精神的发源地，从这个意义上，可以说希腊为现代文明奠定了基础。”

罗马人在很大程度上继承和发扬了希腊人在政治制度和精神文化方面的创造，因此希腊罗马文明往往被一起提及，很多时候也被视为一体的。但是希腊和罗马实际上代表了西方文明的两个不同方向。美国诗人爱伦·坡有两句著名诗句：“光荣属于希腊，伟大属于罗马”。尽管人们对这两句诗的翻译有很多不同看法，但是这两句诗在一定程度上说明了古代希腊和古代罗马在文明成就方面的差别。希腊人的光荣主要体现为辉煌灿烂的文化成就，罗马人的伟大则主要体现在罗马国家发展的路径方面。罗马从台伯河上的一个小邦，不断发展壮大，最后成为地跨亚非欧三大洲的大帝国。虽然世界历史上有不少地跨亚非欧三大洲的帝国，如波斯帝国、亚历山大帝国、阿拉伯帝国、奥斯曼土耳其帝国等，但是除了罗马，没有任何一个帝国能够将地中海变成自己的内陆湖。从延续时间上来说，从公元前 27 年屋大维获得“奥古斯都”的称号并建立元首制算起，到公元 476 年西罗马帝国灭亡为止，罗马帝国共延续了 500 多年之久，如果到公元 1453 年东罗马帝国灭亡为止，则延续了将近 1500 年。罗马人在文化方面也取得了非凡的成就，留下了很多堪称经典的作品，至今仍影响并深度参与现代文明的构建，实为世界文明永不褪色的源泉。罗马文学黄金时代维吉尔的《埃涅阿斯纪》、贺拉斯的《歌集》《诗艺》、奥维德的《变形记》等作品，不仅成为文艺复兴时期很多著名作家创作灵感的源泉，而且继续流传至今，成为世界文学史上的经典。罗马的史学作品也有很多经典之作，包括凯撒的《高卢战记》《内战记》、李维的《自建城以来》（常译为《罗马史》）、塔西佗的《编年史》等。

任何文明都不是孤立成长的，由古代希腊文明和古代罗马文明所构成的西方古典文明与以古代两河流域文明、古代埃及文明为典型代表的古代东方文明，始终在交流互鉴与冲突碰撞中交织发展。在文明互鉴层面，公元前750年—前650年“东方化时代”，希腊在艺术、文学、宗教等方面深受东方文明的影响，而公元前334年—前30年的“希腊化时代”见证了希腊文明在东方的深度传播与发展，“罗马化”“蛮族化”也展现着古代希腊罗马文明发展历史上某些文明交流互鉴的现象。但文明的冲突亦如影随形，尤以公元前5世纪希波战争为典型，这场战争不仅深刻改变了当时东地中海地区的国际关系格局，甚至深刻影响了东西方文明的发展和走向。

总之，唯有深入理解西方文明的基因密码，方能真正实现文明互鉴、美美与共，为构建人类命运共同体提供历史坐标系。于是，“西方古典文明译丛”应运而生，我们试图通过译介以古希腊罗马文明为核心研究范畴的史学著作，为中文世界呈现西方古典文明的多元光谱。本丛书聚焦社会史、女性史、战争史及神秘主义等多样视角，精选兼具学术价值和社会意义的选题进行译介，坚持“学术可读性”原则，希望能为学者提供批判性研究范本，亦向公众敞开文明对话之门——我们并非复刻古典荣光，而是以希腊罗马为棱镜，折射人类共同的历史困境与智慧结晶。

这套丛书得以实现，需感谢上海社会科学院出版社的大力支持，尤其是相关编辑老师的认真策划和积极推进。本丛书还得到了国家社科基金重大招标项目“古典时代环地中海地区文明的互鉴与交流研究”（项目编号：24&ZD301）和中国历史研究院“绝学”学科扶持计划“西方古典学”的支持，在此谨表谢忱！

2025 年 7 月 7 日

于北京

目　录

前言　　/001

致谢　　/001

大事年表　　/001

阿契美尼德王室家谱　　/001

序言　以可怖的场景为背景　　/001

第一章　公元前6世纪的古代世界：从印度到爱琴海　　/013

第二章　帝国的动态：公元前485年阿契美尼德王朝统治之下的波斯　　/027

第三章　希腊：公元前485年的希腊世界　　/045

第四章　公元前485年的斯巴达：独特的文化和社会　　/059

第五章　温泉关战役Ⅰ：动员　　/081

第六章　温泉关战役Ⅱ：战役准备　　/117

第七章　温泉关战役Ⅲ：战役经过　　/135

第八章　温泉关传奇Ⅰ：古代　　/149

第九章　温泉关传奇Ⅱ：从古代到现代　　/173

后记 温泉关战役：世界历史的转折点 /197

附录 1 发明“历史”：希罗多德和其他古代史料来源 /213

附录 2 希罗多德记载的波斯军队部署表 /231

附录 3 希罗多德——宗教激进主义的“解毒剂” /242

术语表 /256

参考书目 /266

参考文献 /308

索引 /311

前　言

在这里发表出来的，乃是哈利卡纳苏斯人希罗多德的研究成果。他之所以要发表出来，是为了让人类的功业不会随着时间的推移而被遗忘，为了使希腊人和蛮族人（非希腊人）那些值得赞叹的丰功伟绩不失去它们应有的光彩，特别是为了记载他们发生纠纷的原因。 ix

——希罗多德《历史》，第1卷第1节

在完成我的上一本书——关于公元前336—前323年马其顿（及其他很多地区）的伟大帝王亚历山大——后不久，我参观了温泉关从而为写作本书做准备。准备工作既包括绘制亚历山大大帝在已知世界的大部分地区改变世界的路线，也包括用图表记录少数人对一个改变历史的狭窄通道（指温泉关）的防御。这一任务在很多方面都是相似的，包括对证据（史料）的权衡，对结果和影响的估计，以及对价值的判断。但是，尽管这一主题相当宏大，但是主要集中于在某一狭小空间内进行的行动上——对“自由”的自杀式定义。

“热门”（Hot Gates）是古希腊语中“温泉关”（Thermopylae）的意思，这是希腊大陆中北部的一个狭窄的隘口。“门”一词指的是这样一个事实，即对任何来自北部的入侵军队而言，这都是一条打败希腊中部及南部军队的天然且明确的路线。这里之所以被称作“热”，是因为至今此处附近仍有天然的硫黄温泉。在公元前 480 年 8 月，正是在这里，一队人数很少的古希腊人对来自波斯威力巨大的入侵军队进行了英勇的
x 抵抗。这些人由来自希腊最强大的城邦——斯巴达的精英人物领导。

令人不安的是，如今，连接雅典和希腊第二大城市马其顿塞萨洛尼基的国道从这个具有历史意义的遗址上穿凿而过。这一地区的地貌发生了关键性变化，所以也无助于对古代场景的想象性重塑。自公元前 5 世纪以来，这里至少发生了两次地震，此外，斯佩凯乌斯河（Spercheiu）还沉积了冲击物，从而导致海水向北倒退了 5 千米。因此，原本一侧是咆哮的大海的狭窄的山间隘口，现在变成了一条穿过相当广阔的沿海高原的道路，只能听见大海遥远的轻柔呢喃声（在卡车和其他机动车呼啸而过的声音没有淹没它的时候）。

20 世纪 50 年代中期，希腊政府在美国的资助下，首次在国道旁边为惨死于公元前 480 年那场孤注一掷的战役中的列奥尼达和其他希腊人竖立了现代纪念碑。不久之前，希腊毁灭性的内战（1946—1949 年）致使至少 50 万名希腊人死亡。这场内战之前是一段令人不快的外国占领时期（1941—1944 年），先是轴心国的意大利，然后是纳粹德国。尽管如此，1940 年末希腊人的英勇抵抗让人不禁将之与公元前 480 年他们祖先的英勇行为相提并论。

显然，当时，人们迫切需要一座纪念碑来抚慰那些为抵抗外来侵略和征服而献出生命的人们。自 20 世纪 50 年代中期起开始不断设立的纪念碑仍然很有震撼力，能够唤起人们的回忆。但是如果穿到国道的另一边，对公元前 480 年的研究者来说收获更大。附近是一座低矮的山丘，几乎可以判定，斯巴达国王列奥尼达和少数斯巴达士兵就是
xi 在这里对波斯的薛西斯大帝进行了英勇的“最后的抵抗”。如果在覆

盖着温泉关遗址的灌木丛中寻找，就会发现另外一处现代纪念碑。它竖立在地面上，用来自斯巴达南部地区绿色的拉科尼亚石头进行了适当的装饰。这座纪念碑在字面意义和隐喻意义上都是很有诗意的。上面刻着一首两行格言的副本，是一首挽歌对联，它由25个世纪前的当代赞美诗人、来自凯阿岛的利奥波里佩斯之子西蒙尼德斯创作。用通俗的英文翻译出来为：

> 路过的行人，请告诉斯巴达人，
> 我们遵从他们的命令，在这里长眠。

服从和自由，自我牺牲式的自杀……温泉关是一个见证地，让人联想到斯巴达自相矛盾的文化价值观。这种价值观在现在和当时（波斯国王薛西斯对这些可怕的战士在战时梳理头发准备迎接壮烈死亡的消息感到困惑）一样，都需要解释。

在《亚历山大大帝：寻找新的过去》（*Alexander the Great: The Hunt for a New Past*）一书中，我认为这是中东历史上最伟大的戏剧之一的最后一幕：亚历山大对强大的阿契美尼德家族统治下的波斯帝国的征服。波斯帝国由居鲁士二世（也称大帝）于约公元前550年建立。在这本书中，我追溯到一个半世纪以前，从伊朗这个历史中心所拥有的可表达和可视权力的角度，考察波斯帝国极盛时期或接近极盛时期的历史。公元前334年，亚历山大从欧洲西部、希腊北部入侵了波斯帝国的亚细亚领土。公元前480年，波斯国王薛西斯几乎在同样的地点从东方入侵了欧洲（指希腊）。从最广阔的历史视角来看，正是在文化层面，东方与西方的冲突最为显著，这是理所应当的。研究希波战争的第一位也是最好的历史学家希罗多德就是以这种方式看待事物的（见序言开头的原文），我也努力追随他平衡的脚步。

xii 更重要的是，这一方面是斯巴达人和其他希腊人与波斯的冲突，另一方面也是自由和奴役的冲突。当时和后世的希腊人都是如此认为的。事实上，这一冲突可以被合理地视作世界历史的轴心。19世纪具有世界历史眼光的理论家黑格尔有力地指出：整个世界历史的利益悬而未决，处于紧要关头。危在旦夕的正是早期形式的一神论、全球国家、民主和极权主义的概念。总之，温泉关战役不仅是古典时代希腊历史的转折点，而且是整个世界历史（无论是东方历史，还是西方历史）的转折点。

因此，我们在此讨论的是两个巨大的文化和文明冲突中较早的一个，这有助于界定古典希腊的认同，从而有助于界定我们文化遗产的本质。关于亚历山大征服波斯帝国是好事还是坏事这一问题，学者和其他相关群体仍争论不休。对于（忠诚的）希腊人在公元前480—前479年对波斯蓄意征服的抵抗，很少人持怀疑态度。尽管如此，仍然有很多人说波斯对希腊大陆的征服和吞并不一定完全是传统的东方学家和欧洲中心论史学家们所认为的那种完全的文化灾难。回顾过去2500年的历史，至少我们这些专业的历史学家都认同希腊（古典希腊）是我们西方文明的主要根源之一。这并不是说存在一种不间断的直接继承，而是说在重要的文化方面，人们在这些时期（拜占庭时期、主要是意大利的文艺复兴时期、启蒙运动时期，以及19世纪的帝国主义时期）有意识地选择将希腊人作为我们的“祖先”。

xiii 然而，我所要讲的故事并不像古代和现代关于意识形态分化的刻板印象那样，是简单的、非黑即白的。希腊人不像白雪那样纯洁，波斯人的心灵也并不一定那样卑鄙。说“不一定”是因为，不幸的是，波斯人并没有像希腊人那样为我们留下具有反思性、内省性和跨文化比较主义的文学。用一种格言的形式来说，不存在波斯的亚里士多德，如果我对公元前 6 世纪末和公元前 5 世纪初阿契美尼德家族统治下的波斯文化理解准确的话，也不可能存在希罗多德。此外，有充足的证据显示，波斯帝国远不只是一个残酷的东方专制政权。

确实有一些希腊人因为他们自己或祖先在政治上的不妥协受到了惩罚（被强制迁移到伊朗的内陆深处或另一个致命的异乡——波斯湾）。但是，在波斯辽阔的亚洲帝国的成千上万的臣民中，有相当数量的希腊人居住在安纳托利亚沿岸他们长期定居的共同体中，从北部的卡尔西顿（与拜占庭，即今天的伊斯坦布尔的博斯普鲁斯海峡相对）到南部的罗得岛和塞浦路斯岛北部海岸对面的海岸。在大多数情况下，只要他们向帝国缴纳税金和贡金，他们就不会受到干涉。另一方面，有一些或多或少是自由人的希腊人，选择作为工匠或雇佣兵为波斯人服务以获取报酬。

甚至有几个在意识形态上支持波斯的希腊人处于核心地位，无论波斯国王在什么地方，他们都被允许进入国王议事的内部密室。这可能是在苏撒，即主要的行政首都，或在伊朗东南的波斯波利斯（希腊人后来称之为波斯波利斯，即今天伊朗的法尔斯省），或更靠北的古代米底的埃克巴坦那，即今天伊朗的哈马丹。甚至在更远的北部和西 xiv
部，在一个或多个行省（因行政目的由帝国划分而来）的总督首府。例如，在吕底亚的萨迪斯，它毗邻希腊的伊奥尼亚，在很久之前就被纳入帝国版图，甚至比巴比伦还早；或是在靠近黑海南岸的弗里吉亚的达斯希勒姆。很多这些“亚洲的”或“东方的”希腊人在我们所关注的东西方的较量中自愿或被迫地站在了波斯一边。事实上，几乎可以肯定的是，在公元前 480—前 479 年间，支持薛西斯或与薛西斯一起战斗的希腊人要多于反对他的人。

就“忠诚的”希腊人（有能力并能鼓起勇气在公元前 480 年抵抗

波斯人侵希腊本土的少数人）而言，本书将广泛地关注斯巴达人做出的决定性贡献。斯巴达人非凡的社会和文明最近成为学术界和大众关注的一个显著的焦点。三部电视连续剧已经播出，其中一部在50多个国家的历史频道播出，另外两部在英国的第四频道播出。正是为了后者中的一部（由贝塔尼·休斯设计并呈现），我写了配套丛书——《斯巴达人：一部英雄的史诗》（最初版本由潘·麦克米伦出版社于2003年出版，2004年第二版）。① 在国际学术会议上有不少于6个讨论小组，一个在美国举行，其他在苏格兰、意大利和法国举行，还有两个在现代斯巴达境内或附近。其中一个小组是由希腊学者组织的，主要包括在希腊考古机构工作的成员，另一个小组是由英国驻雅典学院和当地的拜占庭和史前或古典希腊考古机构的负责人联合组织的，英国驻雅典学院自1904年以来就一直以这样或那样的方式研究斯巴达和拉科尼亚，目前正寻求在雅典建立一个研究中心。还有什么话题值得媒体和其他人关注古代斯巴达呢？

xv 本书致力于为这个问题提供一个或一系列响亮的答案，尤其关注斯巴达在国内外促进自由的主题。在所有有关温泉关的历史中，都有值得“玩味”和影响重大的事件。纽约发生的“9·11”事件和伦敦发生的“7·7”事件②在东西方文化交流的更广泛框架内赋予了这个主题新的紧迫性和重要性。然而，我在这里叙述的温泉关的历史是我无论如何都会选择撰写的历史。这一故事太精彩了，不能不重述；这个文化主题太重要了，不能不重温。

---

① 此书于2010年推出中文译本，参见［英］保罗·卡特利奇：《斯巴达人：一部英雄的史诗》，上海三联书店，2010。——译者注

② “7·7”事件，即2005年7月7日发生在英国伦敦的恐怖袭击事件，四名自杀式炸弹袭击者袭击了伦敦的交通运输网，致使52人死亡，700多人受伤。——译者注

致　谢

在我的《亚历山大大帝：寻找新的过去》一书中，我试图涵盖所有可能的方面，尽力感谢所有的朋友和同事，尤其是向希腊人致谢，正是他们以各种方式帮助我成为研究公元前 4 世纪后期希腊和中东地区的历史学家。在此，我就不重复这些话了。但是我还必须感谢两个朋友。首先是汤姆·霍兰，从学科层面上来说，他并非我的同事，但他仍然是一位历史学大师。过去一年左右的时间，我从他那里得到了很多重要的灵感。我们是在伦敦马里波恩大街但特书店举行的《亚历山大大帝：寻找新的过去》一书的发布会上认识的。汤姆·霍兰的《波斯战火：第一个世界帝国及其西征》（*Persian Fire: The First World Empire and the Battle for the West*）也点燃了我以及其他成千上万名热心读者心中潜藏的灵感火花。① 另一人是彼得·格林，他是古代史领域历史学家中的佼佼者，他的选题范围、敏锐的判断力以及流畅的表达都令人敬畏。

我必须欣慰且自豪地重申对大西洋出版社（Atlantic Press）、潘·麦克米伦出版社（PanMacmillan）以及纽约眺望出版社（Overlook

① 此书于 2021 年推出中文译本，参见［英］汤姆·霍兰：《波斯战火：第一个世界帝国及其西征》，中信出版集团，2021。——译者注

Press）的感激之情。感谢潘·麦克米伦出版社的乔治·莫利、凯特·哈维和丽贝卡·刘易斯以及眺望出版社的彼得·梅耶。我也很高兴地感谢纽约的安德鲁·米勒为我《亚历山大大帝：寻找新的过去》一书的平装本所做的专业工作，就像之前为我的《斯巴达人：一部英雄的史诗》一书所做的一样。我的代理人和朋友朱利安·亚历山大也在感谢名单上，如果没有他，这一切几乎都不可能实现。就私人层面而言，我必须感谢我的朋友——播音员贝塔尼·休斯和开放大学的珍妮特·帕克，她们是考古学家、评论家和古典学家，再一次证明了她们是最理想的读者。彭博社的法拉赫·纳耶里为我了解现代伊朗人如何看待其国家的前伊斯兰遗产提供了慷慨的帮助。

xviii 我还必须感谢斯巴达市长和市政委员会授予我“荣誉市民”的巨大荣誉。我清醒地意识到：如果我是古代斯巴达的公民，我仍然有资格服兵役（可能不一定在前线作战），但是还达不到当选受人敬畏的管理机构——长老会成员的年龄（当选长老会的最低年龄为 60 岁，长老会的成员终身任职，除了两位国王，还有 28 名成员）。

后记原始的口头版本是 2003 年 2 月 6 日我在伦敦大学国王学院大礼堂做的第十三次朗西曼讲座，在此我要特别感谢马蒂和尼古拉斯·埃贡的邀请和热情款待，他们是开明慈善的典范。至于与这场讲座有关的其他工作，我还要衷心感谢我的同事兼朋友朱迪斯·赫林教授（伦敦国王学院希腊研究中心的前任主任）、她的继任者卡里姆·阿拉法特博士，以及我在牛津大学时的博导约翰·博德曼教授，他是研究古希腊和阿契美尼德时期波斯帝国的知名专家。同样地，附录 3 也源于一次口头陈述。我于 2005 年 5 月 19 日在雅典卫城下普拉卡的雅典大学历史博物馆首次发表这一演讲。在“围成圈”（In a Circle）小组的赞助下，在那个值得纪念的时刻我受邀帮忙发行（关于）希罗多德的论文集，在此我要感谢小组负责人：雅典大学的梅莉·约西博士。

最后，谨以此书献给我所在的剑桥大学的助理人员、学院行政人员、图书馆管理员、计算机管理员、博物馆馆长助理、秘书助理、学院摄影师和影像档案助理管理员，尤其是后者的妹妹，她不幸于 2005 年 7 月 7 日伦敦恐怖袭击中遇害。

大事年表

（如未特别标明，所有年份均指公元前。一些日期是大概时间，尤其是公元前500年前的日期。） xix

公元前700年　荷马生活的时代；新特洛伊建城

公元前570年　雅典的克里斯提尼出生

公元前550年　居鲁士二世建立了波斯帝国

公元前546年　居鲁士征服吕底亚国王克洛伊索斯

公元前540年　居鲁士通过玛扎列斯和哈尔帕哥斯将亚洲的希腊人并入波斯帝国

公元前530—前522年　冈比西斯统治时期

公元前529年　居鲁士去世

公元前525年　波斯征服埃及；萨摩斯的波利克拉特斯去世

公元前522年　波斯帝国过渡期

公元前522—前486年　波斯的大流士一世统治时期

公元前513年　大流士远征斯基泰人

公元前508年　雅典民主制建立

公元前505年（存疑）　克里斯提尼去世 xx

公元前499—前494年　伊奥尼亚人起义

公元前 493 年（存疑）　伯里克利出生

公元前 490 年　马拉松战役，列奥尼达继位

公元前 486—前 465 年　大流士一世去世；薛西斯继位

公元前 484 年（存疑）　希罗多德出生

公元前 481 年　希腊联军成立，在科林斯地峡宣誓

公元前 480 年　薛西斯入侵希腊

5 月　波斯军队穿过赫勒斯滂海峡（今达达尼尔海峡）

6 月　波斯军队从赫勒斯滂海峡向中希腊进发

8 月第三周　希腊人在温泉关和阿尔特弥西昂就位

8 月 18 日　满月，奥林匹亚赛会召开；斯巴达人庆祝卡尼亚节

8 月末　温泉关战役（列奥尼达战死）和阿尔特弥西昂战役

9 月初　波斯占领中希腊（弗基斯和比奥提亚）；斯巴达人和其他伯罗奔尼撒人建立起地峡长墙

9 月末　薛西斯洗劫雅典卫城；萨拉米斯海战；薛西斯退回到亚洲

公元前 479 年　普拉提亚战役和米卡列战役

xxi 公元前 477/478 年冬　雅典建立提洛同盟（对抗斯巴达及其同盟）

公元前 477 年　斯巴达内部争论：是否要继续积极抵抗波斯进攻，斯巴达决定正式退出反抗波斯的斗争，但是波桑尼阿斯并没有从黑海附近返回

公元前 472 年　埃斯库罗斯的戏剧《波斯人》在雅典上演

公元前 470 年（存疑）　普拉提亚战役的胜利者，摄政王波桑

尼阿斯从拜占庭被召回，被迫在斯巴达自杀身亡

公元前 469 年　　苏格拉底出生

公元前 465 年　　薛西斯被杀，阿塔薛西斯一世继任

公元前 464 年（存疑）　　斯巴达地震引发大规模的黑劳士起义

公元前 462/461 年　　斯巴达以希腊同盟的名义寻求雅典的帮助，共同对抗黑劳士起义。亲斯巴达的客蒙积极响应，雅典人却被疑心的斯巴达人排挤。紧接着客蒙在雅典被放逐，埃菲阿尔特和伯里克利进行了民主改革

公元前 460—前 445 年　　第一次伯罗奔尼撒战争，斯巴达在公元前 458/457 年的塔纳格拉战役中获胜

公元前 460 年（存疑）　　修昔底德出生

公元前 447—前 432 年　　帕特农神庙修建

公元前 440 年　　列奥尼达的遗体被从温泉关运回斯巴达重新安葬

公元前 440—前 439 年　　萨摩斯起义，斯巴达帮助萨摩斯人的承诺并没有兑现

公元前 431—前 404 年　　伯罗奔尼撒战争（公元前 421—前 414 xxii
年为不稳定的和平时期）

公元前 431 年　　雅典和斯巴达都向波斯寻求财政援助

公元前 425 年（存疑）　　希罗多德的《历史》发表

公元前 424/423 年　　阿塔薛西斯一世去世，大流士二世继位

公元前 421 年　　《尼西阿斯和约》

公元前 413 年　　斯巴达入侵阿提卡，驻守在德西利亚（Decelea）

公元前 412/411 年　　斯巴达通过总督提沙费尔尼斯和波斯签署

正式条约，将亚洲地区的希腊城邦割让给波斯出资人

公元前 407 年　　波斯国王大流士二世 16 岁的儿子小居鲁士作为最高统帅被派往波斯帝国的西部行省，和斯巴达的统帅莱山德建立了友好关系

公元前 405 年　　莱山德返回赫勒斯滂地区执行第二次任务，在波斯大军的帮助下取得了羊河战役的胜利

公元前 405/前 404 年　　大流士二世逝世，阿塔薛西斯二世继位

公元前 404 年春 雅典向斯巴达无条件投降，雅典在爱琴海的海上帝国覆灭，斯巴达海上帝国开始

公元前 404—前 403 年　　雅典在斯巴达军队的支持下建立了三十僭主的统治

公元前 403 年　　斯巴达国王波桑尼阿斯监督雅典恢复民主制，进行大赦（除了三十僭主及其最亲近的党羽）

公元前 402 年　　斯巴达暗中支持小居鲁士推翻并接任其兄弟阿塔薛西斯二世的尝试失败

xxiii 公元前 400 年　　斯巴达以“解放亚洲的希腊人”的口号向波斯宣战

公元前 396—前 394 年　　斯巴达国王阿格西劳斯二世接管了反抗波斯的陆战和海战的指挥权

公元前 395 年　　科林斯战争爆发（由雅典、阿尔戈斯、比奥提亚和科林斯领导，由波斯资助，目的是反抗斯巴达帝国主义）

公元前 394 年　　阿格西劳斯被从亚洲召回希腊

公元前 388 年　　斯巴达说服波斯抛弃雅典、资助另一支斯巴达舰队

公元前 387 年　　斯巴达获得赫勒斯滂海峡的控制权

公元前 386 年　　波斯和斯巴达签订《大王和约》，又称《安塔尔西达斯和约》。亚洲的希腊人再次（前两次是分别在公元前 480 年和公元前 412—前 400 年）成为向波斯帝国纳贡的臣民

公元前 371 年　　斯巴达及其盟友在留克特拉战役中被伊巴密浓达领导的底比斯及其同盟彻底击败

公元前 369 年　　伊巴密浓达监督美塞尼亚黑劳士的解放及自由的美塞尼亚的重建

公元前 368 年　　伊巴密浓达监督阿卡狄亚特大城市的新建

公元前 366 年（存疑）　　斯巴达领导的伯罗奔尼撒同盟解散

公元前 359 年　　阿塔薛西斯二世去世，阿塔薛西斯三世继任，阿格西劳斯二世去世，他的儿子阿希达穆斯三世继任；腓力二世成为马其顿国王

公元前 352 年　　阿希达穆斯暂时守住了温泉关，但仍然没有阻 xxiv
止腓力二世进入中希腊

公元前 346 年　　腓力二世在第三次神圣战争中获胜，毁灭了弗基斯，在德尔斐主持了皮提亚赛会

公元前 344 年　　阿塔薛西斯三世重新夺回了埃及（埃及自公元前 404 年起反叛）

公元前 338 年　　马其顿的腓力二世（统治时期：公元前 360—前 336 年）在喀罗尼亚战役中获胜，几乎控制了整个希腊大陆；腓力二世在科林斯宣布自己为最高指挥官，集合“泛希腊”地区的军事力量对波斯帝国进行“东征”

公元前 336 年　　腓力二世被暗杀，他的儿子亚历山大（亚历山大三世，后来的亚历山大大帝，母亲是希腊人奥林匹娅斯）继任

公元前 335 年　　亚历山大毁灭了底比斯，利用了底比斯在希波

战争中的“米底主义”（亲波斯帝国的立场）

公元前 334—前 323 年　　亚历山大以“解放亚洲的希腊人”的名义征服了波斯帝国，报了公元前 480—前 479 年薛西斯的渎神之仇

公元前 331 年　　波斯国王大流士三世在高加米拉战役中彻底被打败，亚历山大成为“亚洲之王”

公元前 331/330 年　　斯巴达国王阿吉斯三世领导的反抗马其顿的梅格洛波利斯之战彻底失败，这是斯巴达作为独立的军事力量的最后挣扎

公元前 323 年　　亚历山大在巴比伦去世，一些继任者们开始争夺亚历山大帝国的控制权，这种争夺一直持续到公元前 281 年。以前波斯帝国的大部分版图落入自称为“国王”的马其顿人（“征服者”）塞琉古一世手中，以前希腊的大部分版图落入马其顿的安提柯家族手中

阿契美尼德王室家谱

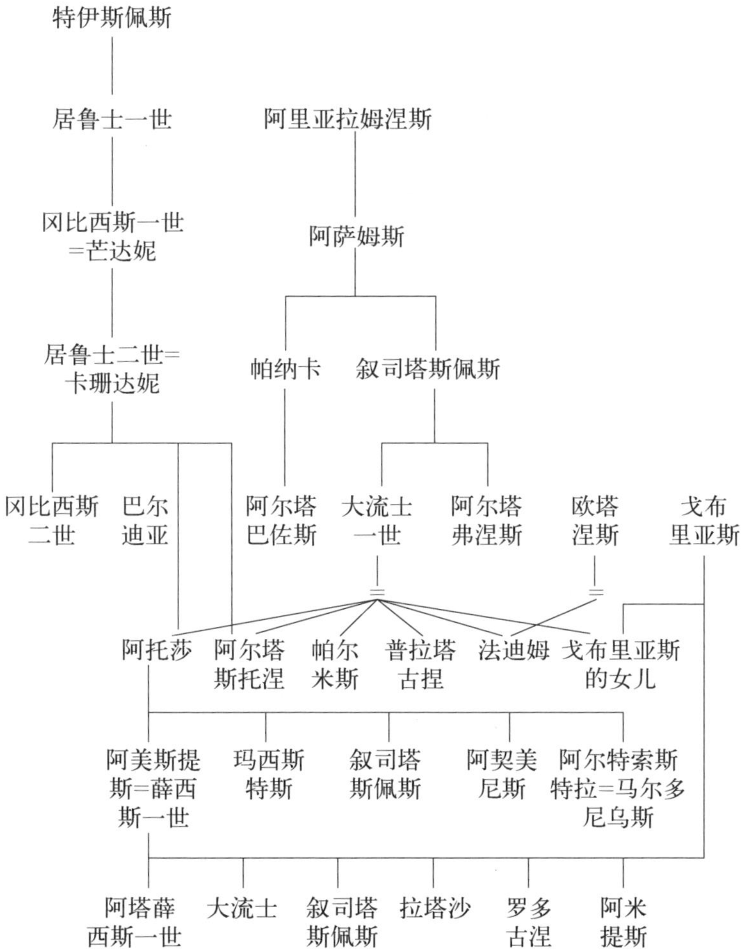
特伊斯佩斯
居鲁士一世
阿里亚拉姆涅斯
冈比西斯一世
=芒达妮
阿萨姆斯
居鲁士二世=
卡珊达妮
帕纳卡
叙司塔斯佩斯
冈比西斯
二世
巴尔
迪亚
阿尔塔
巴佐斯
大流士
一世
阿尔塔
弗涅斯
欧塔
涅斯
戈布
里亚斯
=
=
阿托莎
阿尔塔
斯托涅
帕尔
米斯
普拉塔
古捏
法迪姆
戈布里亚斯
的女儿
阿美斯提
斯=薛西
斯一世
玛西斯
特斯
叙司塔
斯佩斯
阿契美
尼斯
阿尔特索斯
特拉=马尔多
尼乌斯
阿塔薛
西斯一世
大流士
叙司塔
斯佩斯
拉塔沙
罗多
古涅
阿米
提斯

序言

以可怖的场景为背景

1

从想象之域到一望无垠，
艰难地穿过危险的水域。
初看距离似乎很短，
但这是一段多么漫长的旅程啊，
有时候，航船竟然伤痕累累。

——C. P. 卡瓦菲斯 1895/1896 年的散文诗《航船》，
埃德蒙·基利译

爱德华·吉本将他在《罗马帝国衰亡史》(*The History of The Decline and Fall of the Roman Empire*，1776—1788 年完成）中记录的进程描述为“可怕的革命”。他指的是一个以令人敬畏的方式以及在巨大程度上改变了人类历史的激进过程。相比较而言，公元前 490 年马拉松战役之后，发生于公元前 480—前 479 年的希腊波斯战争（以下简称为希波战争)①，时间跨度则短得多。然而，凭借历史学家极其宝贵的洞察力，这些战争可以视为恰好构成了人类事务中令人震撼和敬畏的关键节点。

温泉关战役是希波战争的重要组成部分。公元前 480 年 8 月下旬，一小支由斯巴达国王列奥尼达指挥的约 7 000 人的希腊军队，以精挑细选的斯巴达勇士组成的精英部队为首，英勇地抵抗了由国王薛西斯亲自担任最高指挥官的庞大的波斯帝国军队的入侵。希腊人尤其是斯巴达人的壮举（以及战败）在当时极其重要，因为他们为相对来说非常少的“忠诚的”希腊人（我将这样称呼他们）提供了继续抵抗的意

① 关于希波战争的起讫时间，学界有很多不同的观点，卡特里奇在这里所说的公元前 480—前 479 年，理由是希波战争的主要战役——马拉松战役、萨拉米斯战役、普拉提亚战役、米卡列战役，都发生在这个时间段。公元前 479 年的米卡列战役之后，波斯的势力已经被赶出了希腊本土，后来持续了几十年的小规模战役，主要发生在爱琴海和小亚细亚沿岸。——译者注

2 志榜样，使他们能够战斗到最终将入侵者赶出希腊和爱琴海诸岛。自此以后，温泉关战役成为斯巴达神话（或曰传奇）的重要组成部分。温泉关战役一直在西方文化传统中回响，因为它象征着希腊人和斯巴达人特有的品质，为了更高的集体事业——自由，或更确切地说，自由的各种定义，理性地献身和自我奉献。

但是，人们可能会问，为什么在一本接近埃德加·艾伦·坡所称的“光荣属于希腊”的书中，我们要关注战争呢？主要原因有两个。一方面，不管是过去还是现在，战争都是可怕的负面经历，人们经常出于最不值得赞赏的自私理由互相杀戮，而且残暴至极。希腊人却不屈不挠、
3 满怀热情地进行战斗，以至于战争成为他们整个文化的典型特征。忽略战争在古希腊的作用，就等于在历史研究中犯了粉饰过去的罪行。另一方面，战争也可以作为爱国主义和精诚团结的高尚的表达，包括为自由、民主和其他崇高理想等明显“正义”的事业做出无私的自我牺牲。希腊人最擅长将恐怖和崇高矛盾地结合在一起，这将我们直接带回到西方文化和“文明”的源头，回到西方文学的第一部杰作——荷马的《伊利亚特》（*Iliad*），现存的第一部西方戏剧杰作——埃斯库罗斯的《波斯人》（*Persians*），西蒙尼德斯璀璨的战争警句以及与本书主题最相关的、西方史学的第一部杰作——希罗多德的《历史》（*Histories*）。

作为人类最可怕的创造物之一，战争催生了最令人赞叹、最有影响力的文学作品。事实上，不仅是文学作品，战争还催生了令人惊叹的视觉纪念碑。如今我们来到德尔斐，虽然只能看到一个仅剩下骨架、破败的德尔斐遗址（尽管法国和希腊的发掘者和保护人员做了最大的努力），我们还是能够对具有纪念意义的建筑和雕塑惊人的丰富程度有足够的了解。更准确地说，有战争纪念意义的建筑和雕塑，像雅典的金库一样，坐落在圣路上一个极具视觉冲击力的角落。或者当我们来到雅典卫城，

仔细观察帕特农神庙。这座独特、壮丽且震撼的神庙的部分建造资金就来自战争的战利品以及雅典主导的反波斯军事同盟（提洛同盟）所缴纳贡金的盈余，这座神庙本质上是作为战争纪念碑建造的。诚然，正如索福克勒斯的悲剧《安提戈涅》（*Antigone*）中的歌队所言，“人类的作品令人敬畏”，无论善恶。或者就像希波战争时期底比斯的赞歌诗人品达洞悉的表达：“对没有经历过战争的人来说，战争是畅快的，但对经历过战争的人来说，在战争即将来临时，内心会极度颤抖。”

20 世纪的西方世界是全面战争的世界，经历了佛兰德斯战场、斯大林格勒战役和广岛事件，生活在这个世界的我们当然能够很好地理解古希腊文化的主要特征，尤其是公元前 5 世纪斯巴达的文化特征。 4
当然，从另一个角度看，我们中的大多数人并不能很好地理解战争。就在我写这本书的时候，也就是 2005 年的夏天，正是第二次世界大战结束 60 周年。但在其间的 30 多年，欧洲和北美地区都没有发生过大规模的国际军事冲突。当然，有很多严重的战争：冷战、朝鲜战争、越南战争、海湾战争、伊拉克战争，波斯尼亚、车臣和卢旺达的残酷内战，更不用说在纽约、马德里、伦敦、奥马和其他地方发生的准军事恐怖主义暴行。但是，在第二次世界大战后不久出生的美国人和西欧人从来没有——谢天谢地——真正拿起武器，以爱国和意识形态的名义对抗外敌，屠杀同胞。众所周知，美国总统同时也是美国武装部队的总司令，威廉·杰斐逊·克林顿甚至没有服过兵役，更不用说在前线作战了。在公元前 5 世纪的斯巴达或雅典，听过荷马史诗《伊利亚特》的人们大概会有截然不同的感受，他们对（太多）类似的景象已经习以为常，而我们无法想象，更不用说感同身受了。

我要说明的是，古希腊人并不认为战争本身就是一件好事。恰恰相反，早在比奥提亚诗人赫西俄德关于所有重要的男神和女神谱系的代表性诗歌《神谱》中，代表和平的女神厄瑞涅，作为众神中地位很高的一员，就已经成为希腊人神话的一部分。公元前 421 年，阿里斯托芬的喜剧《和平》在雅典上演，这部喜剧就是以和平女神的名字命名的。现存的文本非常清晰地表明，只有武器制造商和经销商才会在战争中进行毫无保留的积极“杀戮”。大约 50 年后，雅典城邦设立了一个关于和平的宗教节日，并委托著名雕塑家普拉克西特里斯的父亲制作了一组非常动人的女神怀抱婴儿普鲁托斯的雕像（普鲁托斯是财神，阿里斯托芬另一部现存戏剧作品以财神命名，在公元前 4 世纪 80 年代首次上演）。

所以在某种意义上，希腊人非常珍惜并渴望和平。然而，尽管有这种乌托邦式的向往，残酷的现实是：战争绝对是希腊人生活方式和世界观的核心。例如，神圣的“奥林匹克休战”，由伊利斯城邦每 4 年（一个奥林匹亚赛会周期）宣布一次，严格意义上说是一种休战协议，换句话说，是为了满足运动员和观众安全地参加奥林匹亚赛会的现实需要。不论从何种意义上来说，这都不是一种和平宣言。简而言之，一个没有战争的、真实的、非神话的世界对古希腊人来说几乎是不可想象的。他们反而认为战争特别值得认真思考。

这是研究“光荣属于希腊”不得不走军事路线的第二个原因。例如，对希腊人来说，战争是界定男人和女人之间不可改变的本质区别的重要方式。希腊语中表示勇气的词是“*andreia*”，字面意思是男子气概，这意味着战争是男人的专属，因为男人天生勇敢，或以正确的方式勇敢。也就是说，他们认为只有男人才可以展现出战争所需要的勇气。雅典伟大的历史学家、公元前 431—前 404 年伯罗奔尼撒战争中不那么伟大的将军修昔底德毫不犹豫地将战争称为“严厉的老师”。你可能会认为这场冲突是终结所有战争的战争，但事实上并非如此。

从更广泛的意义上来看，战争可以定义一个希腊城邦的公民身份。按照定义，一个完全意义上的斯巴达或雅典公民是一个勇士，一名战士。女性因其天性被先验地排除在外，因此不需要参加战争（她们被允许担任某些公共职务，如女祭司）。雅典或斯巴达公民大会的 6
主要职能之一就是决定对外政策问题，与古希腊语中这个表述相对应的英语表达是“战争与和平的问题”。通常情况下，公元前 5 世纪和前 4 世纪的雅典平均每 4 年中就有 3 年与其他希腊或非希腊城邦处于战争状态，而且从来没有连续 10 年处于和平状态。斯巴达的情况也并没有好多少，对外战争蔓延到了国内政治和政治斗争中。事实上，在斯巴达和雅典，陪审法庭最重要的一个职能就是对战败的或受到质疑的将军或海军将领进行政治审判，甚至斯巴达国王也不例外。

另一个主要的背景因素是强大的阿契美尼德波斯帝国，这是在成吉思汗的蒙古帝国统治之前发展最快的东方帝国。波斯帝国于公元前 550 年由居鲁士大帝建立，在一代人的时间内，一直由伊朗腹地向西扩展至爱琴海和东地中海沿岸（包括被居鲁士的儿子冈比西斯征服的埃及），向东扩展至阿富汗、巴基斯坦和中亚的部分地区（居鲁士于公元前 529 年战死在中亚）。冈比西斯死后发生了一系列起义，这些起义被他的一位远亲平息，此人即之后登上皇位的大流士一世。大流士一世还必须应对另一场起义，这次起义由波斯在西亚的希腊臣民领导，他最终顺利对其进行了镇压。然而在公元前 490 年雅典境内的马拉松战役中，大流士一世在爱琴海的另一边（西边）进行报复和补偿损失的企图却遭遇失败。这一惨痛的失败为大流士死后他的儿子及继任者薛西斯进行更大规模的征服奠定了基础。

希腊大陆上的希腊人不论在传统上还是制度上一直是严重分裂的。当希罗多德在其叙述的高潮部分提及希腊人的定义时，他所列举

7 的统一因素中显然不包括政治合作，更不用说政治联合了。因此，可以预见，他们在如何甚至是否要抵抗薛西斯这个具体问题上存在分歧。尽管如此，以斯巴达和雅典为首的少数城邦和人民还是达成了一致。大约在公元前481年的秋天，这一希腊联盟的成员在科林斯地峡进行了有约束性的宗教宣誓，约定要联合起来抵抗波斯入侵。不幸的是，这些宣誓的盟邦并不包括色萨利的希腊人，他们是薛西斯离开马其顿后最先遇到的帝国之外的希腊人。他们的贵族领袖选择了阻力最小的道路，这条道路通向苏撒。

在色萨利的领土上，位于奥塔山和奥林匹斯山之间的坦佩谷是第一条可行的抵抗波斯的防线。一旦联军放弃了这条防线，对于忠诚的希腊人来说，下一条也是唯一一条可行的防线就是温泉关隘口。

即使在公元前480年夏末的这场严重危机中，斯巴达也并没有派出全部成年男性公民来守卫关口，而是象征性地派出了一支精英部队，由两位国王之一的列奥尼达担任统帅。斯巴达的盟邦也没有派出全部作战部队，即使出于不同的原因。他们当时给出的理由都与宗教有关，毫无疑问，宗教在古希腊一直是一个极其重要的历史因素。但我们有理由怀疑，另一个更世俗、不那么高尚但完全可以理解的动机起了更有力的作用，那便是恐慌：害怕波斯人数太多而无法抵抗，无论是在温泉关，还是在任何其他地方。毕竟，希腊本土其他上百个城邦绝大多数已经表明态度：自行决定加入或至少不反抗波斯人，而不是尽力击退他们。

因此，温泉关没有雅典人（尽管在阿尔特弥西昂的舰队中有数千人）或麦加拉人。而且更具争议性的是，只有一小部分比奥提亚人，包括来自比奥提亚主要城市底比斯的区区400人。后来，在温泉关战役后，除特斯皮亚（底比斯的敌人）和普拉提亚（雅典的盟邦）之外所有的比奥提亚城邦都“米底化”了，站在了波斯人那边。因此，在公元前 479 年波斯人被击退时，底比斯人的名誉受到了损害。除此之 8
外，两个最直接受到影响的希腊当地城邦，即弗基斯和东洛克里斯也各向温泉关派出了 1 000 人的军队。

他们的对手是强大的波斯帝国的军队。在最鼎盛时期，这个帝国的领土面积约 300 万平方千米，涵盖了多种多样的语言、民族、宗教和文化，其中当然也包括永久定居在现在的土耳其西部和塞浦路斯的希腊人。

帝国的统治并没有那么糟糕。尽管波斯人以钱币和实物形式征收贡金，但对大多数人来说，这并不是非常沉重的负担。而且，和罗马人一样，波斯人的统治并没有那么严苛，或者说统治得并没有那么直接和明显。总的来说，他们是比较宽容的统治者，尤其是在宗教问题上。帝国的建立者居鲁士将犹太人从巴比伦之囚中解放出来，让他们回到了黎凡特的家园。这一回归当然具有实际的动机和影响，但采取这一行动并不只是因为居鲁士考虑到他的犹太臣民——异议和分裂的主要潜在来源——在政策和政治上的重要性。犹太人称颂他们的救世主居鲁士为“耶和华的受膏者”显然是恰当的。

然而，帝国的一些臣民，包括我们所见的希腊人并不认为被迫加入一个外来的帝国是一件纯粹的幸事。其中一些人不仅认真考虑了从帝国解放出来的美好前景，而且还积极寻求通过军事手段获得自由。在公元前 480—前 479 年的希波战争中，自由也以各种形式受到威胁。波斯国王薛西斯亲自指挥了温泉关战役和萨拉米斯战役，据说他被斯巴达的行为震惊到了。他对斯巴达有一些文化方面的误解，必须耐心地向他解释清楚：斯巴达人之所以这样做，是因为他们是为了比生命更宝贵的理想而战斗，即（获得）自由的理想。自由，发展他们独特 9
的且有特殊影响力的文明的自由，是斯巴达人和其他忠诚的希腊人在陆地和海上多次英勇战斗之后，在公元前 480 年击败波斯人，并在公元前 479 年击退波斯人，从而最终获得的东西。

在温泉关战役（希腊人失败）和与之相关的阿尔特弥西昂海战（双方打平）之后，下一次主要的交锋是公元前 480 年 9 月末的萨拉米斯海战。在这场海战中，忠诚的希腊人在雅典特立独行的政治家和将军地米斯托克利的指挥下（尽管从名义上来说，斯巴达人欧律比亚德斯是海军将领），大获全胜。一些现代和古代的评论家，包括希罗多德，都将这场战役视作希波战争的决定性战役。但实际上，起决定性作用的是公元前 479 年夏末，发生在比奥提亚的陆战——普拉提亚战役。这场战役在斯巴达摄政王波桑尼阿斯的全面指挥下进行，参战的
10 主要是杰出的斯巴达重装步兵，希腊人最终取得胜利。其实，甚至普拉提亚战役都不是最后一役。四场战役的最后一役，是在希腊萨摩斯岛对面的小亚细亚沿岸的米卡列海角进行的海陆两栖战役（即米卡列海战），与其说这是公元前 480—前 479 年希波战争的结束，不如说是希腊和波斯下一阶段冲突的开始。

米卡列海战促进了以雅典为中心的提洛同盟的形成，这一同盟很快就发展成了雅典海上帝国，还促成了公元前 466 年在潘菲利亚的欧律墨冬河战役。相比之下，事实证明，斯巴达人不擅长在海上作战。名义上，斯巴达国王列奥提西达斯在米卡列担任总指挥，正如欧律比亚德斯在萨拉米斯担任总指挥，但是列奥提西达斯不得不被说服放弃基克拉迪群岛的安全和保障，前往以前的斯巴达国王从未涉足过的大
11 陆（直到公元前 396 年阿格西劳斯才前往）。列奥提西达斯没有参加追击波斯人到赫勒斯滂海峡的行动，更不用说解放那些仍处于波斯控制之下的马其顿和色雷斯的希腊人。事实上，他提出进行强制性的人口交换作为亚洲希腊人问题的解决办法：让他们迁移到希腊大陆，接

管那些投降的米底化的希腊人占领的土地，这些投降的亲米底者应该被“清除”而且应该被强制生活在他们精神上的归属地——亚洲。这一办法是对 1923 年《洛桑条约》令人震惊的预想。

那么，这就是战争和帝国的背景。我将再次详细探讨公元前 480 年斯巴达人的作用，他们是公认的抵抗薛西斯领导下的波斯人入侵的希腊人的领袖。我不会掩饰战争的残暴、背信弃义和肮脏，毕竟所有战争都是如此。但是我也要强调这些希波战争特定战役的积极结果，尽管在这些战役中斯巴达人并没有积极参与。世界上第一个真正广泛参与的直接民主制的快速发展，以及经久不衰、启迪人心的文学和视觉艺术作品的创作，都主要是雅典人或者说受到民主雅典的文化重要启发的人的成就。然而，即使是这些雅典人的成就，也并非没有阴暗面。雅典在持续抵抗波斯的基础上逐渐建立起了一个海上帝国，对本是自由的盟国进行经济剥削和残酷的帝国性镇压，对这一点的谴责并非没有事实依据。雅典筹备舰队所需的白银以及在公元前 5 世纪及之后的其他众多开支，都是通过强迫奴隶在难以想象的恶劣且通常是致命的条件下劳动而获得的。

斯巴达美好形象下阴暗的一面或许更显而易见。斯巴达人将他们的整个政制——他们的政治和社会制度以及生活方式——建立在剥削希腊本土底层阶级黑劳士的基础上，这一点会永远有损于他们的美好形象。“黑劳士问题”是如此突出和潜在的阻碍，以至于一些现代斯 12
巴达的推崇者假装斯巴达对黑劳士的统治没有那么糟糕（如果真的那么糟糕，又怎么会持续长达四个世纪呢？）或那么有影响力（斯巴达人，包括本书情节中的两个更重要的人物——斯巴达国王列奥尼达和摄政王波桑尼阿斯，都支持解放黑劳士、授予黑劳士公民权，但遭到了他们没那么有远见和更保守的公民同胞的反对）。遗憾的是，这只是他们一厢情愿的想法。古代斯巴达的崇拜者，被称为“亲拉科尼亚者（laconizers）”，就没有那么脆弱和敏感。他们要么赞扬，斯巴达人在经济上是希腊人中最自由的，这要归功于对黑劳士的剥削；要么声称斯巴达的政制是如此出色和值得效仿，以至于黑劳士没有自由是可以接受的、必要的代价。我自己深思熟虑过后做出的判断或者我希望做出的一种平衡的判断是这样的：如果斯巴达的体制不是这样优缺点兼具，斯巴达人就不可能在公元前 480—前 479 年的温泉关战役和其他战役中发挥决定性作用。因此，斯巴达人在西方自由史上具有双重甚至是矛盾的作用，既是一种实践，又是一种观念。

13 对历史学家来说，“如果……就怎么样”这种虚拟的历史当然是一种令人愉快的消遣，但这也可以是一种非常有用的探索因果关系的方法。举个例子，如果在温泉关，希腊人没有进行抵抗，或者抵抗得不如在列奥尼达和斯巴达人的领导下那样坚决和有效，结果会怎样呢？如果波斯人在公元前 480 年—前 479 年成功地将本土的希腊人以及爱琴海诸岛和亚洲西部沿海地区的希腊人并入他们广阔的帝国，又会怎样呢？类似的问题太多了，但毫无疑问的是，如果波斯人胜利了，古典时期的希腊文明将会与公元前 5 世纪和前 4 世纪在自我解放的冲动下，面对（波斯）压倒性的军事优势发展起来的文明大不相同。

大多数人也会认为，波斯帝国显然会更弱一些。因为按照古代的标准来看，尽管波斯帝国是很显著的多元性社会，文化上比较宽容，一定程度上和奥斯曼帝国晚期的情况有点相似。但非常令人怀疑的是，波斯帝国是否能够或者愿意包容古典希腊将民主的自治政府和比较特殊且激进的自由观念进行爱国主义的结合。这种自由反过来又是形成西方文化和政治传统的文化成就的条件，或者至少是其一个至关重要的基础。斯巴达过去是，现在也是西方文化和政策传统的典范。

第一章

公元前6世纪的古代世界：从印度到爱琴海

15 生活在拉栖第梦的人是受奴役程度最深也是自由度最高的人。

——雅典的克里提亚斯《斯巴达社会》

希罗多德的作品开篇就选择将希波战争这一主题置于东方对抗西方和（我们应该称之为）神话-历史冲突的最广泛框架中。在这场希腊人与蛮族人、西方与东方的长期较量中，一个重要时刻是荷马在《伊利亚特》中所歌颂的特洛伊战争。与它的姊妹篇史诗《奥德赛》一样，《伊利亚特》是历史悠久的吟游诗人口头诗歌创作和朗诵传统的巅峰之作，这一传统可以追溯到青铜时代晚期或迈锡尼时期。但是，如果真的存在荷马这个创作了具有统一性的阿喀琉斯和奥德修斯故事的伟大的天才诗人，那么他应该生活在希腊东部的某个地方，即安纳托利亚西部沿岸或某一个希腊近海岛屿（如凯阿岛），时间大约在公元前 700 年。

而且，并非巧合的是，当时希腊人从希腊大陆中部来到小亚细亚西北部永久定居，在被认为是荷马史诗中特洛伊遗址的地方建立了伊利昂或新特洛伊。在希腊“殖民”① 时期，大约在公元前 700 年—前 500 年的两个世纪里，伊利昂只是众多希腊新定居点中的一个。这种大规模的人口迁移是由多种动机和因素引起的，包括土地短缺、政治

① 这里的“殖民”一词是按照惯例使用的，实际上是不准确的，因为这些新建立的定居点从一开始就是独立的，而不是某一个宗主国的军事基地或贸易前哨。

派系斗争和纯粹的冒险主义。殖民运动结束后，希腊人像青蛙或蚂蚁一样生活（正如后来柏拉图在《斐多篇》中描述的）在一个池塘，或更确切地说两个池塘周围，即地中海和黑海。

公元前 500 年的希腊世界并不是一个政治单位，而是一系列单个的、独立的并且经常是互相敌对的政治共同体，他们通常自称为城邦或城市。我们会称之为共和国，尽管其中也有许多君主制城邦，还有一个独特的双王制城邦斯巴达。希腊世界总共有 1 000 多个这样独立的共同体，分布在地中海和黑海沿岸的大部分地区，正如希腊人自己所说，从赫拉克勒斯之柱（直布罗陀海峡）一直到法希斯（位于黑海最东端的现代格鲁吉亚）。

大部分希腊人居住在欧洲，从东部的拜占庭（今伊斯坦布尔）延伸到最西边的西班牙南部海岸，并包括西西里岛大部分沿海地区和意大利南部，以及法国里维埃拉的部分地区。也有一些希腊人定居在非洲，在今天利比亚和埃及的地中海沿岸，尤其是在尼罗河三角洲的昔兰尼和瑙克拉提斯。但是居住在亚洲的希腊人比住在非洲的要多。在希腊大陆之外的定居首先从亚洲开始，远早于希腊的“殖民”运动。例如，位于伊奥尼亚的米利都早在公元前 11 世纪就建立了，当时处于学者们所称的希腊“黑暗时代”（大约在公元前 1100—前 800 年）的开端。正是亚洲和主要近海岛屿（莱斯博斯岛、凯阿岛和萨摩斯岛）的希腊人最先感受到了波斯“鞭打”的威力。

到公元前 500 年，半个世纪前才建立的波斯帝国，已经成为古代
17 东方历史上发展最快的帝国。它从印度次大陆一直延伸到爱琴海东岸，除了伊朗腹地，还包括埃及和巴比伦的古代领土。希腊和波斯这两种文化，第一次在波斯帝国的西部地中海边缘重叠、混合和碰撞。一些位于亚洲西部边缘的希腊城市甚至在公元前 6 世纪 40 年代被强行

并入波斯帝国。这种情况在被征服的希腊人和他们在文化和种族上更西方化的亲属中激起了不同的反应。公元前 499 年，在新兴的民主城邦雅典的帮助和鼓动下，很多东部的希腊人举起了反抗的旗帜。公元前 490 年和公元前 480—前 479 年，希波战争的种子已经播下。双方在温泉关交锋只是时间问题。

希腊和波斯的冲突，必须首先置于最广泛的地缘政治范围内进行审视。接下来的叙述将从东方转向西方，主要通过波斯人的视角看世界。我们将从远东开始叙述，希腊人满怀希望地称之为“印度”①，尽管他们指的只是今巴基斯坦和克什米尔以及现在印度国家的一小部分地区。在大流士一世统治时期（约公元前 522—公元前 486 年），波斯人是第一个通过加入“印欧语系”在次大陆建立实体和政治立足点，声称拥有“欧洲”身份的国家。

这一试探性的占领包括穿过兴都库什山（希腊人称作帕洛帕米苏斯山）及最容易通过的开伯尔山口。毫不令人惊讶的是，波斯人的影
响力很快超出了他们自己的掌控。在阿契美尼德王朝统治的 200 年历 19
史中，征服他们眼中的“印度”只需花费短暂的时间。就像要求所有其他臣民一样，波斯帝国也要求印度人缴纳贡金。希罗多德告诉我们，印度人缴纳的贡金数量惊人，总数达到了 360 塔兰特黄金，在那个时代，按重量计算，黄金的价值是白银的 14 倍。

但是，如果波斯帝国在大流士之后或多或少愿意放弃远东地区而

① 由于亚历山大大帝在公元前 4 世纪 20 年代征服了“印度”，希腊人对印度次大陆向南延伸有了一些了解。但次大陆的大部分地区仍然超出了他们的认知范围。到伟大的阿育王统治的公元前 3 世纪初，印度人对希腊人有了相当多的了解。无论如何，这足以让阿育王明确放弃亚历山大大帝闻名于世（或臭名昭著）的帝国建设方式，并采用一种新的、基于佛教的宽容和慈悲原则的统治方式。

不威胁其完整性，那么帝国的东北边境——索格底亚那草原，巴克特里亚（今天的中亚和阿富汗北部）的情况就会完全不同。正是在这里，波斯帝国伟大的建立者居鲁士二世与凶猛的女王托米丽司（这是希腊人对她的称呼）率领的中亚马萨格泰部落进行战斗，并惨遭杀害。大流士在米底贝希斯敦（离埃克巴坦那不远，今伊朗北部的哈马丹）的宣传性浮雕被以斯昆哈（如果他换个名字，可能会更有吸引力）的形象完美地呈现出来。斯昆哈是居住在里海以东的斯库德拉（斯基泰人）的国王。

向西穿过帝国，我们就来到了美索不达米亚，即位于幼发拉底河和底格里斯河之间、现代伊拉克的“两河流域”。公元前539年，居鲁士占领了幼发拉底河畔的巴比伦要塞。这座古老的、尼布甲尼撒传说中的神秘的“空中花园”所在的城市，也是两个世纪后另一位伟大的征服者亚历山大大帝去世的地方，亚历山大曾打算将巴比伦作为他新帝国的中心（有争议）。巴比伦丰富的矿产资源和农作物资源①久享盛名。

20 再西边是波斯帝国的伊朗腹地。被称为法尔斯的伊朗南部腹地保留了最早的波斯居住者的语言痕迹。希腊人给位于此地的首府取了两个名字，早些时候是“波赛伊”，字面意思是“波斯人”。后来，当伊朗成为亚历山大大帝去世后希腊化时代中东的一部分时，这里被叫作“波斯波利斯”，意思是“波斯人的城市”。这一名字一直延续至今，尽管这个名字可能非常具有误导性地暗示波斯波利斯是一个像雅典、底比斯或斯巴达那样的城邦。

在阿契美尼德王朝统治时期，波赛伊/波斯波利斯是波斯帝国主

---

① 在巴比伦尼普尔的穆拉苏银行极具眼光，在这里进行的商业活动的规模也很大，一些有历史意义的记录以写在烧制泥板上可辨认的楔形文字的方式流传了下来。

要的庆典中心，也是其他重要事务的中心。这里是大型新年节日庆典的举办地，也是被征服民族代表列队向波斯帝国缴纳贡金的地方，觐见大厅（*Apadana*）规模宏伟的壁画生动地描绘了这些图景。在附近 21
的纳克什–伊·鲁斯塔姆，波斯国王被埋葬在精美的、岩石凿成的坟墓中，或者仅作为纪念性坟墓。对波斯人来说同样重要的一个首府是位于伊朗西北部埃兰的苏撒，它是波斯的主要行政中心。另一个十分重要的首府是位于米底的埃克巴坦那。波斯国王似乎根据一年中的不同时间，制定了从一个首府的王宫迁移到其他首府王宫的时间表。例如，位于高地的埃克巴坦那宫殿是盛夏时的皇家住所。除了纯粹的实用价值和象征价值，王室的这种游牧式的举动可能从根本上反映了波斯人作为游牧民族的起源。

从波斯的伊朗腹地再往西就到了安纳托利亚（今土耳其）。引人注目的是，在公元前6世纪40年代，居鲁士竟然想先将他的帝国扩张到爱琴海，覆盖包括几个希腊城市在内的整个安纳托利亚，然后再征服邻近的巴比伦。在居鲁士征服之前，统治安纳托利亚的强国是吕底亚王国，位于希腊人居住的伊奥尼亚以东的内陆地区，首府是戒备森严、高度希腊化的萨迪斯。在公元前6世纪中期，吕底亚王国由非常富有的克洛伊索斯统治。吕底亚王国是安纳托利亚与希腊大陆以及爱琴海诸岛的希腊人之间的政治文化纽带。

希罗多德以一贯的生动沉着讲述了克洛伊索斯与不同希腊人打交道的故事。先从负面说起，克洛伊索斯是历史上第一个永久征服希腊的东方国王。起初，他的注意力仅限于亚洲大陆（从北向南依次是爱奥利斯、伊奥尼亚和卡里亚）的希腊人。但是据说他曾认真考虑将邻近的爱琴海岛屿（莱斯博斯岛、凯阿岛和萨摩斯岛）纳入自己的统治范围，直到他明确意识到吕底亚是一个陆上强国，缺乏各种合适的海

军。而正向的一面是，克洛伊索斯对亚洲希腊人的帝国统治似乎并不
22 严苛。希罗多德讲述了一个关于立法者梭伦的欢乐的道德故事。当时梭伦从城邦事务中抽出时间去萨迪斯拜访克洛伊索斯，向他宣讲人类幸福的真正本质。言下之意是，克洛伊索斯虽然是一个专制的统治者，但并不是一个可怕的、不择手段的东方暴君。

根据时间推算，希罗多德关于他们会面的故事纯属虚构（因为在公元前560年左右，克洛伊索斯登上吕底亚王位之前，梭伦就已经去世了），但是克洛伊索斯与希腊人之间有友好的往来不是虚构的。希罗多德提到了克洛伊索斯献给德尔斐阿波罗祭司的礼物，在这里发现的用黄金和象牙制成的精美的雕像群（木芯上镶有黄金和象牙，可能是勒托和她的两个孩子阿波罗和阿尔忒弥斯的雕像，采用了希腊东部的制作风格）很可能就是这种慷慨的象征和反映。在安纳托利亚伊奥尼亚海岸的以弗所依然可以看到相关证据：在这里，克洛伊索斯出资为以弗所的阿尔忒弥斯神庙（圣保罗笔下的“以弗所的戴安娜”）进行了精美的建筑装饰，阿尔忒弥斯神庙后来被列为世界古代七大奇迹之一。

23 波斯人对黎凡特和非洲，尤其是对埃及的兴趣在什么地方呢？居鲁士二世指定的继任者是他的长子冈比西斯，有其父不一定有其子。居鲁士受到了他征服的臣民的热情欢呼（重新回到黎凡特家园的犹太人甚至称他为“弥赛亚”），但冈比西斯却遭到了波斯人和希腊人的双重反对。然而，确切地说，冈比西斯是在不幸的情况下死去的，可能是自杀，也可能是他杀。在他短暂且不光彩的统治之后，即使没有人篡位，也出现了一段空位期。但他至少有一个主要的功绩：征服了埃及。根据希腊的史料，冈比西斯可能被胜利冲昏了头脑，在神志不清的状态下，他在埃及旧都孟菲斯杀死了埃及人的圣牛阿庇斯。阿庇斯祭司清晰的记录留存了下来，讲述了一个不同的故事。对于冈比西

斯来说，居鲁士的成就很难效仿，就像大流士的儿子和继任者薛西斯很难效仿他的成就一样。但是，将埃及、黎凡特和塞浦路斯的腓尼基人（他们后来成为波斯帝国地中海海军的主力）并入波斯帝国，确实是冈比西斯应当被承认的功劳。

我们对截至公元前500年波斯帝国发展状况的考察，以公元前513年大流士对“海外土地”的远征结束。这次远征越过黑海，横跨将亚洲和欧洲分隔开的博斯普鲁斯海峡，抵达欧洲的色雷斯。如今这里有一座永久性的博斯普鲁斯大桥。当时大流士不得不下令修建一座由许多船只组成的临时性浮桥。在这次远征中，他后来用同样的浮桥穿过伊斯特河（多瑙河）。希腊人喜欢把这场“斯基泰人”的战役描述为一场波斯的惨败，但实际上波斯大概达到了预期目标。此后，波斯在欧洲色雷斯的新行省稳固地建立起来，守卫着大流士的西北边界，并为在适当的时候进一步向欧洲扩张奠定了基础——如果需要或有必要的话。到公元前500年，位于色雷斯西部边境的马其顿也成为臣服于波斯的属国。波斯的征税令扩展到了希腊色萨利的边界。

大陆上的其他希腊人是什么情况呢？公元前6世纪40年代，当吕 24
底亚的克洛伊索斯得知居鲁士的崛起对其东部领土造成威胁时，他的想法是求助于希腊人（如果希罗多德的叙述可信的话）。他希望利用的不仅是希腊人的军事力量，还有他们神谕的超自然力量。据说，克洛伊索斯曾经对一些神庙发出的神谕进行过所谓的准确性测试。结果，只有“宇宙的肚脐”——中希腊德尔斐的阿波罗神谕能够解开他的谜题。之后克洛伊索斯正式咨询了德尔斐能预言的女祭司皮提亚，她在男祭司的帮助下，就他应该如何回复居鲁士的问题发表了正确但有时模棱两可的预言。德尔斐的神谕郑重地警告他：如果他渡过王国东部边境的哈里斯河，那么他会摧毁一个伟大的帝国。他确实这么做了，但他摧毁的是自己的王国而不是居鲁士的波斯帝国。事实证明，波斯根本无法从他的盟友——位于希腊大陆上的城邦，即希腊最强大的军事城邦——斯巴达那里获得任何支持。

据希罗多德所说，公元前550年左右，斯巴达经历了某种严重的动荡。但是现在，斯巴达发展得非常繁荣，在来库古制定的英明法律的保障下，国内政治稳定，对外战争顺利。希罗多德确实相信整个伯罗奔尼撒半岛已经被斯巴达“征服”了，但是有一个明显的例外。阿尔戈斯城邦从来没有接受过斯巴达对伯罗奔尼撒半岛的霸权，更不用说对任何更广阔的希腊地区的霸权了。大约在公元前545年，阿尔戈斯向斯巴达发起了一场争夺霸权的淘汰赛：双方各挑选300名精英士兵进行战斗。斯巴达最初显然输了，因为阿尔戈斯人有两个幸存者而斯巴达只有一个，即欧特律亚德斯。但是，当两名阿尔戈斯人匆匆赶回去告诉他们的同胞这个好消息时，欧特律亚德斯却做了一个优秀的斯巴达重装步兵从小就被训练做的事：他仍在战场上“忠于职守”。这使斯巴达人貌似有理地宣称他们才是真正赢得冠军之战的人。

25 无论这则加工过的寓言故事背后有几分真相，或者根本就是假的，残酷的现实是，斯巴达人和阿尔戈斯人确实在差不多这个时候进行了一场全面的重装步兵战斗。在这场战斗中，斯巴达毫无疑问并不出所料地获得了胜利。这足以向克洛伊索斯展示斯巴达卓越的军事实力。有一首歌颂胜利的警句，日期不详，抓住了斯巴达人“温泉关精神”的精髓：“对斯巴达人来说，真正的死亡不是战死，而是逃跑。”①

现在，斯巴达的势力范围扩展到伯罗奔尼撒半岛的东海岸，一直

---

① *Palatine Anthology*, 7. 431. 如果能确切知道这首警句是在什么时候写的，是在温泉关战役之前还是之后，那就好了。

向北延伸到基努里亚（Cynuria），也称提里亚（Thyreatis），非常靠近阿尔戈斯的本土。然而，尽管斯巴达在希腊城邦中相对强大，受到了克洛伊索斯的百般奉承①，但是斯巴达人只是口头上象征性地履行了他们的友谊和联盟协定。他们代表克洛伊索斯派出了一名使者（一位叫作拉克林斯的杰出的、经验丰富的公民）去见居鲁士，郑重警告他不要染指吕底亚。但是已经在萨迪斯的居鲁士轻蔑地答复拉克林斯说：

> 我从来没有害怕过这些人，他们在自己城市的中心设置一个专门的集会场所，在那里他们宣誓、违背誓言、互相欺骗。如果我能好好活着不死去的话，那么我相信这些人会谈论自己的灾难，而不会再谈论伊奥尼亚人的事了。

这段话之所以引人注意，原因有很多。公元前545年的居鲁士显然完全不知道斯巴达人的人数（正如我们将会看到的，这本身就是一个非常突出的问题），甚至不知道他们的存在。或许这只是希罗多德戏剧化的手法，但也可能是对现实的准确反映，以及对用希腊中心主
义的观点看待希腊波斯事务的有益警示。例如，居鲁士几乎不可能对 26
巴比伦人说同样的话，更不用说如此诚实地说了。

广场（*agora*）这个词在希腊语中既可以指政治性集会场所，也可以指商业市场。事实上，它最初指的是政治性集会场所，后来才用来指商业市场。但是希罗多德认为居鲁士是在泛指希腊世界市场交换的存在和核心重要性，因为，他补充道：波斯人在任何地方都没有一个这样的广场。严格来说，在某种意义上，希罗多德对波斯人的看法是

---

① 例如，他捐赠了贵重的金箔来装饰斯巴达附近索纳克斯的一尊受人敬仰的木制阿波罗雕像，参见希罗多德《历史》，第1卷第69节。

正确的，因为王室指令性经济实行的是中央控制的再分配制度，而不是用于商品和服务交换的私人企业营销制度。但是居鲁士对斯巴达人说出这番话非常奇怪，因为斯巴达人是希腊世界中最没有商业头脑、最不以商业为导向的。不过，这可能是希罗多德观点中比较巧妙的一点，他以另一种方式来强调波斯国王对对手的无知。这些对手将在故事的最后，在居鲁士的预言落空方面发挥主导作用，这一预言是：波斯一定能轻易战胜任何来自希腊的对手，无论是在亚洲，还是在他所暗示的欧洲。

因此，在公元前 6 世纪 40 年代，斯巴达没有和波斯发生任何敌对行动，在此后的 60 年中，也没有与波斯直接交战。然而，尽管居鲁士击败了克洛伊索斯和他亚洲的希腊臣民，斯巴达人仍然觉得自己的“后院”很安全，并对自己向海外施加影响的能力如此有信心，以至于在公元前 6 世纪的最后 25 年中，他们实际上发动了两次海军远征。前一次尽可能靠近亚洲，但并未踏入亚洲大陆。这是伯罗奔尼撒战争之前斯巴达军事冒险中最靠东边的一次。在公元前 525 年，战争的矛头直指萨摩斯岛及其僭主波利克拉特斯。这位拥有强大海军的海盗式人物的荒唐举动引起了波斯和萨摩斯当地贵族和寡头的焦虑。波利克
28 拉特斯对这些人不是镇压就是流放。斯巴达联合其伯罗奔尼撒盟邦科林斯共同发动了这次海上远征。科林斯是一个有悠久的海军传统和重要地缘政治意义的城市，它横跨中希腊和伯罗奔尼撒半岛的地峡。

推翻波利克拉特斯的尝试失败了。这一任务是由波斯人及他们的腓尼基海军完成的，他们保证了爱琴海边境的安全。然而，大约在公元前 512 年，斯巴达又发起了一次海军远征，这一次的目标是离斯巴达更近的希腊强国雅典。对斯巴达来说，这不仅关系到他们在伯罗奔尼撒半岛的优势，还关系到他们在南部希腊大陆的优势。克洛伊索斯

已经明白，早在公元前6世纪40年代，雅典就是斯巴达在军事实力上最接近的对手。30多年后，情况依旧如此，但在此期间，雅典的政治局势发生了变化，为他们之间的冲突引入了更多意识形态的因素。大约从公元前545年开始，雅典就处于庇西特拉图家族的僭主统治下。僭主制逐渐被认为是对希腊人与生俱来的政治自由权利的剥夺。

斯巴达的海上远征又一次失败了。但是在两年后的公元前510年，斯巴达进行的一次更为传统的陆上远征的结果却完全不同。精力充沛、奉行扩张主义和干涉主义的斯巴达国王克里奥美涅斯一世推翻了庇西特拉图的长子和主要继承人希庇阿斯的统治。斯巴达推翻庇西特拉图家族僭主统治的一个或多或少的直接结果是世界上第一个民主政体雅典的诞生，尽管这是一种古希腊式的民主，与现代民主十分不同。这是通过公元前508/507年贵族领袖克里斯提尼的改革实现的，但这并不是斯巴达期待或希望的结果，因为他们现在面对的不是一个亲斯巴达的僭主政体，而是一个反对斯巴达的民主政体。

这是斯巴达的僭主制和雅典的民主制两种意识形态对立的起点，这种对立在接下来的一百年中持续存在，并最终导致了公元前431—
前404年灾难性的伯罗奔尼撒战争①。此外，昔日僭主希庇阿斯迅速 29
离开此地，来到了对他更友好的亚洲。他去了波斯，成为波斯大王的臣民。希腊自由与波斯残暴专制的关键联系由此形成。

---

① 斯巴达人最终赢得了这场战争，但（另一个悖论）这只是因为波斯人为其提供了金钱支持。雅典人拥有强大的海军力量，并且渴望解放亚洲的希腊人，他们对波斯利益的威胁比对斯巴达的威胁更大。因此，本着“敌人的敌人就是朋友”的原则，先是波斯最西边的两个波斯总督，然后是大流士二世的一个儿子，以斯巴达的方式向斯巴达人提供了大量资金，使他们能够建立一支舰队，最终打败雅典人，夺取了他们对爱琴海的控制权，特别是切断了爱琴海通过赫勒斯滂海峡与黑海的联系。

第二章

帝国的动态：公元前485年阿契美尼德王朝统治之下的波斯

31 在这些国家中，有一个地方以前是崇拜恶魔的。后来……依据真理,我在那里虔诚地崇拜阿胡拉·马兹达。

——薛西斯“魔鬼铭文”

波斯帝国不仅规模庞大，而且有多个民族，非常复杂。居鲁士二世（公元前 559—前 530 年）和他的儿子冈比西斯（公元前 530—前 522 年）是阿契美尼德皇室的后裔，通过军事征服建立了庞大的帝国。但是，他们的远亲，精明地娶了居鲁士女儿阿托莎的大流士一世，将波斯帝国永久建立在征收贡金和官僚管理的稳固基础上。大流士一世的儿子和继任者薛西斯（公元前 486—前 465 年在位）试图效仿他伟大的父亲，通过征服和吞并大陆上的希腊人来扩张帝国。但是，在斯巴达人的行动下，薛西斯的计划失败了，他本人也死于暗杀者之手。

在我们关于强大的波斯帝国与希腊人交往的证据中存在一个无法调和的悖论。我们可以读一读波斯人自己的官方记录，我也将大量引用其中的一些记录，我们可以或多或少地准确解读阿契美尼德王朝几个宫廷中心官方艺术纪念碑上的官方语言。但是，要想将古代叙事置 32
于历史背景中，并对公元前 550—前 479 年间波斯和希腊的关系进行总体阐释，我们必须参考希罗多德的叙述（我们离不开希罗多德）。尽管希罗多德作为现代意义上最优秀的“严谨的”历史学家无疑存在不足之处。① 例如，尽管希罗多德以某种方式间接获得了一些重要的

① 详见附录 1。

波斯文献，但他从未学过波斯语。事实上，除了他的母语多利安方言和他创作《历史》时使用的文学语言伊奥尼亚方言，他不通晓任何其他语言。希罗多德只通晓一种语言的标志是他极其错误并具有民族中心主义的信念：所有波斯语的专有名词都是以“s”结尾的。

同时，在我们因为希罗多德作为波斯的观察者、报道者、记录者和历史学家具有的缺陷所迷惑之前，我们必须提醒自己，即使在希腊
33 世界，在希罗多德之前也没有出现过“希罗多德”。更重要的是，在不平等、等级森严、自上而下的绝对君主制和严格的宫廷礼仪的波斯世界也根本没有出现过“希罗多德”。阿契美尼德王朝统治下的波斯有很多抄写员，但没有一个历史学家。矛盾的是，抄写员使得一种没有那么受限制的文学形式变得不必要，而且有可能很不受欢迎。但是对于研究古代波斯的现代历史学家来说，官僚制度和对抄写的热衷也有好处。由于亨利·罗林森（Henry Rawlinson）在 19 世纪破译了波斯楔形文字，因此我们可以阅读许多波斯的官方文件，至少可以近距离地了解中央行政部门是如何运行的，以及这个庞大帝国（第一个真正意义上的世界帝国）的民族多样性。

例如，思忖一下最近出版的《波斯波利斯要塞泥板文书》展示了一名高级官员的职业生涯，他的名字是帕尔纳卡（Parnaka），但是希罗多德将这一名字音译为“法尔纳塞斯”（Pharnaces）（注意这个“s”）。多亏了希罗多德，我们对他有重大影响力的儿子阿尔塔巴佐斯已经有了很多了解。例如，下面是公元前 480 年萨拉米斯战役后的一段文字①：

① Herodotus, 8. 126.

法尔纳塞斯之子阿尔塔巴佐斯在波斯军队中早已声名显赫，并由于公元前479年的普拉提亚战役更加声名鹊起。

正如读者们了解到的那样①，这个阿尔塔巴佐斯是帕提亚和花剌子模陆军部队的指挥官，他们身着巴克特里亚战衣作战。希罗多德多次称赞他，与之形成鲜明对比的是，他的父亲法尔纳塞斯只是作为阿尔塔巴佐斯的父亲被提及。然而，我们现在知道，这也是波斯人自己官方的官僚体制记录被破译后的惊人发现之一，即法尔纳塞斯并不比他的儿子逊色，甚至从他的角度看比他的儿子更为出色。

因为在公元前500年前后，法尔纳塞斯是波斯帝国主要的礼仪性 34
首都波斯波利斯的最高等级的皇室官员。我们也从他的官方印章（公章）上得知，帕尔纳卡是阿萨姆斯的儿子，这个阿萨姆斯不是别人，正是伟大的国王大流士一世的祖父。所以帕尔纳卡或法尔纳塞斯是大流士的父亲叙司塔斯佩斯的兄弟，也是大流士一世的叔父。我们已经从希腊的文献中了解到大流士一世与阿托莎进行了一桩巧妙的联姻。现在我们也看到了他是如何利用血缘关系使帝国最高行政机构顺利运作的。这是一种非常具有启发性的见解，我们可以从波斯原始文献中获悉，但是希罗多德从未有这种（获得波斯原始文献的）机会。

要了解波斯帝国的民族多样性，最好的直接途径就是参考大流士关于他在埃兰的苏撒建造宫殿的自夸式的文字记录，苏撒是波斯帝国的主要行政中心，下面是这座宫殿冗长的建造记录的节选：

我在苏撒建造的这座宫殿：材料是从很远的地方运过来

① Herodotus，7. 66，并参见附录2。

> 的……雪松木是从一座叫黎巴嫩的山上运来的，亚述人（今伊拉克北部）将这些木材带到了巴比伦（伊拉克南部）。卡里亚人（来自安纳托利亚西南部）和伊奥尼亚人（安纳托利亚中西部的希腊人）将它们从巴比伦带到了苏撒。印度黄檀是从甘达拉（位于阿富汗和巴基斯坦的边境）和卡尔马尼亚（位于伊朗南部）运来的。在这里加工的黄金是从萨迪斯（位于安纳托利亚中西部的吕底亚总督的首府）和巴克特里亚（阿富汗北部）运来的，宝石青金石和红玉髓是从索格底亚那（阿富汗北部）运来的，珍贵的绿松石来自花剌子模（中亚）。白银和乌木来自埃及，墙上的装
> 35 饰物来自伊奥尼亚。在这里加工的象牙是从埃塞俄比亚、印度和阿拉科西亚运过来的，在此加工的石柱来自……埃兰。建造这座宫殿的石匠是伊奥尼亚人和萨迪斯人，金匠是米底人和埃及人，木匠是萨迪斯人和埃及人，烧砖的是巴比伦人，装饰墙壁的是米底人和埃及人。

大流士总结道：

> 大流士国王说："在苏撒，一项非常出色的工程已经下令进行，一项非常出色的工程已经完成。愿阿胡拉·马兹达保佑我、我的父亲叙司塔斯佩斯和我的国家。"

这几个首府位于现在伊朗的南部，除了居鲁士建立的最初的首都帕萨尔加德、苏撒和波斯波利斯（一个记者非常无礼地将之称为一个过分大的考古遗址），在更靠北的米底亚的埃克巴坦那还有第四个都城。这些都城的公共艺术品由来自波斯帝国四面八方的材料制成，这

一点我们可以预料到。同样地，尽管规模较小，但是招募的各种技术工人来自帝国的各个地区，包括上文提到的苏撒地基建造章程中的伊奥尼亚（希腊）人。然而，更不寻常的是，这些各具特色文化传统的不同民族和地方的混合体却创造了阿契美尼德王朝独特、统一的艺术风格。有些人将这一点归功于大流士本人，这似乎预设存在一个控制全局的才智出众者，而这是一种专注于国王身份的艺术（没有全球扩张的野心）。但是这对大流士的评价太高了，或许我们应该寻找一位不太知名的波斯伊蒙霍特普①来作为这些与中央政府相关联的建筑项目背后的天才策划者。

有趣的是，阿契美尼德王朝的公共建筑和艺术也具有世俗性，因 36
为他们没有创造出埃及和巴比伦式的大型的宗教性纪念碑。他们的建筑和艺术风格兼收并蓄但又非常协调。例如，位于波斯波利斯阶梯状平台上的薛西斯门（也被称为万国门），和帕萨尔加德的门楼一样，都雕刻着长着翅膀的人头公牛。这种装饰风格源自亚述，而独特的波斯波利斯石柱则是埃及和希腊的形制，甚至可以说超越了埃及和希腊。但是波斯波利斯最令人惊叹的建筑单体是觐见大厅，即使今天在废墟状态下也依然令人惊叹。这一大厅的平面图与苏撒的觐见大厅非常相似：这是由石柱围成的方形大厅，四个角有塔楼，三面有门廊，石柱支撑着双牛柱头。波斯波利斯觐见大厅的与众不同之处在于它所处的石制台基。在北侧和东侧的楼梯上装饰着大量浮雕饰带，每一侧都是另一侧的镜像。阿契美尼德王朝的统治者认为图像和形式的重复是一种美德，因为重复给人以权力和无法逃避的理想印象。此处的浮

① 他被称为“埃及的达芬奇”，见 J. D. Ray, *Reflections of Osiris: Lives from Ancient Egypt*, London: Profile Books, 2001.

雕展示的是波斯大王在中央登基，由来自不少于23个不同民族穿着民族服饰的臣民组成的进贡队伍向他走来。尽管苏撒的一些泥瓦匠确实留下了一些可以辨认的象形文字“署名”，而且正如我们知道的，这里和其他许多地方的工匠都是希腊人，但是波斯的这种风格确实与个性化的艺术形式截然不同，比如同时代希腊的艺术风格。另一个值得注意的方面是，与之前的亚述帝国形成鲜明对比，阿契美尼德王朝宫殿的墙壁上没有战争或狩猎的场景装饰。

波斯人与米底人有亲缘关系，作为帝国主人的波斯人是米底人的继承者。然而，波斯人和米底人并不像希腊人想当然地认为的那样，或多或少是相同的，希腊人甚至会把波斯人称为“米底人”。可以说，波斯人是主宰民族。波斯波利斯觐见大厅描绘的进贡行列的场景中没
37 有波斯人，但是有米底人。米底人的穿着很独特：他们穿着长及膝盖的外衣（不同于波斯人常穿的长褶裙）或长袖外套（kandys），紧身裤（希腊人非常鄙视这种穿着），戴着能遮住脖子和耳朵的帽子；他们还带着作为贡品的衣服、短剑（akinakês）、手镯和器皿。

伊朗中心地带的民族差异是整个波斯帝国多样性的一个缩影。在阿契美尼德王朝的保护伞下，众多不同的民族、不同的信仰和不同的语言争夺着生存空间。在管理上（行政上）将他们统一起来的是中央宫廷和政府坚持每年向他们征收最低限额的税收和以现金或其他方式缴纳的贡金，以及中央政府或行省可能不时规定（施加）的军事义
39 务。帝国管理和交流的通用语言是阿拉姆语（4—5个世纪后加利利的耶稣所说的闪米特语）。大流士还下令铸造一种通用的银币和金币，为了纪念大流士，这些钱币被命名为“大流士币”。大流士确实是第一位将自己的形象，即手持弓箭和箭筒，充满活力、奋力奔跑的弓箭手，印在钱币上的在世统治者（大流士登上王位时，钱币的想法和实

践只有一个多世纪的历史）。普鲁塔克在他的《斯巴达嘉言录》（*Laconian Apophthegms*）中保留了这样一则轶事：

> 由于波斯钱币上印着弓箭手（大流士）的形象，阿格西劳斯在拔营时（公元前394年）说，国王（阿塔薛西斯二世）在三万名弓箭手（大流士金币）的帮助下将他赶出了亚细亚。

出于税收和军事需要，波斯帝国被划分成20—30个行省，或称 40
“总督辖区”。每个行省由一位总督管理，大多数总督来自庞大的王室（王室实行后宫制度），希罗多德在《历史》的第3卷中提供了一个波斯帝国各行省的目录，根据他的计算，共有20个行省，并精确记录了每个行省每年需要缴纳的现金和实物形式的贡金。从波斯的官方文件中，我们可以得知大流士统治的主要民族和疆域的官方清单，但并不是严格意义上的行省清单：

> 由于阿胡拉·马兹达的恩惠，这是我（大流士）在波斯之外征服的国家（和民族）……米底、埃兰、帕提亚、阿里亚、索格底亚那（粟特）、花剌子模、德兰吉亚那、阿拉科西亚、撒塔吉地亚、甘达拉、信德、阿米尔吉安的斯基泰人、尖帽斯基泰人、巴比伦、亚述、阿拉伯、埃及、亚美尼亚、卡帕多西亚、萨迪斯、伊奥尼亚、黑海对岸的斯基泰人、斯库德拉人、戴宽沿帽的伊奥尼亚人、利比亚人、埃塞俄比亚人，以及玛卡人和卡里亚人。①

---

① Maria Brosius, *The Persian Empirefrom Cyrus II to Artaxerxes* (LACTOR 16), London: London Association of Classical Teachers, 2000.

值得注意的是，有一个民族没有出现在这个名单中，那就是犹大（的后裔）犹太人。希伯来圣经的三部经典《以斯拉记》《以斯帖记》《尼希米记》与犹太历史中的阿契美尼德波斯时期直接相关，尽管它们想要传达的并不是历史。据认为，《以斯帖记》是在阿契美尼德王朝灭亡很久之后完成的，但它还是表达出了波斯大王的远方臣民对苏撒上层生活的强烈感知。

> 国王在王宫花园里为书珊城中各个阶层的人设宴七天。王宫花园是这样装饰的：用细麻布和紫色的绳索把白色、绿色和蓝色的帷幔系在银环和大理石柱子上，床是用金银制成的，放在由红色、蓝色、白色和黑色大理石铺成的人行道上。国王用（各不相同的）金器给书珊民众赐酒，御酒很多，足以显示国王的恩惠。

41 “所有人”包括地位高的波斯女性，她们会与男性一起公开参加这样的王室宴会，这并不是偶然事件。在不以为然的希腊人眼中，这是波斯的“他者性”最鲜明的标志之一。波斯国王出征时还会带上最亲近的女眷，这是希腊人对波斯的“他者性”进行羞辱的另一个关键点。

希罗多德自信满满地详细记录了波斯 20 个行省中的每一个每年需要缴纳贡金的数额，我们无从知晓这一记载的权威性如何。例如，他记录的第 1 个行省的希腊人每年只需要用白银或白银的等价物（silver equivalent）以货币形式缴纳贡金。但是第 6 个行省的埃及人需要缴纳的贡金还包括出售从摩里斯湖捕获的鱼的收入。至于第 20 个行省中的印度人，如前所述，他们是“整个已知的世界中人口最多的民族，所以他们缴纳的贡金最多，为（价值）360 塔兰特的金粉”。另外，他还提到了庞大的年度总估算，以银本位和优卑亚岛的重量标准（比雅典的重量标准重）计算，每年收取贡金的总数为14 500塔兰特①。

或许令人惊讶的是，希罗多德并没有将我们所谓的“白奴贸易”的产物包含在内。“白奴贸易”是指出于性和生育的目的将年轻女性储备在中央和地方首府的后宫中，而被阉割的男性，包括希腊人，成为这些后宫的宦官或侍卫，或者更直接地成为性对象。② 此外，希罗多德没有意识到或者选择不记录一个行省的军事义务是如何通过复杂的“授予”系统间接履行的。例如，富有的巴比伦人通常不会亲自担任骑兵，而是可能向第三方（即中间人）支付一笔钱，由中间人花钱购买代替者的服务，并从中赚取差价（富人支付给他们的费用与他们支付给替代服役者费用之间的差额）。尼普尔的穆拉舒（“野猫”）的 42
家族财务公司的记录保存了下来，为这种特许经营制度提供了大量线索，这也许有助于解释为什么至少有一些波斯骑兵新兵的战斗力不如波斯国王最富有的臣民，尽管前者具备的技能不一定比后者的少。

希罗多德带着对贵族的蔑视，自信地补充道，“波斯人有一种说法”，大意是，居鲁士是他们的“父亲”，冈比西斯是“僭主”，而大流士仅仅是一个“商人”或“零售商”。事实上，这是一种彻底的希腊式而非波斯式的划分方式。具有讽刺意味的是，希罗多德并没有指出整个波斯的中央集权官僚体系是多么外国化和非希腊化。有一句话说得好，波斯帝国的每一个人，从最高层到最底层都是定量配给的。这一点在波斯波利斯的两套文本中得到了最明显的体现，分别是波斯

① 从希腊的角度看，这笔钱是雅典的海军帝国在鼎盛时期（公元前5世纪30年代、40年代）总收入的30倍。

② Herodotus, 8. 105. 希罗多德认为帕尼欧纽斯买卖宦官的行为是极其邪恶龌龊的。

波利斯卫城档案和波斯波利斯府库文书。波斯波利斯卫城档案出土于1933年或1934年，包括3万多块泥板文书，以及大流士统治时期的经济档案，几乎全部用埃兰语写成，埃兰语是首都苏撒所在地区的当地语言——尽管至少有一名希腊裔抄写员或秘书在那里工作。波斯波利斯府库文书大概有750多篇，也是用埃兰语写成，年代可以追溯到公元前492年至前458年。

例如，法尔那塞斯就特别受青睐，每天（注意是每天！）都能得到90夸脱葡萄酒、180夸脱面粉和2只绵羊。大流士的助手、薛西斯的将军马尔多尼乌斯的父亲戈布里亚斯每天得到的甚至更多（大约多出11%）。如此夸张的食品补贴意味着权力和恩惠的分配范围几乎不需要费力。旅行粮食配给是另一种中央救济金，发放给在帝国各地因执行公务出差的团体和个人。根据登记的信息，获得这些食品补贴的
43 旅行者来自埃兰南部、波西斯甚至印度；目的地包括阿拉伯、巴克特里亚、巴比伦、埃及、克尔曼和萨迪斯。

下一个让希罗多德印象深刻的是所谓的苏撒王室大道的终点。一个规模庞大的军队通常需要3个月才能走完这段路程（大概是2 600千米），但是一名信使沿着王室大道使用马匹接力只需要一周多一点的时间就能走完全程。希罗多德在描述道路的路线和长度①时使用了波斯专业术语“parasang”，并进行了极其详细的描述，尽管他似乎错误地将这个词语理解为距离单位，而实际上它是一个时间单位。在其他地方②的记载中，他将王室大道据说有111个驻地或马匹的接力比作希腊为纪念奥林匹斯工匠之神赫菲斯托斯而举行的宗教节日中赛跑

① Herodotus, 5. 52.
② Herodotus, 8. 98.

选手所执火炬的接力。这条路的起点在苏撒，穿过扎格罗斯山脉的一个山口（不确定具体是哪一个），然后到底格里斯河，再到幼发拉底河上游，之后穿过卡帕多西亚到萨迪斯，再从萨迪斯到伊奥尼亚的希腊以弗所的爱琴海沿岸。这也是波斯对以弗所产生深远影响的原因之一，波斯甚至影响到了以弗所著名的阿尔忒弥斯崇拜。阿尔忒弥斯在一定程度上被波斯的阿娜希塔（Anahita）同化了。

除了规定的税收和贡金，波斯帝国还进行其他形式的经济剥削。比如，行省总督或国王本人没收希腊人的土地，重新分配给受宠的波斯或希腊贵族。但是，如前所述，波斯帝国在经济上的枷锁显然没有特别沉重，只要按规定按时缴纳税收和贡金，臣民就不会遭受很沉重的压迫。

在波斯帝国的宣传中，宗教的特征非常明显。在上面引用的文件中，大流士两次提到“智慧之主”阿胡拉·马兹达。阿胡拉·马兹达是由先知琐罗亚斯德（可能出生于公元前10世纪—前6世纪的巴克特里亚）创立或编纂的伊朗—巴克特里亚宗教中伟大的光明之神。位于 44
贝希斯敦（距离埃克巴坦那不远）的用三种语言刻成的铭文①展示了大流士对阿胡拉·马兹达做出的更明确的承诺。这三种语言分别是埃兰语、巴比伦语和古波斯语。古波斯语是官方的、使馆的语言，而不是波斯帝国的通用语言，因此更有气势，使人印象深刻。尽管大流士似乎是第一个用古波斯语撰写正式文本并乐在其中的阿契美尼德王朝的国王。

贝希斯敦铭文刻在一座比地面高66米的山的天然岩石上，在这座

① 亨利·罗林森破译了楔形文字，因此《贝希斯敦铭文》被认为是研究整个古代近东历史最重要的文本。但是其他人也认为希伯来圣经具有同样的地位。

山的山坡上发现了疑似米底要塞的遗迹。“贝希斯敦”这个名字源自古波斯语的一个词语，意思是“众神之地”。阿胡拉·马兹达是第一个也是唯一的神，他的形象（一个带着翅膀的符号）伴随并主宰着铭文：

> 大流士国王说：“由于阿胡拉·马兹达的恩惠，我成为国王。阿胡拉·马兹达授予我王权……他们（一些特定国家）都是我的属国（臣民）；他们向我缴纳贡金。由于阿胡拉·马兹达的恩惠，这些国家遵守我的法律……阿胡拉·马兹达将这个王国赐予了我。阿胡拉·马兹达向我提供帮助，直到我统一了这个王国。由于阿胡拉·马兹达的恩惠，我坐稳了王位。”

上述文本中不断地重复是非常引人注目的，这种重复类似于王宫（建筑）中人物形象装饰的刻意重复。同样引人注目的是这样一个事实：与埃及的法老不同，波斯国王本身并不被认为是神圣的，相反，他们只是阿胡拉·马兹达在世俗中的代理人。大流士在另一篇铭文中对阿胡拉·马兹达赞不绝口，“阿胡拉·马兹达是一个伟大的神，他创造了地球，创造了天空，创造了人类，并为人类创造了幸福”。然后无缝衔接道，“他让大流士成为国王，成为万民之王，成为万民之主”。或者引用刻在波斯波利斯附近的纳克什·伊-鲁斯塔姆陵墓正面
45 的大流士铭文的一个略有不同的版本：“阿胡拉·马兹达是一个伟大的神，他创造了为人们所见的这一卓越的作品，为人类创造了幸福，将智慧和勇气授予了大流士。”

作为阿胡拉·马兹达的受膏者，波斯国王受到了最大限度的尊敬，这体现在希腊人称之为“proskunêsis”的公开问候仪式上。根据

行礼的臣民的地位，这种仪式包括全身跪拜或深深鞠躬并加上一个飞吻。这种自下而上的肢体语言完全符合波斯金字塔式的社会和政治体制。君主制是帝国统治秩序的顶端，不容置疑。伟大的国王，万王之 46
王，肩负着上天赋予他的职责，主要是保护土地及人民免受自然和人为的侵扰。但是这种君主制的政治制度并没有完全反映出强制的帝国一神论。因为帝国的万神殿中还有其他男神和女神，例如，阿娜希塔和密特拉，而且整个波斯帝国在观念和行为上依然是多神教的①，尽管大流士和其他国王竭尽全力让事情看上去并非如此。

在大流士统治初期竖立贝希斯敦铭文显然具有宣传目的，旨在证明及阐释，在居鲁士之子冈比西斯于公元前522年不明不白地去世之后，人民普遍感到不满并发起了一次彻底的起义，这场起义之后中央的秩序和控制已经重新恢复了。没有迹象表明这种不满和起义是由宗教反对派发起的。但是大流士统治末期，巴比伦和埃及各行省的动荡引起了公开的叛乱，这确实表明，在政治秩序是根据其他全知全能者的感知意愿形成或决定的地区，阿胡拉·马兹达主义要付出代价。巴比伦和埃及重要行省的高级祭司（分别是贝尔·马尔杜克神和阿蒙神的祭司）显然是叛乱背后最活跃的力量。薛西斯选择惩罚他们，作为他当上国王的第一次行动，这或许是相当严厉的惩罚。

在波斯官方与希腊人交往的案例中，一则强有力的铭文证据（反映的情况）恰恰相反。这一文本于公元2世纪被凿在希腊城市马格尼西亚（位于伊奥尼亚的米安德河畔）的大理石上，这很可能是由祭司当局为了公开确定相关土地的神圣性而唆使的。但是我们完全有理由

① 最重要的例外当然是犹大，居鲁士因为将犹太人从巴比伦之囚中解救了出来，从“第二以赛亚”那里获得了“弥赛亚”的称号。

认为，这一文件是大流士在公元前 500 年左右向吕底亚和伊奥尼亚总督加达塔斯发布的敕令的真实副本：

47 万王之王，叙司塔斯佩斯之子大流士对他的奴隶加达塔斯说："我发现你没有完全服从我的命令，因为你在耕种我的土地，把果树从幼发拉底之外的行省（叙利亚-巴勒斯坦）移植到亚细亚西部地区，我称赞你的目的……但是因为我的宗教信仰被你废除了，我将向你证明一个受了委屈的国王的愤怒，除非你改变你的方式。因为阿波罗神圣的园丁们已经被迫向你缴纳贡金，而不神圣的土地也在你的命令下被挖掘了。你无视我的祖先们对（阿波罗）神的态度，是他告诉了波斯人所有的真相和……①"②

大流士巧妙地提到了他的先祖，这对希腊臣民来说是好消息。因为对希腊人来说，按照先祖的习俗尊崇他们的神是他们宗教习俗和信仰的本质。总的来说，希腊人不像波斯国王那样是忠实的园丁，正是波斯人创造了伊甸园般的术语"天堂"，这个词最初的意思是一个用于种植的狩猎公园。尽管波斯人也重视神圣与不那么神圣之间的区别、作为神的特殊住所而划出的土地与尚未神圣化的土地之间的区别，他们也会发现大流士对外来的希腊宗教（信仰）的宽容是完全合宜的，在文化上也是他们所熟悉的。

但是大流士在节选文本的最后一句话中使用的词组"所有的真

① Maria Brosius, *The Persian Empirefrom Cyrus II to Artaxerxes* (LACTOR 16), no. 198, 根据 Charles W. Fornara, *Archaic Times to the End of the Peloponnesian War*, Cambridge: Cambridge University Press, 1983, second edition, no. 35 稍作修改。

② 后面的内容已佚失。

相”是波斯特有的用法。希罗多德坚称，波斯人从5岁到20岁的整个
教育阶段都致力于灌输三种美德或技能：骑马、射箭和说真话。说谎 48
是对波斯荣誉准则最严重的违背，第二严重的违背是欠债。在贝希斯敦三种语言的铭文中，大流士将自己描述为真理的化身，致力于与篡位者和谎言的化身反叛者作斗争。事实上，所有波斯的王室铭文都试图传达关于国王的永恒真理。他们最重要的目标不是记录个别的政治事件（尽管有时他们也会这样做），而是强调国王的统治是神的旨意，而且只有通过遵循真理，尤其是遵循阿胡拉·马兹达的道德戒律，才能确保帝国的和平。

来自大流士之子薛西斯的一份著名文件可以进一步证明王室官方 49
将阿胡拉·马兹达与真理结合在一起，这份文件就是所谓的“魔鬼铭文”，“daiva”在古波斯语中是恶魔或魔鬼的意思：

> 在这些国家（这一文件前面所列的30多个薛西斯的法律在其中占主导地位的国家）中，有一个地方以前曾崇拜恶魔。后来……在那里我依据真理虔诚地崇拜阿胡拉·马兹达……①

同样地，大流士使用了一个同样是波斯语特有的、在希腊语中可以被译为“奴隶”的术语，即使是在称呼一个总督这样地位如此之高的波斯人时，这个人很可能与大流士有血缘或婚姻关系。然而，这种令人憎恶的说法会给希腊听众留下非常虚伪或错误的印象，而且很有可能为说明公元前499年伊奥尼亚人和其他希腊人反抗他的部分原因

---

① Maria Brosius, *The Persian Empirefrom Cyrus II to Artaxerxes* (LACTOR 16), no. 91.

提供线索。

这次起义，与公元前 521—前 519 年的起义一样，没有希腊人参与，被强行镇压。但是大流士的目的不仅仅是保住他继承的帝国，他也像冈比西斯一样渴望扩张帝国。如前所述，在公元前 513 年，他命令军队从亚洲穿过博斯普鲁斯海峡进入了欧洲，并在色雷斯（官方所称的“黑海彼岸”）建立了新的总督辖区。这为在巴尔干半岛南部进行进一步征服（即征服马其顿和南部地区的希腊人）奠定了基础。但大流士当时的想法是否如此，则是另一个问题，而根据目前的证据我们还无法回答。

第三章

希腊：公元前485年的希腊世界

51 即使我们愿意这样做的时候，也有很多有力的理由使我们不能这样做……如果雅典人背叛了这一切，那么是很不妥当的。

——希罗多德《历史》，第 8 卷第 144 节公元前492年，即大流士第一次出征欧洲约20年后，波斯口若血盆，足以吞并希腊大陆边缘的马其顿。这是我们简要地称为“伊奥尼亚起义”的事件的直接后果。这一说法实际上具有双重误导性，因为起义的不仅仅是伊奥尼亚的希腊人。参加起义的还有来自北边的爱奥利斯、南部的卡里亚和吕西亚，以及安纳托利亚沿岸附近岛屿上的希腊人。此外，在公元前5世纪前10年，反抗波斯主人的绝不仅是希腊人。希腊的一些近东邻国也参加了起义，包括非常靠南（远在南部）的塞浦路斯岛的一些国家，塞浦路斯岛是连接安纳托利亚和黎凡特的天然桥梁。不过，传统术语至少使用起来很方便。

希罗多德是我们关于这一场起义主要而且是唯一连续的叙述来源，但他的叙述利用起来存在困难。首先，他将起义的动机叙述得过于个人化，这可能是由他的资料来源（主要是口头资料）造成的，也可能取决于他自己的倾向和偏好。他特别关注为波斯效忠的希腊米利 52
都的前统治者希斯提亚埃乌斯及据说是他门徒的阿里斯塔格拉斯的阴谋。毫无疑问，他们的个人贡献都很大，但仅凭他们自己不可能发起或维持一场迅速且远远超出伊奥尼亚的（疆界）范围并且持续整整6个夏季战季（公元前499—前494年）的起义。一定还有一些客观因素起了强劲的作用。

如果起主要作用的不是经济因素，那么可能是政治因素和意识形态因素。简言之，希腊的起义者想要的是自由。在城邦外臣服于一个外族的帝国势力、在城邦内受卖国贼僭主的统治，不再被视为一种可接受的"现代的"政治统治模式。这与自由可能的定义之一——政治独立和人民自决——相矛盾，而且自公元前 508/507 年的雅典民主改革①进一步推动了希腊的自由之后，这种矛盾就更加突出了。

简而言之，正是在那一年，雅典公民大会批准了克里斯提尼提出的激进的政治改革方案。这是民主自治的直接形式，更像是无产阶级（即大多数贫穷公民）的专政，而不是全体选民日常将权力交给民选代表组成的政府的任何形式。

雅典民主方案的根基是公民自由的概念。这种自由包括两个方面：一方面是不受外部压迫（无论是来自国内，还是国外）的消极自由；另一方面是参与而且真正决定对整个公民集体至关重要的事件的积极自由。这种新型的雅典政权认为只要波斯不干涉，雅典就能与波
53 斯帝国共存。因此在公元前 507 年或公元前 506 年，雅典在萨迪斯正式向波斯帝国当局表示臣服，向波斯帝国贡献了土和水，这不管对大流士还是对任何其他的波斯国王而言，都意味着臣服和失去独立地位。然而，在 6 年之后的公元前 500 年或公元前 499 年，当伊奥尼亚的希腊人来到雅典请求雅典协助他们计划的起义时，雅典的民主政权对自己在世界上的地位，尤其是自己和波斯的关系，有了截然不同的看法。

无论如何，雅典和伊奥尼亚的希腊人有很强的情感联系。一个世纪以前，雅典的诗人兼政治家梭伦曾将雅典人的故乡阿提卡视为"伊

---

① "雅典民主改革"这一说法并非没有争议，因为它可能意味着这是一场有意识的政治自我变革。我本人更强调的是改革带来的制度和意识上的革命性转变。

奥尼亚最古老的土地”，而且雅典人热衷于塑造这样一个神话：定居在安纳托利亚西海岸、说伊奥尼亚希腊语的希腊人不仅是从雅典启航的，而且是在雅典的鼓舞和领导下出发的。在伊奥尼亚的希腊城市中，最重要的是米利都，正是米利都在公元前500年率先接近雅典。雅典的民主政权认为自己可以在不受惩罚并获利的情况下向其伊奥尼亚“表亲”反抗波斯国王提供物质和精神援助。

希罗多德不是一个伊奥尼亚人，他是说多利安方言的哈利卡纳苏斯人，可能有一些不合时宜的后见之明，他对雅典的这一决定持否定态度。希罗多德将雅典的决定与斯巴达清醒地拒绝伊奥尼亚人的求助进行了不利的对比，并荷马式地将这一决定视作“全希腊灾难（罪恶）的开端”①。因为他发现了一条单一的因果链，从雅典的这一致命决定，到大流士和薛西斯先后对希腊大陆进行的报复和试图征服的远征（一直持续到公元前5世纪后期）： 54

> 在叙司塔斯佩斯之子大流士（公元前521—前486年），大流士之子薛西斯（公元前486—前465年），大流士的孙子阿塔薛西斯（公元前465—前424年）这3代国王统治期间，希腊遭受的苦难比大流士出生前20代人统治期间遭受的还要多。②

这是希罗多德为数不多的提及希波战争之后的时期。由于希罗多德亲眼见证了雅典和斯巴达灾难性的冲突——伯罗奔尼撒战争（这是一场旷日持久的希腊城邦的内战）的爆发，因此当希罗多德做出这一

---

① Herodotus, 5. 97.
② Herodotus, 6. 89.

预示厄运的判断时，他很可能特别考虑到了这一点。

不过，起义总体上或者雅典在起义中扮演的角色能否承受希罗多德赋予它们的在解释性和因果关系方面的重要性值得怀疑。希罗多德似乎低估了起义各派在军事和政治方面的成功，其中包括希腊人和非希腊人在亚洲大陆和塞浦路斯独特的军事合作。相反，他夸大了希腊人即使在战败之后被所谓的宽宏大量的波斯人允许的独立程度。决战于公元前 494 年夏天在米利都附近的莱德的海上进行。结果是，主要由腓尼基人组成的波斯舰队大获全胜。起义者更加耻辱，因为来自萨摩斯岛的一支希腊主力部队在决战前背弃了他们的战友。

55 然而，希罗多德认为公元前 493—前 492 年大流士任命的这一地区的总督允许伊奥尼亚城邦实行“民主制”①，对于全世界来说，仿佛他们和雅典的民主制（实际上仍然是独一无二的）不相上下。② 一些现代学者正确地认为，最多某种“城镇议会”的独立性会得到认可。然而，到公元前 480 年薛西斯入侵时，叛国的僭主再次不祥地在伊奥尼亚的几个城邦中露出了不太讨人喜欢的面容。此外，伊奥尼亚起义并没有打消大流士进一步在欧洲永久扩张波斯势力的念头。恰恰相反，色雷斯总督迈伽巴祖斯随即征服了马其顿。

然而，大流士在公元前 490 年授权的下一次主要的军事行动不是陆上作战且不经过希腊北部。这次行动走的是海路，要经过爱琴海，直指优卑亚的埃瑞特里亚，然后就是雅典。这差不多是一条直达路线，引导主要由腓尼基人组成的舰队从黎巴嫩附近的本土水域出发，经过基克拉迪最大的纳克索斯岛（曾于公元前 500 年制造事端）到达

① Herodotus, 6. 43.

② 当时伊奥尼亚的总督是马尔多尼乌斯，后来成为薛西斯在希腊最重要的将领。

优卑亚，然后再到阿提卡。这次军事远征的指挥官是大流士的一个兄弟阿尔塔佛涅斯和一个叫达提斯的米底人（我们从波斯的记录中得知，他在帝国的西部地区待过）。

这次远征表面上的动机是惩罚。大约10年前，埃瑞特里亚和雅典都曾敢于协助起义的伊奥尼亚人。这种对波斯帝国势力的蔑视及对帝国领域的干涉，不论实际上产生的长期影响有多微小，都必定会受到严厉的惩罚。

但要说以上就是大流士的全部想法，则令人怀疑。所有的帝国本
质上都会担心自己的边境安全。例如，公元前55年尤利乌斯・恺撒第 56
一次入侵不列颠宣称的理由之一就是可恶的不列颠人一直在援助他们
位于英吉利海峡对岸高卢的凯尔特表亲。恺撒的另一个动机是“横渡
大洋”，这是前所未闻的壮举。公元前490年，大流士的目标至少是通
过将爱琴海变成由腓尼基人巡逻的波斯湖泊，从而阻止希腊大陆进一
步干涉他在亚洲的势力范围。

当时，腓尼基的海军优势是毋庸置疑的。公元前494年的莱德之战无疑证明了这一点。希腊海军惨败的部分原因是纪律松懈，但同样是因为装备、战术和经验方面的不足。在公元前490年，埃瑞特里亚很轻易地被征服了，城市被占领并烧毁，很多埃瑞特里亚人被运送到离家乡很远的地方，深入波斯帝国腹地。可以想到，雅典人没有进行海上抵抗。除了自己没有强大的舰队，雅典位于埃吉纳岛的邻居（他们确实拥有一支强大的舰队）决定正式向大流士的使者臣服，向波斯进献土地和水，这一决定对雅典没有任何帮助。因此波斯人在未遭受任何抵抗的情况下在阿提卡东部马拉松宽阔的海湾登陆了。当时的问题是接下来雅典人是否以及如何在陆地上进行激烈的抵抗。

尽管几年前，各种龃龉影响到了雅典与斯巴达的关系，但是他们

（雅典人）还是很明智地立即向斯巴达求助，雇佣了杰出的长跑运动员菲利皮德斯。他从雅典跑到斯巴达，全程约 250 千米，用时不到 48 小时。① 在常规的陆战方面，斯巴达是当时希腊军事力量最强大的城邦。斯巴达当时处于国王克里奥美涅斯一世的统治下，众所周知，他
57 对埃吉纳抱有强烈的敌意。与雅典一样，斯巴达也对大流士的使者极为蔑视而且确实有些不敬，甚至杀害了他们。现在，斯巴达人对雅典提出的军事援助请求做出了积极的回应，只是声称由于先前的（他们自己声称的）宗教承诺不能立即提供援助。结果，斯巴达的军队在大战结束后的第二天才抵达马拉松，只留下雅典及其唯一的盟友（距离较近的普拉提亚）面对波斯的进攻。

我们永远也不清楚波斯侵略者到底为何会输掉马拉松战役而且输得如此彻底。波斯骑兵发挥的作用或者说没有发挥作用可能与波斯战败有很大关系。没有波斯骑兵的参与，这场战争就是一场希腊重装步兵（他们在身为战术天才的贵族将军米提亚德的鼓舞下，在不止一种意义上为自己的家园而战）与阿尔塔佛涅斯和达提斯指挥下的相对轻装、民族多样且缺乏动力的部队之间的直接较量。结果是希腊军队占据上风，伤亡相对较少：根据希罗多德的记载，只有 192 名雅典士兵阵亡，而波斯军队大约有 6 500 人死亡。有人担心雅典可能会出现第五纵队②，准备与波斯进行交易，但实际上这一担忧从未变成事实。

大流士于公元前 486 年去世，尽管他取得了很多其他惊人的成就，但是他对自己在希腊事务上的表现可能并不十分满意。大流士在马拉

① 现在的“斯巴达超级马拉松”，即受到菲利皮德斯的启发举办的超级马拉松比赛，已经创造了最短时间为 20 小时多一点的纪录。

② 指为敌军效力的组织。——译者注

松战役中失败的后果是公元前 485 年波斯帝国的统治权没有扩张到希腊本土。在此之后，大流士的儿子和继任者薛西斯成为波斯国王，镇压了巴比伦和埃及的起义，并正在考虑他能够给自己的王权和波斯帝国留下什么样的印记。

希罗多德在《历史》第 7 卷的开头记录了薛西斯和他最亲密的顾问，尤其是和他名为阿尔塔巴诺斯的叔父之间的一场所谓的辩论（关于是否要出征雅典）。他还叙述了很多超自然力量①的影响，超自然
力量一开始让他出兵，后来又暗示他不要出兵。尽管希罗多德关于这 58
一部分的叙述比较戏剧化，但薛西斯几乎从未质疑过征服希腊大陆是未竟的家族事业，也是帝国行动的重中之重。如果近来复仇的动机对非君主制、民主制的美国的民选总统有重要影响（事实上也确实如此），那么它对一个（出于个人和帝国对复仇安全和威望的考虑的）专制君主的影响又有多大呢？

公元前 484 年前后，马其顿以南的大陆上的希腊人率先听到风声，知悉了薛西斯的敌对意图和准备。原则上他们认为真正的希腊性和“奴隶制”（臣服于波斯的蛮族化、非希腊的统治）是不相容的。从意识形态上来说，公元前 480 年决定在斯巴达的领导下抵抗波斯入侵的大陆上的希腊人最终确实决定以这种名义进行抵抗。但是这些忠诚的希腊人势单力薄（除了少数明显的例外），在精神上尤其薄弱，他们需要只有斯巴达能够提供的牛肉和武器。这一点可以用希腊世界的本质和希腊主义来解释。

公元前 7 和前 6 世纪的殖民运动使希腊人永久定居在地中海盆地周围和东北部的黑海周围。由此形成的希腊世界（用古代希腊人自己

① 主要是指薛西斯的梦境。——译者注

的术语来说是“Hellas”）就像今天的“阿拉伯世界”和中世纪的“基督教世界”一样，既是一个统一体，又不是一个统一体。从政治上来看，希腊世界不是一个统一体，甚至根本不是一个实体。雅典的伯里克利擅长用令人难忘的表达来形容他的比奥提亚邻居，他说比奥提亚人如此不团结且相互敌对以至于让他想到了被强风吹的大树，它们的树梢相互撞击，彼此充当对方的刽子手。尽管比奥提亚人不仅是希腊人的同胞，而且是同一个比奥提亚民族语言群体的成员，共同拥
59 有一个活跃的宗教中心。另一个例子是：希罗多德在公元前 480 年（温泉关战役之后、萨拉米斯战役之前）的叙述中提到，在他看来，阿提卡北部的所有希腊人中只有弗基斯人没有“米底化”的唯一原因“是他们对色萨利人的仇恨。如果色萨利人保持忠诚，弗基斯人肯定会投靠波斯一方”。①

关于泛希腊团结的叙述就到此为止，将所有希腊人团结在一起的是一些其他非政治性的因素。这些因素包括：共同的血统神话，即他们终究是同一个神的后代；其他共同的宗教信仰和实践，特别是在露天祭坛上用动物血献祭；其他社交和社会规范、习俗，以及共同的语言（及其方言变体）。希罗多德以他出色的叙述和分析天赋，在希波战争的紧要关头借雅典人之口表达了“希腊性”这一复合概念的本质和力量。这一叙述的背景是公元前 480/479 年混乱的冬天。波斯人因他们在萨拉米斯之战中失败受到了打击，薛西斯回到了亚洲；但是他给马尔多尼乌斯留下了足够强大的陆军和数量足够多的海军支援船只，这使薛西斯完全有理由期待在下一年的春夏之际终结希腊人的抵抗。

---

① Herodotus，8. 30.

然而，波斯人一开始采用的是通过贿赂分而治之的战略，这种战略会使他们在接下来的一个多世纪与大陆上的希腊人打交道时获得丰厚的回报。① 为此马尔多尼乌斯派臣属于他的马其顿国王亚历山大一世作为使节前往雅典，承诺只要雅典人抛弃忠诚于希腊的联盟，就向他们提供巨额资金。

亚历山大的选择本身就存在巨大的争议。一方面，他声称自己是一个希腊人，以希腊的最大利益为重；另一方面，马其顿人的希腊性备受争议：古代马其顿人是否以及在多大程度上是典型的希腊人，这在当时是一个问题，在最近的时代也是一个令人不快的问题。从神话 60
系谱方面来看，马其顿人是希腊人，因为从这一点上看，马其顿是希腊族谱中一个早期的、非常核心的分支。词源学也能证明马其顿人是希腊人，因为像亚历山大这样亲希腊的马其顿人，他们统治王室的名字阿吉德（阿吉阿斯的后代）就来源于伯罗奔尼撒半岛上的阿尔戈斯，而阿尔戈斯人毫无疑问是希腊人。但是，习俗和惯例（希腊人所称的“*nomos*”），尤其是语言似乎又比较有力地说明马其顿人不是希腊人。

马其顿的政治传统还没有扩展到希腊典型的自治形式——城邦中。马其顿确实没有所谓的公民，只有臣民（就像在波斯帝国一样），而且马其顿人在政治上仍然是由世袭的专制国王统治的民族，或者更确切地说，是由部落军事首领统治的。事实上，即使是至高无上的军事领主对他的同胞或对手军事领主行使宗主权的头衔也值得怀疑。尽管马其顿是单一王权制，但是在被波斯征服之前，马其顿的领土不论

① 后来，亚历山大大帝的父亲马其顿的腓力二世也采取了同样的战略，并取得了毁灭性效果。

是在行政上还是军事上都没有真正统一。①

希腊性的语言标准至关重要，因为希腊语动词“*hellênizein*”的意思是“成为希腊人”，它的根本和原始含义是“说希腊语”。这对马其顿人来说是个问题。有一个副词“*makedonisti*”，它的意思是“说马其顿语的”。这说明了这样一个事实：马其顿人彼此之间可以说一种其他更标准的希腊语使用者无法理解的语言或方言。而且，这种形式的“无法理解”也提出了马其顿语从根本上说是否是希腊语的问题。事实上，有一些说希腊语的人所说的版本（当地习语和或浓重的口音）
61 会引起其他希腊人的讥讽或嘲笑。例如，斯巴达人的希腊语口语就受到了雅典人的嘲笑。但是他们并没有因此被认为不是希腊人，不完全是希腊人或不足以是希腊人。然而，马其顿人的当地语言却会引发这种情况。因此，很能说明问题的是，当将希腊性的另一种标准测试应用在马其顿人身上时，即他们是否有资格参加全希腊人以及只有希腊人有资格参加的奥林匹亚赛会时，负责主办这一赛会的伊利斯城邦当局给出的答案非常矛盾。他们规定，只有马其顿人的国王才有资格参加赛会，这意味着他的所有臣民的希腊身份充其量是悬而未决的。

对比一下西西里的希腊人的情况。西西里是“旧”希腊之外最早被“殖民”的地区之一。例如，叙拉古于公元前 8 世纪后期（传统上认为是公元前 733 年）建立。毫无疑问，一些希腊妇女在希腊对西西里的多次殖民远征中被一起带走。远征最终使希腊人在西西里岛各地定居，除了最靠近西北地区的腓尼基飞地。这些妇女包括祭司家族的

---

① 波斯人撤退后，阿基劳斯（Archelaus）国王在公元前 5 世纪末首次实现了早期形式的政治统一，但马其顿真正的统一是在腓力二世统治时期（公元前 359—前 336 年）实现的。

成员，目的是保持宗教惯例的连续性以及对“旧”国家的身份认同。事实上，宗教和亲属关系共同构成了母邦及其殖民定居点子邦之间最紧密的情感纽带。然而，大多数希腊的殖民者都是年轻的未婚男子，他们以西西里和西坎的土著妇女为妻子和性伴侣。因此公元前 5 世纪初期，大多数西西里的希腊人都具有希腊人和蛮族人的混合血统。尽管如此，当叙拉古的僭主格隆要求共享反抗波斯军事力量的指挥权时，他的这一公认的不可接受和蛮横的要求并没有因为他不是希腊人或不完全是希腊人而遭到断然拒绝。简而言之，希腊性就像所有社会和文化中的种族特点一样，是根据情境建构出来的，而不是天然存在的。马其顿人的问题在于他们通常未能足够清晰且不含糊地证明他们
的希腊性。公元前 480 年亚历山大成为波斯附属国的国王，这一点对 62
他的事业没有任何好处。

斯巴达人不知何故得知了亚历山大的使命，而且坦率地说，他们非常害怕雅典人可能会因为波斯人承诺向他们提供黄金而被说服放弃（反波斯）联盟。于是，他们立即向雅典派出了自己的使节。这为雅典人提供了一个绝佳的平台，或许我们应该说，这使得希罗多德向雅典人提供了这个平台。以下是雅典人为了消除斯巴达人的恐惧而说的话，或者更确切地说，是希罗多德认为雅典人说的话：

> 即使我们愿意这样做的时候（我们并没有这样做），也有很多强有力的理由使我们不能这样做（放弃反波斯联盟）。首先，也是最重要的是宗教因素：波斯人焚烧和毁坏了神像和神龛，我们必须尽自己最大的能力去复仇，而不是与这些暴行的肇事者做交易。其次，因为我们是希腊人这一事实：我们具有同一种血统，
> 我们使用同一种语言，我们有共同的神庙并为他们献祭，我们有 63

相同的生活习惯。如果雅典人背叛了这一切，那么是不妥当的。①

雅典人对“成为希腊人”所下的具有说服力的定义的三个构成要素是：共同的血统、共同的语言和共同的习俗，尤其是共同的宗教信仰和习俗。希罗多德则非常重视我们所说的婚姻和性态度的习俗以及饮食习惯。告诉我你们如何以及和谁发生性行为，吃什么以及怎么吃，我就会告诉你们，你们是谁。但是如果有人对他施加压力，他就可能会将共同的宗教习俗置于所有其他习俗之上，尤其是共同的丧葬安排。

因此当希罗多德想要通过一个典型的寓言来说明各民族习俗之间的差异，以及不同的民族不仅认为自己民族的习俗优于其他民族的习俗，而且认为自己民族的习俗是最好的这样一个事实时，他选择论证的正是丧葬安排。② 确凿的历史事实表明，并不是所有的希腊社会都奉行同样的丧葬习俗。远非如此，斯巴达人的丧葬方式可能是其中最独特的。

---

① Herodotus, 8. 144. 2.

② 见附录 3，Herodotus 3. 38。

第四章

公元前 485 年的斯巴达：独特的文化和社会

65 斯巴达，举世闻名的狭隘的军事贵族的故乡，有傲慢的民族自豪感、严苛的纪律和对臣民的无情压迫。

——M. N. 托德《回顾》，1944 年

尽管斯巴达人有非凡的爱国自豪感和军事造诣，但他们绝对不是完全意义上自由的拥护者。正如我们之前所见，在拉科尼亚和美塞尼亚，斯巴达人几个世纪以来残酷地统治着数倍于他们自己的希腊本土居民，而且给这些本土居民集体贴上了贬义的标签：“黑劳士”或“俘虏”。在业余爱好者的世界，只有斯巴达人是专业的，因为希腊城邦中只有他们维持了一支常备军。但他们不是那种为了战争而战争的军国主义者。他们创造并维持着一支独特的军队，最重要的目的是统治和镇压黑劳士。事实上，他们整个社会的组织形式就像一支常备军。他们时刻保持警惕，既要对抗内部的敌人，又要对抗来自外部的任何希腊或非希腊的敌人。在希罗多德关于公元前 500 年一个斯巴达重要访问者的叙述中，斯巴达的美塞尼亚黑劳士的问题占据了显要地位，这绝非偶然。

这一访问者是来自米利都的阿里斯塔格拉斯。踏足斯巴达的外国 66
人并不是很多，更不用说来自远在爱琴海对岸的伊奥尼亚非多利安族希腊世界的外国人了。但是阿里斯塔格拉斯有一个非常引人注目的使命：为他提议的反抗波斯的起义（也就是伊奥尼亚起义，见第三章）寻求斯巴达的军事支持。按照希罗多德当时的说法，阿里斯塔格拉斯是一个“僭主”，一个未经选举、不负责任、专断的统治者。他认为自己的这一地位得益于前任希斯提亚埃乌斯的庇护及他在附近萨迪斯总督的支持下控制了强大的军事力量。他也许不像雅典僭主庇西特拉图（死于公元前 527 年）那样是一个不折不扣的专制统治者，但是其地位本身就足以引起猜疑，尤其是他实际上一直作为亲波斯的卖国贼或傀儡统治着米利都。

正如希罗多德所叙述的，斯巴达的公民集体根本没有被询问过是否愿意支持阿里斯塔格拉斯反抗波斯。这可能只是偶然的疏忽，但可能同样反映了这样一个事实，即斯巴达的政治组织从根本上来说是寡头制，只是披着民众协商的外衣。公元前 500 年的斯巴达由强大的国王克里奥美涅斯一世统治着，克里奥美涅斯一世控制着规模很小但是由精英人士组成的长老会（由选举出的 28 位成员和 2 位国王组成，共 30 人）。这意味着克里奥美涅斯一世有资格决定斯巴达的政策，而不用顾及全体公民的意见。但是希罗多德多此一举的是，他声称唯一能对国王产生决定性影响的斯巴达人是一个约 8 岁的小女孩——克里奥美涅斯一世唯一的孩子戈尔戈（克里奥美涅斯一世同父异母的兄弟列奥尼达未来的妻子）。据称，阿里斯塔格拉斯通过迎合斯巴达人易受贿赂的特点在吸引克里奥美涅斯支持方面取得了一些进展，当时戈尔戈尖锐地提醒父亲要知道他的道德和作为国王的责任在哪里。

希罗多德也以他惯用的方式展示了对阿里斯塔格拉斯不利的内
67 容。斯巴达人要想得到储存在苏撒的财富，他们就必须在内陆行军大约三个月，进入远离爱琴海海岸的亚洲。但是斯巴达人基本上都不谙航海。正如我们在第一章看到的，在公元前 525 年，他们曾试图越过爱琴海远征萨摩斯岛，推翻僭主波利克拉特斯。但那次失败的尝试并没有为阿里斯塔格拉斯所倡导的海陆两线作战提供先例。因为米利都人让斯巴达空手而归。然而，在刚确立民主制的雅典，阿里斯塔格拉斯取得了更大的成功，这就使希罗多德有机会将一个斯巴达人（克里奥美涅斯）的拒绝与3万名轻信的雅典人的同意进行对比。①

克里奥美涅斯在斯巴达至高无上的地位是用不小的政治代价换来的。大约在公元前520年，他在有争议的情况下获得了阿吉德王室的世袭王位，因为他是其父亲阿那克桑德雷达斯（Anaxandridas）第二个（也是重婚的）妻子生的儿子。多里乌斯是阿那克桑德雷达斯第一任也是完全合法的妻子的长子，但在克里奥美涅斯之后出生，他提出继任的要求被拒绝了。多里乌斯怒气冲冲地离开了，开启了在北非和西西里岛的一系列冒险经历，并最终在那里去世。大约在公元前515年，斯巴达另一个王室欧律庞提德家族经历了一次较为顺利的继任，德玛拉图斯登上王位。但是德玛拉图斯也有着曲折的过去，他继任的合法性也存在争议，这一争议最终由克里奥美涅斯终结。事实上，德玛拉图斯和克里奥美涅斯可能一直都相处得不太好，根据希罗多德的说法，这是两个王室关系的正常特征。公元前506年，他们公开决裂，并造成了灾难性的后果，最先影响了斯巴达的外交政策，并最终影响到了德玛拉图斯本人。

到公元前6世纪中期，斯巴达已经成为希腊大陆军事力量最强的 68
城邦，因此吕底亚的克洛伊索斯与斯巴达结为了同盟（尽管这一同盟实际上未取得任何成果），共同对抗即将到来的波斯势力。具体来说，斯巴达拥有最强大的陆军，其军队的核心是公民重装步兵。与其他所有的希腊城邦不同，每一个成年的斯巴达公民都理所当然地是重装步

① 总的来说，希罗多德对克里奥美涅斯的描述是充满敌意的，他在其他地方针对雅典作为民主政体在军事上的重要作用说了不少好话。因此他的判断可能是受到了自己对伊奥尼亚起义看法（他坚信伊奥尼亚起义是非常愚蠢的）的影响。

兵方阵的成员。同样不同寻常的是，斯巴达重装步兵的武器和防御盔甲都是集中供应的。这些装备来自一个军械库，由被称为“庇里阿西人”或“边民”的次级斯巴达人保存和维护。因为斯巴达法律禁止斯巴达人从事除了战争的任何其他贸易或手工业，所以他们的武器和盔甲由来自 80 多个小镇和乡村、具有人身自由但没有政治权利的居民制造，这些小镇和乡村集中在拉科尼亚高地和沿海地区，也有一些分散在美塞尼亚海岸附近。一些庇里阿西人足够富裕，能够自备武装作为重装步兵作战。斯巴达在其历史进程中愈发依赖这些重装步兵的支援。①

69 通过强制黑劳士进行劳动，斯巴达重装步兵无须为生计奔波，他们被迫一直操练、操练、操练，并通过其他方式不停地训练，以便随时应召奔赴战场。属于下层阶级的黑劳士随时都有可能发起大规模的起义，反抗他们的主人。因此，在每一个公历年伊始，选举出的斯巴达主要官员，即由 5 名监察官组成的委员会，就会正式向黑劳士宣战。如果有任何黑劳士选择反抗，他们就会被恣意杀害，杀害者也不会遭受宗教污染的影响，这种宗教污染不可避免地伴随着人类的流血。

监察官也全面监督斯巴达独特的教育制度——阿高盖（agôgê，意为教养）。这一制度主要是为男孩们制定的，目的是使他们成年后成为合格的军事人才。成功地在阿高盖制度下毕业是一个斯巴达男性有资格进入具有完全公民身份群体的必要条件，这一群体被称为“同辈”（homoioi）。但是这一制度同样适用于女孩，两者虽然有差别，但几乎是平等的。从 7 岁开始，斯巴达男孩就会被从父母家中带走，必

① 早在公元前 479 年的普拉提亚战役中，战场上这类重装步兵的绝对数量（5 000 人）就与斯巴达公民组成的重装步兵（的人数）相同，但是 5 000 人在潜在的斯巴达重装步兵总数中所占的比例要高得多。

须住在公共宿舍兼兵营中，这里也是一个学校。他们的给养非常紧缺，以至于他们可能被迫去偷一只不太美味的野狐狸。这就产生了一个比较形象的斯巴达式传说，一个男孩刚抓到一只狐狸就被他的一个教育者打断并审问。在阿高盖制度下，男孩们被允许甚至被鼓励偷窃，以培养秘密行动、出其不意、足智多谋等成年后能够在战场上用到的技能。但是在偷窃时不能被当场抓住，如果被抓住，就要受到严重的惩罚。因此故事中的男孩将狐狸塞进了自己的长袍中（他每年只有这一件长袍可穿）。并且，当狐狸咬他的要害器官时，他不会发出会暴露自己偷窃行为的叫声，而是坚忍地保持沉默，直到在审问他的人面前倒地死去。先不论这一传说是否太夸张，其明确传达的信息是他们必须坚忍地服从，而且这一传说的教化作用保证了它被重复和留存。

另一个类似的警世故事是关于一个年纪稍长的斯巴达少年。他犯 70
了一个严重的错误，即在参加剧烈的身体搏斗时，痛苦地大声呼喊。在他人生的那一阶段，这一训练是斯巴达教育周期或者说忍耐力测试的重要内容。他的哭声被负责的长者听到了，这一少年的街头信誉瞬间一落千丈。然而，与那个抓狐狸的男孩不同的是，要受到正式训斥和惩罚的并不是这个少年自己，而是他的情人，一位年轻的斯巴达公民。人们认为，这一年长的成人教导者未能正确地向他的少年情人传授斯巴达的价值观和行为方式。

未婚、年轻的成年公民战士（年纪在20—25岁）和一个十几岁的男孩（年纪在14—18岁）之间这种渴望男孩性质的配对关系是很正常或常见的。事实上，作为阿高盖制度的一部分，这种配对关系在斯巴达或多或少是强制性的。斯巴达甚至为他们发明了一个特殊的地方词汇：年长的伴侣被称作“激励者”，而年轻的伴侣被称为“倾听者”。当然这种隐喻可能是为了掩盖他们这种关系中肉欲和世俗的一面。① 对于年轻的一方来说，结成这种性质的不平衡的伴侣关系有一种启蒙仪式的作用，是他在成年的艰辛道路上必不可少的一步。而且，这可能也会对斯巴达人后续阶段的政治和其他类型的关系产生影响。②

71 城邦为所有男孩提供全面教育的制度实践是斯巴达特有的。同样独特的还有适用于斯巴达女孩的平行教育体系，这一体系同样高度重视身体健康，尽管总体目标不同。因为在斯巴达和在希腊其他地区一样，女性是公民中非军事人口的那一半。男孩需要被培养为成年战士，女孩却不能渴望理解军事勇敢和勇气的奥义，这种勇气可以用“男子气概”（*andreia*）（也可以理解为勇气）一词来概括。相反，女性要为获得妻子和母亲（最好是未来战士的母亲）这一几乎同样荣耀的身份做好准备。

斯巴达人非常重视生育，人们认为这主要是因为他们害怕周围大量被奴役的附属人口黑劳士。正是出于优生优育的信念，即身体健康的妇女更容易生出成功的儿子，所有女孩都要接受体育训练，包括摔跤、投掷标枪和跑步③，此外，还要接受更典型的希腊式歌舞教育。尽管斯巴达女孩与她们的兄弟不同，在结婚前一直住在父母家和母亲

---

① 不夸张地说，在其他希腊人眼中，斯巴达人有沉迷于娈童的“名声”。

② 未来的国王阿格西劳斯二世在少年时期经历过正规的教育（因为他本来没指望继承王位），他是莱山德的倾听者。莱山德后来短暂地成为当时最有权势的斯巴达人，当然也是最有影响力的希腊人，因为斯巴达当时是希腊世界的超级大国。他甚至比国王们更有权势，阿格西劳斯在大约公元前 400 年一场激烈的王位继承竞争中夺得欧律庞提德王朝的王位，肯定与他的支持和影响力有关。

③ 埃德加·德加（Edgar Degas）精通古典学，尤其喜欢斯巴达女性崇尚运动的精神，在 19 世纪 60 年代的画作中重现了很多斯巴达女性运动的场景，这些画作现藏于英国国家美术馆、哈佛大学福格艺术博物馆和芝加哥艺术博物馆。

生活在一起，但是她们被刻意地培养成不做烹饪、清洁和制衣等标准家务的人，而所有其他希腊女孩和妻子都会从事这些家务劳动。这些 72 工作都是留给黑劳士妇女做的。斯巴达妇女甚至没有在养育孩子中发挥主要作用，这也是因为黑劳士乳母和保姆随叫随到。相反，斯巴达非常重视确保占人口总数一半的女性内化城邦中占主导地位的男性价值观。

充满敌意的非斯巴达批评者乐于谴责斯巴达妇女不遵守严格且具有共同体意识的“来库古法律”①。据说她们过度追求奢侈和财富，包括土地所有权。斯巴达妇女可以拥有自己的土地，这在古希腊是很罕见的。她们还因为缺乏自律性甚至因为面对敌人时表现得懦弱而遭到谴责。在公元前370/369年，当拉科尼亚有史以来第一次被攻占，敌军直抵斯巴达城镇时，底比斯人和他们的盟友在斯巴达人的眼皮底下毁掉了他们的土地，包括妇女拥有的土地。亚里士多德声称妇女对斯巴达造成的伤害比敌人带来的还大。然而，像色诺芬②那样友好的观察者反而会赞扬斯巴达妇女，因为他们在公元前371年的留克特拉战役中失去了最亲近的男人，但表现得非常坚忍。

除了发展希腊最高效的重装步兵，斯巴达人还通过精心规划的外交手段巧妙处理与希腊外部世界的关系。和教育周期一样，斯巴达人 73 这样做主要出于对抗黑劳士以保证内部安全的考虑。在斯巴达城邦

① 来库古是一位传说中的至少是半神话的早期法律制定者，斯巴达历史上几乎所有的法律法规都是由他制定的。尽管他成功赢得了斯巴达男性的支持，但是没能得到斯巴达女性的支持。

② 色诺芬和亚里士多德是同一时代的人，比亚里士多德年长一些。作为国王阿格西劳斯的朋友，他在公元前4世纪初从家乡雅典被流放后一直住在斯巴达。在阿格西劳斯的建议下，色诺芬让他的两个儿子接受了斯巴达体系的教育。

（官方名称是拉栖第梦）的边界内，有大约 80 个庇里阿西人的城市和城镇，庇里阿西人享有人身自由，但在政治上处于从属地位，他们是对抗黑劳士的第一道防线。但是也有必要在斯巴达广袤的国土周围再增加一重保障，斯巴达的国土面积约为 8 000 平方千米，是希腊世界第二大城邦西西里的叙拉古面积的两倍。

斯巴达人的第一个外部盟友是距离其北部最近的阿卡狄亚的城邦特格亚，两者的结盟大约在公元前 550 年形成。但在一代人的时间里，斯巴达在伯罗奔尼撒半岛的同盟体系扩展到了科林斯地峡，到公元前 6 世纪末或前 5 世纪初，已经超出伯罗奔尼撒半岛扩展至中希腊，包括麦加拉和埃吉纳的近海岛屿。盟邦单方面宣誓效忠斯巴达，并保证根据其需要为其提供军事支持，以换取斯巴达维护盟邦的寡头政权，这种服务在公元前 508 年雅典转变为民主制后变得愈发重要。

如前所述，唯一明确拒绝加入斯巴达盟邦的伯罗奔尼撒半岛的城邦是阿尔戈斯。阿尔戈斯曾于大约公元前 545 年向斯巴达发起军事挑战，但是遭到惨败。之后，这样的事件经常重复发生（分别在公元前 494 年、公元前 469 年、公元前 418 年……）。在公元前 525 年，斯巴达甚至信心十足，将势力扩展到了东地中海（盟邦科林斯为其提供了至关重要的海军援助）。大约在公元前 512 年前后，为了推翻庇西特拉图儿子的僭主统治，斯巴达再次派出海军而非陆军远征雅典。这就引出了斯巴达对外国僭主制或独裁者的总体态度这一问题。斯巴达原则上获得了反对僭主制的声誉，因为事实上它确实废黜了不少僭主。但是，在所有情况下废除的理由都是合理的，至少有两次斯巴达忘记了
74 自己所谓的反僭主制原则，并试图确立或重新确立僭主。这两次事件都发生在从公元前 510 年到公元前 504 年这短短 6 年非凡的历史转折时期，而且都与雅典有关。

希罗多德着重强调了斯巴达人对宗教信仰的极度虔诚，认为在公元前 510 年，斯巴达人被一连串的德尔斐神谕劝服，转而反对雅典长期存在的僭主制王朝。无论如何，希庇阿斯和他兄弟的统治在克里奥美涅斯的干预下突然终结，希庇阿斯不仅顺利逃亡，而且投入了波斯的怀抱。作为大流士国王的门客，直到晚年他仍然怀有回归和复辟的梦想。从希腊的角度来看，波斯与希腊本土政治之间的联系已经明确形成，这证实了波斯与古希腊僭主制之间的关联，而这种联系在爱琴海的亚洲一端已然制度化。

两年后，即公元前 508 年，克里奥美涅斯再次率领军队返回雅典，占领了雅典卫城数日。但是，克里奥美涅斯没有机会宣称这次干涉是以保卫雅典人免受压迫或僭主制的名义进行的，因为他的这次干涉实际上违背了雅典大多数公民明确表达的意愿。雅典大多数公民宣称他们支持克里斯提尼（长期以来一直是旧僭主制政权的反对者）提议的富有想象力和开创性的民主制改革。与之形成鲜明对比的是，克里奥美涅斯支持一种反动的解决方案，即扶植克里斯提尼的对手伊萨格拉斯担任亲斯巴达的卖国僭主。斯巴达所谓的原则上反对僭主制也就到此为止了。

令克里奥美涅斯感到羞愧和尴尬的是，他发现自己被封锁在雅典卫城，故而被迫不光彩地返回斯巴达。但是他仍然保留了足够的势力，使克里斯提尼再一次被短暂地流放，一起被流放的还有他的众多亲属和最亲密的支持者。事实证明，克里奥美涅斯这次的成功是暂时 75
的。克里斯提尼很快就回到了雅典，他的改革很快扎根并进行得如火如荼，尤其是在军事领域，事态很快就会证明这一点。因此，在公元前 506 年，克里奥美涅斯决定再次向顽固的雅典人宣示他的意志，他自认为这次做了更充分的准备。他率领的军队不仅包括斯巴达人，而且包括斯巴达的盟友——伯罗奔尼撒同盟的士兵。此外，他认为自己已经顺利协调好了从伯罗奔尼撒半岛经科林斯地峡入侵雅典，以及从比奥提亚（以底比斯为首）和优卑亚（卡尔基斯城）进攻雅典的行动计划。但是这一计划有两个缺陷：

第一，尽管盟邦一开始就很清楚这次远征的目的是向雅典施加斯巴达的势力，但是随后，他们清楚地意识到克里奥美涅斯意图重施公元前 508 年的计谋，即扶植伊萨格拉斯做僭主。在一些比较重要的盟邦，尤其是在科林斯看来，克里奥美涅斯这样做似乎超越了他声明的职权范围，而且科林斯对自己城邦（曾经）的僭主制王朝记忆犹新。

第二，更具破坏性的缺陷是克里奥美涅斯不论从思想上，还是从道德上都没有和与他共同作为国王的德玛拉图斯一条心。实际上，德玛拉图斯确实陪同军队前往科林斯地峡，这大概是因为当时两位国王都率领如此庞大的军队作战是很正常的。然而，在关键时刻，德玛拉图斯与科林斯的盟邦联手，撤军返回了斯巴达。这样一来，斯巴达对雅典的夹击行动便彻底陷入了混乱，一片狼藉。尽管如此，比奥提亚人和卡尔基斯人仍继续从北面和东面进攻雅典，结果被雅典的新型民主军队彻底击败。雅典军队士气高涨，因为他们不仅是为了保护主权独立而战斗，而且是为了维护新建立的具有革命性的政体而战斗。尽
76 管如此，大约在公元前 504 年，斯巴达又进行了一次尝试，这次他们是如此不顾一切，以至于打算在雅典扶植的僭主不是别人，正是那位“老”僭主——波斯宫廷“米底化”的避难者、庇西特拉图的儿子希庇阿斯，这里的“老”具有双重含义①。

希罗多德实际上并没有提到克里奥美涅斯与上述最后一次尝试有

① 一是指希庇阿斯做过僭主，二是指年纪长。——译者注

关。这可能是因为虽然克里奥美涅斯批准了这一计划，但是他始终谨慎地犹豫不决。使最后一次尝试泡汤的不是德玛拉图斯，或者说不只是德玛拉图斯一个人，而是斯巴达所有核心盟邦代表通过多数投票做出的共同决定。也就是说，斯巴达国王不能再简单地对盟邦发号施令，盟邦获得了集体发声表达意见的权利。现代学者认为这标志着他们所称的“伯罗奔尼撒同盟”的诞生。斯巴达保留了对盟邦的主动权，也就是说，盟邦不能让斯巴达执行其不赞成的外交政策，斯巴达在召集盟邦举行公开会议以获得他们的同意之前，应该先闭门商议做出自己的决定。但是所有盟约中都包含这项重要条款，即“无论斯巴达人将带领他们去哪里，他们都必须追随斯巴达人”，现在这项条款已经做出重大修改，赋予了盟邦集体以多数票否决的权力。①

阿里斯塔格拉斯于公元前500年访问的正是在国王克里奥美涅斯领导下的斯巴达。当时的斯巴达虽然经历了一些磨难，但仍然是希腊大陆最杰出的军事强国。公元前5世纪90年代，斯巴达人并没有受到亚洲远征事业的诱惑，而是专注于距离本土更近的伯罗奔尼撒半岛的事务。根据希罗多德的记载，阿里斯塔格拉斯曾建议斯巴达人暂停“与你们的对手美塞尼亚人、阿卡狄亚人和阿尔戈斯人”为争夺可怜的贫瘠土地而进行的小规模局部战争。没有其他确切证据表明这一时期斯巴达与阿卡狄亚的任何一个城邦有过激烈的冲突，但是有一种印着阿卡狄亚同盟字样的钱币有时被认为最早发行于公元前490年左右。77
这可能预示着一个准民族主义阿卡狄亚同盟的形成，这不可避免地会被认为有损斯巴达的地缘政治利益。斯巴达的总体政策一直是试图在

① 新的同盟体系前景光明，正是这一体系让斯巴达（也只有斯巴达），在希腊抵抗波斯的过程中获得了领导权和至高无上的地位。在公元前480年和前479年，成功抵抗波斯的大多数希腊城邦都是伯罗奔尼撒同盟的成员。

阿卡狄亚人内部进行分化以便更容易统治他们，尤其是将特格亚城邦同阿卡狄亚东部的曼提尼亚牢牢分离并对立起来。尽管柏拉图在其《法律篇》的长篇对话中确实提到，一个人声称在马拉松战役（公元前 490 年）时，斯巴达不得不面对黑劳士起义。

有充分证据表明，公元前 5 世纪 90 年代，克里奥美涅斯领导下的斯巴达人再次与宿敌阿尔戈斯发生冲突且再次惨败。实际上，这次冲突使得阿尔戈斯在整整一代人的时间里都不再是斯巴达的重要对手。最重要的是公元前 494 年在阿尔戈斯的塞佩亚进行的一场战役，因此斯巴达显然是入侵者。希罗多德关注的不是这场战役的军事细节，而是这场战役后克里奥美涅斯的行为，希罗多德将此作为攻击他笔下反面人物的另一种手段。根据希罗多德的记载，几千名阿尔戈斯幸存者作为乞援人在一片神圣的树林中避难。克里奥美涅斯为了避免自己直接受到宗教“玷污”，便肆无忌惮地命令随从的黑劳士放火焚烧树林，从而杀死了大部分乞援人。但就斯巴达人而言，这并不是其唯一被指控的罪行。经过这场在实际意义上取得巨大成功的战役后，克里奥美涅斯回到了斯巴达，却因未能攻下阿尔戈斯城而被判终身监禁。

这种对斯巴达国王的审判是在成员终身任职的长老会和年度任职的五个监察官委员会的面前秘密进行的。与实行民主制的雅典等城邦
78 最显著的制度不同，斯巴达一直以来都没有设立民众法庭。因此，最可能的主要指控者不是别人，而是克里奥美涅斯的对手和敌人，即与他同为国王的德玛拉图斯。监察官似乎必须先进行初步的审判，以确定指控是否成立，德玛拉图斯似乎得到了大多数监察官的支持。尽管如此，克里奥美涅斯还是成功脱罪了，他脱罪的方式非常狡猾而且完全是斯巴达式的。他声称，当他去阿尔戈斯的赫拉神庙献祭时，一个不祥的预兆出现了。一团火从由黄金和象牙制成的华丽的女神雕像的

胸前喷出。他说，根据这一预兆，他非常确定，命中注定他无法攻下阿尔戈斯城。因为如果他能攻下阿尔戈斯的话，火焰就会从头部而不是胸部喷出。希罗多德写道，斯巴达人认为这是“一种可信且合理的辩护”①。

在这寥寥数语中，希罗多德传达了大量关于斯巴达的信息。除了教育制度和军事制度，斯巴达第三个最具特色的文化特征是宗教制度。希罗多德在其他多处文本中，两次评价了斯巴达人超乎寻常的虔诚或宗教热忱。“他们认为神的事务比人的事务更具权威性”。② 事实上，所有传统的希腊人都是如此认为的。所以希罗多德（一个具有强大的宗教动机和希腊式虔诚的人）在此处表达的意思肯定是斯巴达人对神的责任更绝对，更有约束性。在某种程度上，他们将自己对神的态度应用到对人生的整体看法上：（注重）秩序、等级制度和绝对服从。可以说，诸神站在发布权威命令的崇高金字塔之顶端。在斯巴达，每一位男神和女神都被描绘成装备着武器和盔甲的形象，这绝非巧合。斯巴达的守护神是雅典娜，尽管雅典娜是女神，但是她在希腊各地的形象都是戴着头盔、身穿胸甲、手持长矛。在斯巴达，非常独 79
特的一点是，即使是最不善战的阿芙洛狄忒（伊利亚特的鉴赏家会对此会心一笑）也被赋予了一抹不协调的尚武色彩。

这种对神近乎盲目的虔诚解释了如果可能的话，斯巴达人为什么会不遗余力地通过仔细检查献祭动物的内脏或请求神谕等方式提前了解神的意愿。我们甚至听说斯巴达的指挥官们，即使在激烈的战斗中亟须做出紧急决定时，也会反复献祭直至得出他们认为可以接受和执

① Herodotus, 6. 82.
② Herodotus, 9. 7.

行的占卜答案。因此，色诺芬将斯巴达人称作“军事能手”，这是一个有意而为的比喻，因为斯巴达人被禁止成为字面意义上的能工巧匠。斯巴达人异乎寻常（不仅在古希腊话语中如此）的宗教虔诚中非常重要的一个方面是他们对待死亡的态度。

普鲁塔克在他的《来库古传》中提到，这一立法者非常关注让斯巴达人摆脱对死亡或临终时任何不必要或削弱人力量的恐惧。为了达到这一目的，法律允许所有斯巴达人的尸体，包括成人和婴儿，埋在正常的居民区内的住所中；而不是像从公元前700年左右开始的希腊世界其他地方的常规做法那样，将尸体小心翼翼地埋葬在远离活人居住区域、单独划定的墓葬中。换句话说，斯巴达人并不认同希腊人通常持有的埋葬自然会带来污染（瘴气）的观点。他们认为，祖先经火葬或土葬的尸体是共同体团结和力量的根源，而不是软弱的根源，是可以接纳和真正与之共存的东西，而不是痛恨、回避以及视而不见、抛之脑后的东西。

然而，斯巴达人确实在斯巴达城镇的居民区外保留了两处埋葬地，尽管说“埋葬”可能具有误导性。一处是凯伊阿达斯（Caeadas），此处是一个峡谷，位于斯巴达以西名为“特里皮（Trypi，意为‘洞’）”的现代村庄，靠近通过泰格图斯山脉进入美塞尼亚的朗哈
80 达（Langhada）通道入口。被判处死刑的罪犯的尸体会被抛入这一峡谷中。从斯巴达人对待生死的态度看，另一处埋葬地更有趣。如前所述，斯巴达人非常重视公民人口的繁衍，但只有数量是不够的，质量也很重要。因此，正如普鲁塔克所说，新出生的婴儿（可能男性、女性都包含在内，但是在这一阶段男性更为重要）要交给“部落长者”例行检查和测试。他们被浸泡在可能未被稀释的葡萄酒池中以观察他们作何反应。如果他们没有通过这一测试，后果将是致命的。他们会

被带到一个秘密的被称为“弃婴场（*apothetai*）”的地方，然后被扔进一个峡谷①，必死无疑。那些出生时不幸有严重的、明显的身体缺陷或残疾的婴儿所面临的情况也是如此。

对新生儿的“遗弃”绝非古代斯巴达特有的现象。在柏拉图和亚里士多德乌托邦式的哲学方案中，这种做法也得到了积极推崇。但是在其他希腊城邦，这一过程要温和得多且实施方式也不同。父母而非城邦能够全权控制这一过程，遗弃可能多是出于经济原因，而非出于优生或城邦规定等动机。人们也不一定认为（更不用说渴望）遗弃必然意味着死亡。例如，在雅典，有一个公认的术语“（en）khutrizein”，指的是将被遗弃的婴儿放在一个大型陶罐中，希望一些因生理或其他原因没有孩子，但是物质上有能力、精神上有意愿的家庭能够将这些弃婴带回家抚养长大。

因此，斯巴达人不仅是在死亡和葬礼的亲密陪伴下长大的，而且被教导要为失去被视为公共负担和城邦累赘的婴儿做好准备。与这一观点一致的是，斯巴达人认为没有必要在葬礼和哀悼过程中大张旗
鼓。一个重要的例外情况是斯巴达国王的国葬，它有力地证明了这一 81
规则。② 因此，死去的斯巴达男人、女人或孩子不会被埋在奢华的、更不用说视觉上显眼的或宏伟的墓葬中，而是被埋在一个只有很少陪葬品的土坑里。普鲁塔克说道，有关成年男性的葬礼规定，只允许给死者披上著名的猩红色军服斗篷，并将尸体放置在由橄榄叶制成的简易的床上。（顺便说一句，这可以解释为什么历史上很少有斯巴达人的坟墓被发掘出来。）

---

① 似乎是在泰格图斯山侧翼，距离拜占庭米斯特拉（Mistra）不远的帕洛里（Parori）村。

② 见第八章。

死去的斯巴达人的名字甚至都不能刻在墓碑上，即使是这种非常小的奢侈行为也不被允许。当然，有两种例外情况。一种是在战场上战死的士兵的名字可以刻在墓碑上，但名字后面只有两个简洁生硬的词语“in War”（在战争中），这是一种非常简洁的表达。斯巴达式的语言是简洁、生硬和干脆的，但是每一个音节都应该明确表达出来。在斯巴达人颂扬和赞美战士在战场上“美丽地死去”之后，这种死后纪念就是顺理成章的下一步。这种态度至少可以追溯到公元前7世纪中期，因为在提尔泰奥斯的诗歌中就已经有记载：“面对血腥的死亡要忍耐，站在附近就要出手攻击敌人”。提尔泰奥斯是斯巴达的民族战争诗人，他的战争诗流传千古，斯巴达男孩在接受教育时必须熟记这些诗歌，成年后出征时也要经常背诵。“站在附近”是为重装步兵作的诗，提尔泰奥斯设想的是最血腥的近距离方阵肉搏战。

第二种例外情况涉及女祭司（但这种情况需要对现存普鲁塔克的文本进行较大修改）或死于分娩的女性。在已知的斯巴达社会价值观
82 的整体背景下，这两种情况都可以得到完全合理的解释。对女祭司死亡的纪念完全符合斯巴达将涉及人与神关系的宗教事务置于涉及人与人关系的世俗事务之上的观念。特别对待在分娩时死亡的女人能够证实社会对生育的特别关注，而且可以将母亲（尤其是儿子能成为未来战士的母亲）的贡献与成年男性战士的社会贡献相提并论，母亲为斯巴达带来了新生命，成年男性战士则为了斯巴达献出了自己的生命。

色诺芬对公元前371年留克特拉战役后果的记载揭示了斯巴达官方对亲人死亡的态度有多么奇怪。在比奥提亚的留克特拉，斯巴达在一次激烈的重装步兵战斗中，第一次大败于底比斯人及他们的盟邦。一半以上参与战斗的斯巴达人阵亡，他们的死亡使斯巴达城邦总体成年男性公民人数锐减至不足1000人，雅典当时的公民人数为2.5万—

3 万人。这是一次巨大的灾难，无论是集体层面还是个人层面，无论是公共层面还是私人层面（在斯巴达这种区分是必要的，因为官方的努力是通过教育和习惯施加的，所以非官方的、个人的和私人的态度可能非常相似）。然而，当消息传回斯巴达，各家庭被告知哪些人战死时，死者的亲属竟然欢呼雀跃地奔走相告；幸存者的家属非但没有感到激动或欣慰，反而感到非常羞愧，觉得自己受到了双重侮辱，不仅是因为他们城邦的军队战败了，而且是因为他们的亲属还活着告诉了他们这个可鄙的消息。因此，他们在震惊和自我憎恶中躲了起来，远离了公众视线。①

总之，斯巴达人在整个希腊世界都非常独特的一点是，他们认为死亡本身并不可怕，而是一种要与之共存并每天面对的东西。在斯巴达，如何死去并不比在希腊其他地方更重要或更不重要。只有在斯巴 83
达，人们会特别强调死亡的公共层面而不是纯粹的私人或家庭层面。这种态度和行为与温泉关战役的紧密相关性非常显而易见。

毁灭了阿尔戈斯，自己也被判无罪，克里奥美涅斯首次自由地将斯巴达的注意力引向了爱琴海对岸，转向日益崛起的波斯的威胁。这是希罗多德唯一一次无条件地赞扬克里奥美涅斯。公元前 491 年，萨罗尼克湾的战略要地埃吉纳岛（伯里克利称之为“比雷埃夫斯眼中的麦粒肿”）的贵族统治者决定“米底化”，他们向大流士的使者贡献了土地和水以表示他们愿意臣服于波斯帝国的霸权。克里奥美涅斯立即出兵，驶向埃吉纳岛。在埃吉纳，他遭到了名为克里奥斯（Crius）领导的军队的激烈抵抗。克里奥斯指控克里奥美涅斯收受了埃吉纳的敌人雅典人的贿赂（这是针对斯巴达人典型指控的另一个例子）。他

① 我们在第六章还会再次谈及这一点。

说如果克里奥美涅斯干预一个已经与其他城邦结盟但又独立的城邦的事务的做法得到了斯巴达城邦的正式批准，那么两个国王都会前来，而不是只有克里奥美涅斯一个人来。

克里奥斯在这里无疑是希望利用克里奥美涅斯和德玛拉图斯之间众所周知的敌意，但他也可能是诉诸政制的规定，即两位国王在此类外部干预问题上必须达成一致。无论如何，克里奥美涅斯是不会容忍并被阻止的。他说了一句典型的拉科尼亚式的话：“克里奥斯，你最好把你的号角套上金属鞘”。说完这句话后，他回到了斯巴达，密谋罢黜了德玛拉图斯，并让更顺从的列奥提西达斯①取而代之。

84 与公元前 494 年阿尔戈斯的事件一样，克里奥美涅斯发现自己不得不诉诸宗教来对抗德玛拉图斯，但是这次他弄巧成拙了。长期以来，斯巴达与具有无上权威的德尔斐的阿波罗神谕有着特殊的关系，而且通过 4 位被称为皮提奥伊（Pythioi）的常驻神庙的使者与那里的祭司保持着密切联系。这 4 位使者由王室任命，两位国王每人各任命两人。但是在公元前 491 年，克里奥美涅斯任命的使者不仅咨询了德尔斐传达神谕的女祭司和其他祭司，还用不义之财贿赂他们，让他们说克里奥美涅斯想让阿波罗宣告的内容，即德玛拉图斯是一个私生子，在法律意义上不是其父亲即已故国王阿里斯通合法的儿子。此外，据说德尔斐的神职人员接受了贿赂，并做出了克里奥美涅斯想要的判决。从短期来看，这一计谋非常成功，对克里奥美涅斯非常有利。德玛拉图斯被神谕宣告为私生子，因此被罢黜和取代。克里奥美涅斯自由地返回了埃吉纳，将克里奥斯和其他埃吉纳的领导者扣为人

① 列奥提西达斯来自欧律庞提德家族，但他只是德玛拉图斯的远亲。他也是德玛拉图斯的死敌，因为他曾经抢走了德玛拉图斯出身良好、富有的未婚妻并与之结婚。

质，并强迫他们放弃亲波斯（或者至少是不反对波斯）的政策。正是出于这一原因，希罗多德将克里奥美涅斯捧上了天，赞扬他“为整个希腊的共同利益而行动”。然而这一精心编造的阴谋随后被揭穿了，这对克里奥美涅斯来说是毁灭性的：贿赂的事情被发现，受贿的德尔斐神职人员被免职。克里奥美涅斯似乎真的疯了。

希罗多德记载，克里奥美涅斯一直有点精神错乱，脑子不是很正常。但据说他的极度不虔敬被曝光并因此被流放到阿卡狄亚，使得他在回到斯巴达后表现得如此不理智，以至于当局认为必须把他关进公共牢狱。他被黑劳士看管着，但即使是精神错乱的克里奥美涅斯仍然非常有说服力，他说服其中一个黑劳士借给了他一把匕首。据说，他 85
用这把匕首从脚往上将自己切成了碎片，这样自尽的行为非常骇人听闻。

克里奥美涅斯之死事关重大，这关乎斯巴达的外交政策、在邦外盟友中的地位，以及城邦内部双王制的稳定。因此，人们很自然地怀疑克里奥美涅斯实际上不是自杀，而是因为他在各方面都非常难堪，所以被谨慎地杀死了，甚至可能是被他的血亲杀掉的。关于这一点我们永远无法确定，但是我们知道克里奥美涅斯之死的直接后果是他同父异母的弟弟列奥尼达继任了国王。令人深思的是，如果十几年后，即公元前 5 世纪 80 年代初，克里奥美涅斯还活着（他死的时候只有 50 多岁）而且依然是国王，那么我们之后歌颂的就不是温泉关的列奥尼达，而是克里奥美涅斯了。

斯巴达历史上关于公元前 5 世纪 80 年代的史料几乎是一片空白。马拉松战役的影响及斯巴达未参与雅典胜利的影响将会一直持续下去。斯巴达人可能会非常关注民主制雅典的内部政治，甚至可能会从 86
他们雅典的客人朋友那里了解雅典政治的发展进程。在雅典，各党派和派别在城邦内外政治问题上，尤其是在民主制的问题上，以及对埃吉纳和波斯的态度上日益采取两极分化的立场。他们经常采取新的、民主的手段——陶片放逐法。陶片放逐法是一种反向选举，在最有影响力的政治家中落败的候选人将被公民投票放逐十年。

然而，公元前 485 年之后不久，斯巴达人再次被紧急询问他们应该对波斯采取何种态度。

第五章

温泉关战役I：动员

87 我的主人，你知道神用闪电劈的总是那些强大的生物，因为神嫉妒他们过于骄傲。被雷电击中的总是那些大型建筑和高大的树木。这是神让高傲的事物变得卑微的方式……因为神只能容忍自己的骄傲。

——阿尔塔巴努斯对薛西斯说的话，希罗多德

《历史》第 7 卷第 10 节

在我们熟知的希罗多德《历史》第7卷的开头，这位历史学家进行了戏剧性的重构。① 他叙述了薛西斯如何登上波斯王位并给出了十分合理的观点：实际上是居鲁士大帝的女儿，即太后阿托莎确定了他的继任权。然后希罗多德为我们描述了波斯帝国中心苏撒的王宫，带我们走进了这位国王的内心深处。事实上，希罗多德引导我们认为薛西斯本人做出了其他决定，他可能根本就没有决定在公元前480年入侵希腊。事实上，根据希罗多德的叙述，入侵希腊不是薛西斯自己的主意，而是马尔多尼乌斯的想法。正如读者们了解的，马尔多尼乌斯是在公元前479年具有决定性的普拉提亚战役中被击败的薛西斯的总指挥。毫无疑问，希罗多德认为马尔多尼乌斯获得这一任命很大程度 88
上归功于他自己的军事才能，因为他曾经被大流士委以重任。但事实上，马尔多尼乌斯是薛西斯的堂兄（大流士妹妹的儿子），他的父亲是戈布里亚斯，是公元前6世纪20年代末期将大流士推上王位的6个同谋之一。这样的事实丝毫不会损害马尔多尼乌斯的仕途前景。

除了马尔多尼乌斯鼓动或催促入侵，很多米底化的希腊人也纠缠

① 这一卷紧接在对马拉松战役的叙述之后，也是最后三卷中的第一卷，最后三卷叙述的是公元前480—前479年发生的战役，即真正意义上的希波战争。

不休。其中最突出的是色萨利（紧邻波斯帝国边境的希腊地区，一直延伸到马其顿的南部边境）拉里萨统治王朝的成员和雅典的前僭主庇西特拉图家族的成员。这些米底化的希腊人可能有不同的动机，一些人由一种宿命论的慌乱态度主导，他们推测波斯人会赢，所以要站在胜利的一方，或者至少不要过于明显地成为胜利者的对手。另一些人则对未来波斯帝国的统治怀有积极的热情，他们认为，波斯人难道不是不仅能容忍而且积极支持东部希腊城邦的“僭主”吗？对于这两种人而言，可能存在不少“敌人的敌人就是朋友”（希腊人的典型看法）的典型现象。①

希罗多德想象薛西斯召开了一次战争会议，事实上薛西斯确实这么做了。但是薛西斯、马尔多尼乌斯和薛西斯睿智的老叔叔阿尔塔巴努斯之间对话的具体内容与实际情况并无密切关系。从某种意义上来看，阿尔塔巴努斯是希罗多德笔下的一个典型人物，是一个“警告者”的形象。他意识到即将面临的情况并不是非黑即白的，他能够预见到计划中可能遇到的障碍和完成这一计划会遇到的困难，至少能像预见到成功一样清楚。因此，阿尔塔巴努斯对薛西斯（相对年轻，缺乏经验，过于乐观）和马尔多尼乌斯（热衷于入侵，至少在希罗多德的笔下是这样）来说都是一个衬托者。

89 阿尔塔巴努斯的演讲中有一段话直击问题的核心，至少希罗多德是这样回顾性描述的。这段话通过“戏剧化性的讽刺”预示了薛西斯的最终失败：

① 值得注意的是，希罗多德在这里并未提及斯巴达的前国王德玛拉图斯，他无疑是最明显的米底化者，希罗多德会在之后更大的事件中提到他。

我的主人，你知道神用闪电劈的总是那些强大的生物，因为神嫉妒他们过于骄傲。被雷电击中的总是那些大型建筑和高大的树木。这是神让高傲的事物变得卑微的方式……因为神只能容忍自己的骄傲。

正是基于这种情绪，阿尔塔巴努斯改变了主意，薛西斯随即恢复了原来支持入侵的想法，这是悲剧性的。这种突然改变的原因在雅典悲剧舞台上得到了阐释，最相关的是埃斯库罗斯现存的悲剧《波斯人》，于公元前472年春天首次上演。我们有充分的理由认为，希罗多德虽然一贯非常虔敬，但他确实认为世俗世界就是这样运行的。① 但在希罗多德接下来戏谑性的叙述中有一段非常喜剧化的情节。起初，薛西斯对阿尔塔巴努斯非常愤怒，因为在薛西斯所有亲密顾问中，只有他建议不要对希腊发动战争。接下来，经过更深入的考虑，薛西斯被说服了，认可了这位年长者充满智慧的观点。但随后阿尔塔巴努斯又改变了主意，薛西斯于是恢复了原来支持入侵希腊的想法。那么薛西斯和阿尔塔巴努斯突然改变主意的原因是什么呢？梦境的介入，这是希罗多德叙述中神意的典型表现，也是非常典型的荷马式的文学手法，用一种非常巧妙的方式提醒读者即将发生的冲突不仅具有史诗般的性质和规模，而且对将来东西方的关系具有重大影响。对于希腊历史学家来说，这种戏剧性的描述还有一个好处，即说明了作为万王之王的波斯国王有致命的缺点：软弱、犹豫不决、缺乏洞察力。

历史学家希罗多德最伟大的接替者是修昔底德。修昔底德关于公 90
元前431—前404年伯罗奔尼撒战争起因的叙述体现出一种截然不同

① 见附录3。

且令人不寒而栗的现实主义风格，他坚定地从现实出发讨论问题。当然，作为历史学家，为了守护自己的职业声誉，他声称在自己论述的战争之前发生的所有战争都不是大事件，他可能尤其针对希罗多德叙述的战争。同时，修昔底德对所有重大战争起因（不仅仅是伯罗奔尼撒战争）的描述比希罗多德悲喜剧式的叙述更具令人信服的洞察力和智慧。

正如在《伯罗奔尼撒战争史》的开头，修昔底德笔下雅典的发言人对斯巴达人说的那样，有三个主要的动机驱动着所有国家之间的关系，无论这个国家是波斯式的专制君主制国家，还是雅典式的民主共和制国家，或是斯巴达式的改良寡头制国家。按照一般的优先顺序，这些动机依次是对国家集体安全的战略关切，对国家地位、声誉和荣耀的意识形态—心理关切，以及对经济发展或利益的渴望。修昔底德笔下的雅典人将这些因素更直白地表达为恐惧、荣誉和利益。这三种因素的结合也可以解释薛西斯为什么决定入侵希腊大陆并致力于征服它，以及他为何做出这一决定而不是其他决定。

出于对帝国安全的担忧，尤其是担心帝国最遥远的边境可能出现险恶状况，大流士于公元前 513 年从亚洲穿过博斯普鲁斯海峡入侵欧洲。之后，他命令马尔多尼乌斯征服欧洲的色雷斯。赫勒斯滂海峡（达达尼尔海峡）和博斯普鲁斯海峡两侧都有色雷斯人。大流士的想法是通过吞并这两个海峡，帝国会更安全。但是事实果真如此吗?

无论从个人层面还是从集体层面上看，地位都是一个起因。薛西斯至少处于他精力充沛、成就非凡的父亲的阴影下，正如马其顿的亚历山大最初处在其父亲马其顿的腓力二世的阴影下。作为儿子，他们二人都宣称要获得与父亲同等的地位，亚历山大甚至声称要超越父
91 亲。但是这两个人中只有亚历山大成功实现了自己的主张。从集体层

面上看，还有棘手的雅典问题需要解决。波斯人对自己在马拉松被雅典和普拉提亚击败仍然耿耿于怀，更不用说从记忆中抹去了。如果要让雅典回到原来的位置，为什么不趁着薛西斯这样做的时候让希腊大陆其他地方也这样做呢？如此一来就可以教育希腊大陆上的所有人不要干预不属于他们领域的事务，更不要想着再一次击败波斯，这是他们永远都不会忘记的教训。

薛西斯可能因为受到更多物质利益的诱惑而入侵希腊，这一观点似乎非常不可信。正如德玛拉图斯颇具诗意地对薛西斯说①的那样，希腊和贫穷是一对孪生姐妹。② 进一步表明经济可能不是最令人信服的依据的是，马尔多尼乌斯夸张地对薛西斯宣称，希腊是一个名副其实的花园中心，其中种满了各种类型的树木。人们可能认为，这一说法无疑是为了吸引热爱花园的波斯君主，但是从纯粹的经验角度来看，并不是很有说服力。尽管如此，希腊还是有一些可以觊觎的银矿 92
和金矿，以及一些值得获取的来自贸易市场的收入。

公元前 484 年，薛西斯的战争动员令从苏撒发出后不久，他准备作战的这一消息很快就传到了斯巴达。斯巴达在波斯帝国的近海岛屿和沿海城市都有盟友，他们又与吕底亚的萨迪斯和北方赫勒斯滂弗里吉亚的达斯希勒姆（Dascyleum）这两个当地的总督中心有联系。斯巴达的反应是非常沮丧的。由于异乎寻常的虔敬以及坚信神的报应，包括高层政治精英在内的很多斯巴达人都十分担心，波斯毁灭性的入侵是神对他们严重的不虔敬的惩罚方式。他们认为，这种严重的不虔敬

① 见 Herodotus，7. 102.

② 公元前 480 年，当地米斯托克利向爱琴海岛屿国家安德罗斯请求援助时，安德罗斯人告诉他，他们无法提供帮助，因为他们受制于两个无情的女神——贫穷和无能（希罗多德《历史》第 8 卷第 111 节）。

的表现是他们在约公元前 491 年杀害了大流士的传令官或者说使者。因为不论哪个民族或种族的传令官都普遍被认为是神圣的，也就是说，他们的人身是神圣不可侵犯的。残忍地杀害传令官就会招致一种特别强烈的宗教瘴气。

斯巴达人自问，他们如何才能洗脱这一污点，如何向薛西斯做出应该有的回馈和补偿？原则上，答案似乎非常简单。他们会将一个人作为祭品送给薛西斯以示回报。如果薛西斯接受了，他可能就会取消这次入侵行动。但实际问题是如何找到一个合适且自愿作为祭品的人。希罗多德告诉我们，斯巴达人（一反常态）连续召开了多次公民大会，每次公民大会只有一项议程：哪个斯巴达人愿意作为这种令人厌恶的、报应性的人祭献给薛西斯？最终，斯巴达人得到了答案，他们对这一方案的信心或一厢情愿可以从这样一个事实中推断出来，即不是一个，而是有两个高贵的斯巴达人愿意将自己作为祭品并获得了公民大会的批准。从更多意义（而不是单一意义）上来看，他们也是高贵的，因为他们可能属于自诩“赫拉克勒斯后裔”的世袭的斯巴达贵族。

93 斯巴达人喜欢成对的事物，例如，两位国王、两个神圣的象征和双王座的守护者（以狄俄斯库里的形式出现，狄俄斯库里是卡斯托尔和波鲁克斯这对孪生子的合称）；宙斯与雅典娜成对出现，在不止一种斯巴达崇拜中成为敬拜的对象，等等。但是除了这种文化偏好，甚至除了其中涉及的集体宗教信仰行为，事后看来，最引人注目和值得一提的是斯巴达人愿意将共同体、城邦甚至某种概念上“希腊”的利益置于纯粹的个人利益之上。换句话说，他们愿意为了更大的利益和更高的目标牺牲自己。

两个作为祭品的人，阿涅利斯图斯（Aneristus）之子斯佩尔提亚斯（Sperthias）和尼克劳斯（Nicolaus）之子布利斯（Boulis）按时启程前往波斯帝国。他们首先在萨迪斯受到了总督海达尔尼斯的接待，并被告知，当他们抵达王室大道另一端的苏撒时，必须向国王薛西斯行跪拜礼或叩头礼。两人听到这一建议后感到十分恐惧，作为直率的斯巴达人，他们向总督表达了自己的想法。他们说，这种形式的崇敬只适合向神表达，而不适合凡人。这不是最后一次希腊人有意或无意地误解这种王室礼仪习俗。① 在波斯人看来，行跪拜礼并不是一种宗教崇拜行为，因为波斯国王并不被认为是神。我们感兴趣的是希罗多德本人是否也有这种错觉。无论如何，他似乎将跪拜礼作为他反对波斯君主制，特别是他反对薛西斯理由的一部分，因为这一礼节超越了凡人（无论多么高贵）与神之间应有的界限。

当这两个斯巴达人到达苏撒时，他们被领进王宫。找一个翻译者向波斯国王传达他们要献祭的东西（这次献祭的是人）本应该是没有
问题的。但是自从居鲁士嘲讽说永远不要相信那些在广场上聚在一起 94
互相欺骗的人②以来，这种较严重的跨文化误解一直就困扰着斯巴达和波斯的关系。据说，居鲁士的孙子薛西斯只是傲慢地嘲笑了这两个斯巴达人并将他们无疑是出于真诚和宗教动机的姿势当作笑话。但是这个笑话是关于薛西斯本人的，他难道不知道吗？正是这种文化上的误解在温泉关战役中反过来被薛西斯重现了，薛西斯被斯巴达战士在准备战斗（甚至准备牺牲）时梳理长发的习俗迷惑了。

希罗多德用来揭露这种极具破坏性误解的媒介是斯巴达的前国王德玛拉图斯。这并非没有讽刺意味，因为德玛拉图斯并不是代表和维

---

① 公元前 327 年，亚历山大帝国的官方历史学家卡利斯提尼因拒绝向希腊—马其顿的亚历山大大帝行磕头礼被处死。

② Herodotus，1. 151.

护良好的斯巴达价值观以及反对蛮族波斯人价值观的不二人选。大约在公元前 490 年被从欧律庞提德王朝的王位上罢黜之后，德玛拉图斯作为一个事实上的平民（尽管他仍然是一个高贵的平民）在斯巴达待了一段时间。无论如何，他高贵的地位都足以让他被委托组织宗教节日。但是，在希罗多德的叙述中，当德玛拉图斯承担这一任务时，他因为失去了王室荣耀而被列奥提西达斯公然且充满敌意地嘲笑。列奥提西达斯是德玛拉图斯的亲戚和私人敌人，也是强大的阿吉德王朝国王克里奥美涅斯确保用以取代德玛拉图斯成为国王的人。骄傲的德玛拉图斯无法忍受这种屈辱，于是永久地离开了斯巴达。

希罗多德的叙述并没有令人满意地解释为什么德玛拉图斯要从斯巴达去往薛西斯的王宫。他为什么没有去离家乡更近的地方体面地流亡呢？例如，去阿卡狄亚一些比较友好的地方，就像克里奥美涅斯所做的那样，或者像在他之前被流放或在他之后将被流放的国王所做的那样。事实上，当波斯对一些希腊城邦，尤其是雅典和普拉提亚的敌意已经非常明显时，德玛拉图斯在这一时期逃到了波斯帝国的中心地
95 带。他甚至设法进入了薛西斯外国顾问的核心圈子。正是作为这个特
权群体的成员，德玛拉图斯在公元前 480 年跟随薛西斯从波斯返回了希腊。在希罗多德的叙述（尽管其历史真实性很难判断）中，德玛拉图斯向他的新君主提出了一系列建议，薛西斯本应该好好听取这些建议。当然，他没有这样做，最终造成了灾难性的后果。

当波斯国王进行如此大规模的远征时，准备工作就不只是几周或几个月，而是长达几年。这次情况比较特殊，准备了大约 4 年。远征的命令会首先下达给两个最密切相关的地方总督，即吕底亚的萨迪斯总督和达斯希勒姆的总督，他们在北方，能够很好地控制赫勒斯滂海峡（达达尼尔海峡）。他们和其他行省总督的任务是征集所需要的军

队，确保武器和盔甲的供应，检查道路状况，协调军需等。

有趣的是，据说，薛西斯的叔叔阿尔塔巴努斯坚决反对让臣服于波斯的亚洲的希腊人去对抗他们对岸的表亲。阿尔塔巴努斯认为，这些人要么确实会与希腊本土的希腊人作战，但是会打得很惨烈，要么会尽力站在本土的希腊人那边和他们一起违抗波斯大王的命令。但是阿尔塔巴努斯的想法又一次被否定了。事实上，在公元前480—前479年，有更多的希腊人站在薛西斯这边和他并肩作战，而不是反抗他，且没有对他造成任何明显的不利影响，这些希腊人包括来自希腊大陆的“志愿者”及其义不容辞的亚洲臣民。至少，事实证明，薛西斯最终失败的主要原因并不是希腊军队的大规模背叛或表现不佳。

两个非同寻常的工程项目也起到了提前宣扬入侵意图的作用。成千上万被征召来的徭役劳工让人印象深刻，他们被派去开凿一条穿过阿托斯山（Athos）的运河。① 阿托斯山位于三叉形、伸入爱琴海北部的哈尔基迪克（Chalcidice）半岛最东边的那一分支。阿托斯山今天被 96
称为“圣山”，是希腊东正教的重要中心，但是当时薛西斯的动机完全是世俗性的。公元前492年，大流士曾派遣一支波斯军队远征希腊大陆，目的是报复埃瑞特里亚和雅典，因为它们是伊奥尼亚起义的同谋。这次远征遭受了希罗多德所称的“非常严重的损失”。他们还没来得及绕过阿托斯岬角，就被狂风卷到了岩石上。希罗多德认为波斯一方损失了300艘船和约2万名士兵，即使这一数字有些夸张，但损失仍然是巨大的，足以中止这次远征，只在希腊北部的陆地上作战。几乎同样重要的是，这次失败的远征的指挥官是戈布里亚斯的儿子马

① 20世纪90年代初，B. J. 伊瑟林博士花三年时间指导了一次地形和地球物理考察，以追踪运河的基本特征。

尔多尼乌斯，他当时刚娶了大流士的女儿。人们开始理解马尔多尼乌斯对薛西斯新的大规模远征的极大热情。

薛西斯筹备的另一个大工程是要建一个横跨赫勒斯滂海峡的舟桥。这并不是波斯军队第一次通过这一路线从亚洲去往欧洲，马尔多尼乌斯之前也这样做过。这也不是第一座将波斯军队从亚洲运往欧洲的浮桥，公元前 513 年，大流士就是用这种方式横跨博斯普鲁斯海峡从卡尔西顿（Chalcedon）到达拜占庭的。然而，这一次浮桥的设计者和建造者都不是希腊人，薛西斯不会冒险进行破坏。因此，薛西斯将这一任务交给了他主要的沿海臣民腓尼基人和埃及人，他们用纸莎草（埃及本土特产）和亚麻编织成粗大的绳索，用它们将一字排开的船只连在一起以便跨越海峡，从海峡亚洲一侧的阿比杜斯（Abydus）到欧洲一侧的塞斯图斯（Sestus）。

随着这些工程的开展，以及亚洲大规模战争动员的消息传到希腊
97 大陆，各希腊城邦不再需要自行决定是否立场坚定地反抗薛西斯。某种形式的希腊联合反抗显然是必需的。事实上，在公元前 490 年的事件中，这种联合反抗的萌芽已经显现。雅典人在面对达提斯（Datis）和阿尔塔佛涅斯（Artaphernes）领导的入侵（在马拉松惨败）时，曾向斯巴达请求援助。因为只有斯巴达主导着作为陆上军事抵抗核心的多国同盟。然而，海上（抵抗）则是另一回事。斯巴达是一个著名的陆上强国，而伯罗奔尼撒同盟中唯一一个真正重要的海军城邦可能只有埃吉纳。但是埃吉纳，这一位于萨罗尼克湾，与雅典港口距离非常近的岛上城邦，在公元前 5 世纪 90 年代末期就已经米底化了。

因此，雅典已经在寻找消除埃吉纳海上威胁的方法了。公元前 483 年，雅典人在国有的劳里昂银矿中幸运地发现了一个异常丰富的矿层，这给雅典人提供了很大帮助。到那时，至少有一个人已经明确

意识到了来自薛西斯的威胁，此人便是地米斯托克利（这个名字的意思是“因正义而闻名”）。尽管地米斯托克利出身优越，家境富裕，但是他来自一个相对不知名的家族，这一点可以从他父亲的名字“Neocles”（意思是刚刚成名）中看出端倪。事实证明，地米斯托克利是希腊联盟中最有影响力的人物。他先是通过在公元前493/492年当选为雅典的首席执政官获得了政治影响力，之后开创了向海洋发展的先河，海洋是雅典财富和名声的源泉。地米斯托克利率先提出，雅典的海军和贸易港口应该是比雷埃夫斯而不是之前的法勒隆（Phaleron）。十年后，由于劳里昂银矿的发现，他的机会来了。①

通常情况下，如此高额产量的白银似乎不会被铸成钱币，而是以 98
银条的形式平均分配给每一个雅典公民。据估计，公元前483/482年劳里昂银矿的发现足以使每个公民获得相当于一个熟练工匠两个星期收入的金额。但是地米斯托克利有另一个更好的主意。他在雅典公民大会上辩称，这笔额外的收入应该全部用于公共目的，特别是用于建造最新式的有桨战船——三列桨战船。② 如今，雅典实行的是人人平等的直接民主制，在公民大会上每个人举起右手投出的一票都算一票，没有人投出的一票能算更多票，多数人的意志将占上风。大多数雅典人都是穷人，他们基本都是农民而不是技术熟练的城市工人。对他们来说，手头有预付的几周的现银工资，一定是非常有吸引力的提

① 几乎所有的银矿都是在最恶劣的物理条件下由奴隶开采的。银包含在铅层中，必须通过一个叫作“灰吹”的流程才能从铅层中分离出来。开采出的矿石必须经过清洗和加工，才能用于制造钱币。初级开采和相关产业在高峰时期可能耗费了2万—3万名奴隶劳动力。

② 三列桨战船：有桨战船，是希腊人从腓尼基人那里借鉴的设计，但是在萨拉米斯海战中希腊人用它们重创腓尼基人；它之所以被称作三列桨战船是因为有三列桨，三列叠加的桨上配备了170名桨手，见术语表中的“三列桨战船（triremes）”。

议。但是地米斯托克利说服了雅典人，这完全证实了修昔底德对他的回顾性赞扬，即他是最有天赋的政治家，对现实有最敏锐的洞察力，对未来最有远见，因此最有能力随机应变地提出适当的解决方案。

修昔底德可能会补充道，地米斯托克利还必须具有超出常人的说服力才能使自己的观点具有决定性影响。修昔底德在描述地米斯托克利最伟大的后继者伯里克利（似乎继承了地米斯托克利的许多观点并且两人有很多相同的天赋）时也是这样做的。由于他不清楚大多数雅典人是否完全了解波斯威胁的本质和紧迫性，于是他声称自己倡导建造的三列桨战船不是用来对抗波斯，而是用来对抗埃吉纳（当下雅典非常明确的敌人）的。雅典人会记得，或已经被明确告知，在公元前490 年非常严重的紧急时刻中埃吉纳人对他们毫无帮助。无需告诉或提醒雅典人，马拉松战役之后埃吉纳人和他们发生了海上冲突，而且
99 他们（雅典人）没有从中得到任何好处。地米斯托克利有说服力的观点是，只要用一支由 100 艘（或 200 艘，说法不一）新式三列桨战船组成的崭新舰队取代他们相对较少且过时的战船，他们就能永久摆脱埃吉纳的威胁。

这实际上是个更大的问题。事实上，在整个公元前 5 世纪 80 年代，雅典发生了一系列激烈的个人政治斗争，地米斯托克利一直是其中的胜利者，这很难理解，除非像波斯等一些主要的外交政策因素是这些斗争的根源。那些不将波斯视为威胁，或者认为能够以某种方式与波斯人达成有利协议的雅典领导者一个接一个地被通过陶片放逐法的程序从雅典政治舞台中清除出去，地米斯托克利一直是陶片放逐法的重要“候选人”。甚至有考古证据表明，他的敌人组成了阴谋集团联合对抗他，且用不光彩而非正当的手段说服选民，但一切都无济于事。地米斯托克利总是“获胜”，到公元前 5 世纪 80 年代末，他以全

新的力量和热情崛起，成为反抗埃吉纳和波斯事业无可匹敌的优胜者。

但是，雅典不能仅凭自己做到这一点，斯巴达也一样。那么如何才能把希腊或多或少有意愿的抵抗者组成一个联盟呢？这是一些希腊城邦的代表在公元前482年（更有可能是公元前481年秋天）召开的第一次会议上面临的问题，这次会议的目的是讨论联合抵抗波斯的事项。根据希罗多德的叙述，第一次会议在科林斯地峡供奉海神波塞冬的神庙中举行。但是根据稍晚一些的史料记载，即公元2世纪撰写希腊历史游记的旅行作家波桑尼阿斯①记载，第一次会议是在斯巴达一个名为“海列尼昂”（Hellenion，意为希腊人的地方）的地方举行的。我们应该相信谁呢？

我们没有理由怀疑，公元2世纪末（波桑尼阿斯访问斯巴达时） 100
斯巴达有一座名为“海列尼昂”的建筑。而且我们有充分的理由认为，这座建筑在公元前5世纪就已经存在了，与它一起存在的还有波斯斯多亚（Persian Stoa），它们是为了纪念斯巴达在公元前480—前479年对波斯人取得的伟大胜利中发挥的重要作用而建造的。但是，这座建筑是否在公元前480年薛西斯入侵之前就已经存在了呢？我个人对此持怀疑态度。更可能的情况是，它与斯巴达的波斯斯多亚一样，是作为战争纪念碑在公元前479年之后建造的。因此，海列尼昂是一个非常适合产生这样的神话的地点：正是在这里，希腊联合反抗的决定首次达成。

此外，斯巴达人有非常充分的理由想将此地作为联合反抗决定达成的地点。尽管斯巴达人必须是希腊联合反抗波斯行动的总领导者这一点毫无疑问，但是他们作为领导者在公元前480年和公元前479年

---

① 见第八章。

的表现并非无可指摘。这导致了这样一种看法（在希波战争之后几代人的时间里，这一看法在斯巴达的敌人中得到了大力宣传），即斯巴达并不是百分百地渴望和愿意保卫伯罗奔尼撒半岛（他们的势力范围）之外的中希腊。尽管斯巴达在温泉关战役中进行了英勇的抵抗，但这种充满敌意的传闻早在公元前 480 年就开始传播，在公元前 479 年具有决定性意义的普拉提亚战役之前尤其盛行。当时有人声称，斯巴达人更想将自己封闭在横跨地峡的城墙后面，而不是派遣军队去中希腊的比奥提亚迎战马尔多尼乌斯。总之，斯巴达人在接下来的几年中更有理由宣传这样的观念：他们从一开始就全力以赴地进行最大程度的抵抗——毕竟，他们不是在公元前 481 年主动召集希腊人到斯巴达，到海列尼昂参加战争会议了吗？

事实上，斯巴达人可能并没有这样做。会议更有可能是在一些地理上更靠近希腊中心的地方举行的，最合适的地方是一个早已存在的泛希腊的（全部希腊人，只有希腊人的）地点，那里有一个主要的宗
102 教圣地。因为除了绝对有必要应对来自薛西斯的共同威胁，唯一能将斯巴达及其盟邦以及雅典和其他中希腊城邦联合在一起的是他们的“希腊性”①。尽管“希腊性”不是一个具体的政治概念，但是“希腊性”所表明或隐含的共同品质有时可能会导致统一的政治行动，其中一段非常罕见的情况是，从公元前 482 年或前 481 年到公元前 479 年的这段短暂但高潮迭起的时期。

四个现存的泛希腊遗址是奥林匹亚、科林斯地峡、德尔斐和提洛岛。爱琴海上的小岛提洛岛是阿波罗的出生地，也是阿波罗的圣地，但由于它已经处于波斯的势力范围内，因此被自动排除在外。波斯舰

① 见第三章。

队控制了爱琴海的大部分地区，位于基克拉迪群岛中心的提洛岛距离波斯控制的爱琴海亚洲海岸及其近海岛屿太近以至于失去了独立性。德尔斐是整个希腊世界最神圣的地方，不仅是泛希腊圣地和神谕的所在地，而且是被称为“近邻同盟”（Amphictyonic League）的集会地点之一。近邻同盟成员包括斯巴达和雅典，但是半数以上的永久成员来自色萨利。色萨利对任何反波斯事业的忠诚度都是非常值得怀疑的，这尤其是因为主要城邦拉里萨（Larissa）的贵族统治家族阿留阿德（Aleuads）家族长期以来公然奉行米底主义，最终，整个色萨利毫无悬念地落于波斯之手。此外，正如发生于公元前480年的事件所揭示的那样，德尔斐的祭司根本不会主张对波斯进行任何抵抗。这部分是出于崇高的宗教原因，部分是出于完全世俗且自私的原因。他们对波斯的态度，往好了说是保持沉默，往坏了说完全就是失败主义。因此，德尔斐并不比提洛岛更适合召开危机抵抗会议，剩下的就只有奥林匹亚和科林斯地峡了。

奥林匹亚供奉着奥林匹山的宙斯，实际上至少从公元前8世纪开
始就是一个庄严的泛希腊圣地。根据当地博学的伊利斯的希庇阿斯 103
（Hippias of Elis）在公元前5世纪末的估算，第一届泛希腊赛会于公元前776年在奥林匹亚举办。此外，在奥林匹亚还有一个宙斯（提洛岛和德尔斐的阿波罗的父亲）的神谕圣地，这可能暗示着这一神谕圣地甚至比德尔斐的圣地还要古老。然而，选择在奥林匹亚举行反抗波斯的会议有一个主要的障碍，即人们可能会认为斯巴达对圣地施加了过多的影响。

几个世纪以来，管理着圣地和奥林匹亚赛会的城邦是伊利斯，伊利斯是斯巴达在伯罗奔尼撒同盟的盟邦。此外，考古证据和文献记录都表明，斯巴达在官方和非官方层面都对奥林匹亚保有异常密切和持

续的兴趣，伊利斯也对这种关注给予了回应。例如，现在奥林匹亚博物馆中陈列的一件更有趣的物品为这个博物馆增色不少，这一物品是一个精美的雕刻着铭文的大理石座椅。根据铭文判断，这一座椅的历史可追溯至公元前525年前后，是为斯巴达人在伊利斯的proxenos制作的，proxenos是指作为斯巴达在当地外交代表的伊利斯公民，类似于领事。这一proxenos的名字很特别，是戈尔戈斯（Gorgos），这很容易让人想到戈尔戈（Gorgo，生于约公元前508年）。戈尔戈是当时斯巴达国王克里奥美涅斯的女儿，列奥尼达国王未来的妻子。伊利斯的戈尔戈斯和克里奥美涅斯家族之间绝对不可能有被称作“*xenia*”① 的个人友好关系。无论如何，情况大概是这样：斯巴达出资制作了戈尔戈斯这一精致的座椅，而伊利斯允许将它竖立在奥林匹亚的显要位置。这能使戈尔戈斯在奥林匹亚赛会上显得出众，也能让他舒服惬意地观看赛会。

随着奥林匹亚也被排除在外，就只剩下科林斯地峡的泛希腊圣
104 地，这一圣地供奉着科林斯的守护神波塞冬（宙斯的兄弟）。起初，人们可能会认为这一地点同样会因为与斯巴达的联系而受到影响，与伊利斯一样，科林斯也是斯巴达主导的伯罗奔尼撒同盟的成员。然而，与此相反的是，事实证明科林斯独立于斯巴达，甚至完全不向斯巴达效忠。大约在公元前505年，正是科林斯人与斯巴达国王德玛拉图斯合作，使克里奥美涅斯对新建立民主制的雅典的远征成为泡影。这可能会让雅典这一仅次于斯巴达的波斯潜在反抗者中最重要的城邦，即使在20年之后仍然对科林斯人很有好感；尤其是我们知道，在

---

① *xenia*：“好客”，通常是一种来自不同城邦和（或）文化的贵族或名流之间仪式化的友谊形式，它对外来者的本邦朋友施加了严格的、世袭的义务，例如，互惠的热情款待，见术语表“好客（xenia/xenos）”。

公元前5世纪90年代末或公元前5世纪80年代初，科林斯人曾借给海军力量薄弱的雅典人20艘战船，帮助他们与埃吉纳人作战。但是使天平决定性地倾向于科林斯地峡的肯定是几个因素的共同作用。对斯巴达来说，科林斯地峡仍然地处伯罗奔尼撒半岛内；对雅典来说，科林斯地峡也在相对容易攻击的距离内。从地缘政治上看，科林斯地峡是所有南部大陆希腊人的中心，而且恰好具有宗教象征意义。波塞冬是全体希腊人的海神，无论抵抗波斯还需要什么，都毫无疑问需要一支希腊联合海军，雅典人将在其中贡献最大的力量。

希罗多德说，科林斯地峡是波斯反抗者代表们第一次会面的地方，我认为我们应该相信他。代表们会面这件事本身就非常值得纪念。当希罗多德在他叙述的高潮部分（在萨拉米斯战役之后，普拉提亚战役之前的公元前480/479年冬）援引希腊性的定义时，他所列举的将希腊统一起来的要素显然不包括政治合作，更不用说政治联盟了。在这种情况下，这次会议似乎形成了某种松散的联盟，这是一种基于以见证之神和保佑之神的名义互相宣誓并由这种誓言组成的共同防御同盟。如此一来，违背盟约在上天看来就是亵渎神明，也是纯粹的人类的、世俗的僭越行为。

由此形成的“同盟”被简单但意味深长地称为“希腊人（的同 105
盟）”，这一同盟公认的领导者是斯巴达人，这是由于斯巴达人具有独一无二的作战才能，且他们已经领导着当时唯一一个非宗教、非民族、多城邦的希腊军事同盟——伯罗奔尼撒同盟。斯巴达的领先地位并不是由希罗多德明确指出的，而是由一座纪念碑上的文本表明的。这座纪念碑曾经非常壮观但现在只能看到原样的一个可怜缩影，如今凄凉地坐落在古君士坦丁堡的赛马场上。然而，最初这座纪念碑巍然竖立在德尔斐。

在公元前 479 年的战役结束、德尔斐的米底主义得到宽恕之后，希腊联盟在阿波罗圣殿设立了一口大锅作为祭品和战争纪念碑，这口大锅由三个青铜线圈支撑、顶端有蛇头。线圈上以非常简洁的风格写着以下内容：“战争由此打响……”随后是 31 个希腊城邦的名称，按照希腊人一贯的方式，用公民集体的名字表示。首先是拉栖第梦人，即斯巴达人。其他 30 个城邦中，至少有 14 个是斯巴达领导的伯罗奔尼撒同盟的成员，有科林斯人、特格亚人（Tegeans）、西锡安人（Sicyonians）、埃吉纳人、麦加拉人、埃皮达鲁斯人（Epidaurians）、奥尔科梅努斯人（Erchomenians①）、普勒阿得斯人（Phleiasians）、特洛伊真人（Troezenians）、赫尔弥俄涅人（Hermionians）、梯林斯人、迈锡尼人、哈利亚人（Halieia）和莱普雷翁人（Lepreans）。剩余城邦中，基克拉迪群岛的米洛斯属于多利安民族，自称是斯巴达的“殖民地（*apoikia*）”。如果需要投票，如果“希腊人（的同盟）”也采用伯罗奔尼撒同盟大会上的程序，那么斯巴达及其盟邦和附属国将会获得总体上的多数控制。②

斯巴达的地位如此突出，以至于大家都同意由斯巴达正式指挥希腊的海上和陆地联军。从实际意义上讲，这是一种讽刺，不过幸运的是，斯巴达人在公元前 480 年和前 479 年的战斗中都曾担任严格意义
106 上的海军总司令，而且没有造成决定性的负面影响。雅典的战后宣传确实希望雅典通过接管海上事务的指挥权，成为同样出色的希腊人的总领导者，或者至少是联合领导者。甚至有人声称，雅典人曾有风度

---

① Erchomenians 是 Orchomenians 的变体，指阿卡狄亚奥尔科梅努斯的人，不能与比奥提亚的同音同形词混淆，因为除了普拉提亚人和特斯皮亚人，所有比奥提亚人都已经米底化了。

② 同盟大会的决定由多数票通过，每个城邦无论大小都能投一票。

地（尽管是炫耀性地）拒绝竞争这一公正的职位，但这只是人们一厢情愿的杜撰。实际上，在公元前 481 年，斯巴达的领导者头衔是不容置疑的。

不过，据说（斯巴达和雅典之外的）第三方也要求在总指挥权中占有一席之地。因为这一说法在本质上让人难以相信，所以可能是真实的。格隆（Gelon）是公元前 5 世纪前 25 年西西里的僭主统治者，是一个希腊人。在约公元前 490 年，他先成为南部海岸格拉（Gela）①的僭主，在公元前 485 年，又成为西西里最重要的希腊城邦叙拉古（公元前 8 世纪 30 年代从科林斯建立）的僭主，并将格拉割让给了他的兄弟希耶隆（Hieron）②。通过结盟和征服，格隆在西西里建立了足以称得上是帝国的政权，作为帝国（诚然是一个相对较小的帝国）的统治者和希腊人，他觉得自己有资格以全体希腊人的名义反抗薛西斯。因此据说他向希腊联盟提出了一个他们可能拒绝也确实拒绝了的提议：他说，只要希腊联盟能够授予他一半的总指挥权，他就愿意将自己的军事力量投入抵抗波斯的行动中。

不过，这一提议还有更深远、重要的意义，它为自公元前 7 世纪以来东地中海和中地中海的历史提供了第一个重要联系。因为格隆在更靠近本土的地方面临“蛮族人”入侵的困扰，这些蛮族人是来自北非迦太基（今突尼斯）的腓尼基人。和希腊人一样，腓尼基人在西西 107
里开辟了多个殖民地，主要位于西西里岛的最西边。腓尼基人既嫉妒格隆的霸权又希望保卫他们利润丰厚的贸易路线，这条路线从北非向西经西西里延伸到西班牙（甚至到英国的康沃尔锡矿）。因此，当

① 公元前 456 年埃斯库罗斯死亡和被埋葬的地方。

② 他们的父亲是戴诺美涅斯（Deinomenes），因此这个僭主制王朝被称为戴诺美涅斯王朝，效仿了雅典庇西特拉图王朝的命名方式。

"旧"希腊的希腊人受到来自东方波斯人的威胁时，"新"希腊（黄金西部）的希腊人则受到了来自南部蛮族入侵者的威胁。甚至有人提及这两支蛮族人相互配合，因为旧腓尼基（黎巴嫩）的腓尼基人是薛西斯海军中的精锐。无论如何，西西里的希腊传统热衷于认为西西里西北部的希梅拉战役（the Battle of Himera）和阿提卡附近的萨拉米斯战役于公元前 480 年 9 月底的同一天发生。在希梅拉战役中，迦太基人被格隆和阿克拉加斯（Acragas）统治者塞隆（Theron）领导的希腊军队击退。

然而，实际上，希腊西部在希腊联盟最终成功地抵抗薛西斯方面并没有发挥直接作用。公元前 481 年希腊联盟成立之后真正突出的问题仍然是战略问题。面对即将到来的薛西斯的入侵，联盟该采取什么战略？如何在陆地和海洋之间及斯巴达和雅典之间协调这一战略？鉴于联盟在公元前 480 年受到直接攻击时展现的明显的脆弱性，以及战略措施似乎没有预先计划的改变，我们似乎可以合理地推断，从忠于希腊的城邦第一次在科林斯地峡会面到公元前 480 年夏希腊联盟首次（并不十分）协调的军事抵抗行动，他们的战略规划并没有取得多大进展。

在第一次会议之后，刚成立的希腊同盟派出了一支侦察兵去暗中监视薛西斯的军队，但是，更实际的做法是，联盟着手通过外交手段解决希腊内部长期存在的一系列争执。因此，埃吉纳和雅典之间的争端很快就得到了化解。然而这一进展又因其他的挫折而受阻了。例如，阿尔戈斯对斯巴达的仇恨如此之深以至于拒绝加入斯巴达领导的
108 任何军队。相反，阿尔戈斯保持了正式的中立，这种中立近乎于向敌人波斯提供援助和慰藉，十分令人不安。阿尔戈斯绝对不是唯一一个没有受到任何形式的泛希腊同胞情感激励的城邦。

公元前 480 年春，更稳固的希腊同盟进行了第二次会议，地点可

能还是在科林斯地峡。但是如果希罗多德关于薛西斯在希腊的欧洲地带行军的消息传到雅典后，雅典城邦中发生动乱的详细描述可信的话，即使是这次会议似乎也没有达成任何非常坚定的战略结论。无论如何，每当希腊结成抵抗联盟的消息传到薛西斯那里，他都不太可能穿着靴子（更确切地说，是那双独特、豪华、带有上翘鞋头的橘黄色拖鞋）吓得发抖。他可能说“放马过来吧”！那年初夏，波斯大军终于开始了进攻。薛西斯从萨迪斯出发，经特洛伊（在此薛西斯向雅典娜献祭了1 000头牛，数量是标准“百牲祭”的十倍）向赫勒斯滂海峡进发。亚洲的波斯在马拉松战役中被欧洲的希腊历史性地击败，现在终于要复仇了吗？

波斯人通过腓尼基和埃及工程师搭建的一座双浮桥横跨赫勒斯滂海峡，从阿比多斯到了塞斯图斯。这是一次重大的后勤行动。需要架桥的距离超过2 000米，风力强劲，水流更加湍急（部分是因为风大）。跨越海峡必然需要很长时间，根据希罗多德的说法，正好用了7天7夜。但是，我们知道，如果没有用鞭子“鼓励”其他人，而薛西斯在海峡的塞斯图斯一侧监视着，跨越海峡将需要更长时间。

这不仅是对真实发生的事件的客观叙述。对希腊的读者和听众来说，这还是希罗多德在其历史叙述中采用的另一种文化编码信息。在希腊人看来，鞭子只适用于奴隶而非自由人，因为自由人（除了极少
数人）显然是免受体罚的。事实上，在希腊，只有自由的奴隶主使用 109
鞭子，目的是彰显和巩固这种基本的身份划分。因此，后来在温泉关战役中，薛西斯命令用鞭子激励他的军队投入战斗并不会让希罗多德的希腊读者感到惊讶。

军队从塞斯图斯出发，沿着色雷斯的刻索尼苏斯（加里波利半岛）向东北方向前进，之后突然转弯向西进入奥德里西亚人的

色雷斯①。薛西斯亲自指挥这次远征无疑表明了这次行动对他至关重要。在一个名为多里斯库斯（Doriscus）的地方，这里非常靠近海岸，而且有一个大平原，他命令军队暂停并对其进行了检阅。

在此，希罗多德以他最具荷马风格的笔触，抓住机会列举与荷马在《伊利亚特》第二卷中记载的“船只目录”相媲美的内容。但是荷马只需要列举由海伦的脸部②（无疑还有其他身体部位）所发起的1 000艘左右的希腊船只，而希罗多德要描述来自各个附属国的大规模陆军以及种类相对更单一的波斯海军。希罗多德最初的读者会意识到，具有讽刺意味的是，荷马列举的是最终取得胜利的军队，而希罗多德列举的是失败者的军队；这似乎在暗示：规模并不能代表一切。

然而，现代学者就不会那么轻易满足了。我敢自信地说，如今没有一个专业的历史学家会相信希罗多德叙述的数字的准确性，即在色雷斯西部的多里斯库斯进行的欧洲第一次集结时，波斯有 170 万名陆军和 1 200 多艘战船登记在册。（后来，希罗多德又把在欧洲召集的军队人数加进来，给出了更大的数字，这样随薛西斯出征的总人数就超过了 500 万，准确地说是 5 283 220 人！）也许正如希罗多德所叙述的那样，途中一些河流都被军队喝干了；这些都发生在初夏，而不是冬
110 季或春季，而且大而深的河流并不常见。但是其他注释者还是将希罗多德给出的数字分别削减到了（相对较少的）8 万人和 600 人，但也许 8 万人过于少了。然而，人数上任何严重的削减都会使希腊联盟的成就受到不同程度的抹杀，我猜想这就是希罗多德的叙述中如此热衷

① 古代的色雷斯大致相当于现代的保加利亚及其南部的沿海地带，这一沿海地带是现代希腊国家的一部分。

② 指海伦的美貌，海伦是希腊神话中最美的女人和传说中特洛伊战争爆发的“祸端”。——译者注

于使敌军人数最大化的主要原因之一。

持怀疑态度的人还认为，希罗多德的信息来源是希腊人，因此要么是希腊人的信息错误，要么是他们故意提供虚假信息。例如，有人认为，波斯帝国的所有附属国实际上不可能都有代表。对此，有人反驳道（在我看来是有道理的），波斯国王亲自作为海陆联军的统帅就意味着军队具有最广泛的代表性。此外，也有可能像希罗多德对大流士就任国王和波斯帝国贡金的描述一样，他以某种方式从波斯人那里得到了真实信息。

下面是希罗多德“目录”① 中的一些要点，这些可以让人们对薛西斯军队的情况和布局（没有固定的组织形式）有一些了解。当然他们中很少有人曾一起作战，在希腊领土上共同作战的情况就更少了。希罗多德的步兵名单自然是从波斯人开始记录的，波斯人是伊朗南部的居民，希腊人将此地称为波西斯（Persis）。这些人的指挥官是薛西斯的岳父欧塔涅斯（他的女儿阿美斯提斯是薛西斯长期受苦的正妻）。

> 他们头戴柔软的毡帽，身穿绣花的有袖束腰外衣，（外面套着）一件像鱼鳞一样的护身铠甲，腿上穿着长裤。他们拿着轻质柳条编织的盾牌，盾牌下挂着箭袋、短矛以及有芦苇箭杆的长箭，右大腿旁的腰带上挂着匕首。②

这一描述有三点让希腊读者印象深刻。首先，波斯人轻装上阵， 111
不像典型的希腊重装步兵一样，手持又大又重的木制盾牌和带铁刺的

① 全文翻译详见附录 2。

② Herodotus, 7. 61.

长矛。其次，波斯人既是弓箭手也是肉搏战战斗者，而部分是出于社会原因，希腊人将这两种士兵从根本上区分开来。最后，最可怕的是，他们穿了裤子（大概是穿错了）。在我们看来，穿裤子可能是非常明智且实用的，但是着装规范从来都不是完全合理的，而且希腊人将这种着装方式视作无法改变的文化差异。真正的男人从来不穿裤子！然而，希罗多德并没有让这一点阻碍他得出慎重而客观的观点，即无论是否穿裤子，波斯本地人都是薛西斯最精锐的作战军队，他们的装备也是最精良的。这些军队首先包括希腊人称之为“不死军”的1万名波斯精锐步兵，他们是一种荣耀的王室护卫①。

在希腊人眼中，波斯的作战方式还有其他异族特征。他们作战时会带着大量“随军者”，也就是他们的妇女和仆从，这些人由装备精良的四轮马车运送并住在里面。他们吃的食物也非常精致，这些食物由骆驼和骡子组成的庞大的辎重车队运送。但是最令希罗多德震惊的是，每一个波斯士兵都携带和佩戴着大量的黄金，它们在阳光下闪闪发光。对希腊人来说，黄金是矛盾的象征，非常令人向往，即使不会致命，也有潜在的危险性。②

波斯人之后，我们看到的必然是伊朗北部的米底人。至少在这里，希罗多德能够把这两个民族区分开来，尽管他补充说，波斯人的

---

① 不死军：1万名波斯精锐步兵，既是波斯大王的护卫，也是一支精锐的突击队，就像在温泉关战役中的那支。希腊人错误地将他们称为“不死军”，因为他们认为，为了保持人数不变，波斯大王一直留有后备人员，每当1万名士兵中有人牺牲，后备人员就可以替代他们，见术语表“不死军”(Immortals)，至于他们在温泉关战役中的英勇行为，见第七章。

② 希腊人从东方借鉴了“黄金时代”的概念，即一切都是最好的。但是希腊本土并不产黄金，只有少数地区例外。因此这种金属保留了一种异域风味，而且因为与蛮族波斯的联系，尤其是与波斯帝国发行的“大流士币”的联系，它被赋予了一种非常负面的含义。

着装和装备最初是从米底人那里借鉴来的。不论这一点是否属实，希 113
罗多德提醒读者米底人在波斯人之前就已经存在了，这一点无疑是正确的。居鲁士大帝和他阿契美尼德王朝的继任者有坚实的米底帝国作为基础，而且波斯帝国之所以能成为有史以来第一个世界性的帝国，主要是因为在伊朗腹地这两个有亲属关系的民族长期且和谐地合作。

因此，由波斯阿契美尼德王室成员提格拉涅斯①（Tigranes）指挥米底分遣队是完全恰当的。据说其他民族也是按照米底人的方式装备他们的士兵的，其中需要特别提及的是居住在波斯湾近海岛屿上的民族，因为这些岛屿被波斯国王专门用作惩罚反抗者和叛乱臣民（包括希腊人）的流放地。

继波斯人和米底人之后，我们看到了很多其他伊朗人和与之相邻的民族，其中有奇西亚人（Cissians）和赫卡尼亚人（Hyrcanians），赫卡尼亚人的指挥官是一个波斯人，他在对希腊的败战中幸存下来并获得了巴比伦（今伊朗南部）总督的美差。亚述人来自伊拉克更靠北的地区，他们是曾经强大的亚述帝国的后裔，亚述帝国在公元前 7 世纪末被米底人征服。

巴克特里亚人来自今天的阿富汗北部，巴克特里亚是双峰驼的故乡，在波斯人的庇护下，双峰驼向西被出口到埃及。另一个穿长裤的民族是萨卡人（the Sacae），他们是里海地区斯基泰人的一支，大流士的贝希斯敦浮雕上就有萨卡人国王的形象。巴克特里亚人和萨卡人分遣队由薛西斯的亲兄长叙司塔斯佩斯（以他们祖父的名字命名）指
挥，以显示他们的重要性。伊朗的帕提亚人和花剌子模人由大流士的 114

① 正如罗马人在试图控制亚美尼亚的过程中会非常清楚地意识到的那样，这个名字注定会在未来许多世纪回荡在古代中东历史的长廊中。

主要行政长官法尔那塞斯的儿子阿尔塔巴佐斯指挥。

接下来，越过阿富汗东部的兴都库什山，来到伊朗东部，我们将会看到薛西斯军队中的印度人。这里所说的印度基本上指的都是旁遮普省，这个省大部分地区位于今天的巴基斯坦，只有一小部分超出了当今巴基斯坦的国界，位于印度境内。这一地区曾经被大流士征服，但实际上早在公元前 327 年亚历山大大帝到来之前就失守了。希罗多德在叙述波斯帝国的收入清单时，提到印度总督辖区每年必须缴纳大量金粉作为贡金，在此，他也提到了享有盛名的印度棉花，即印度人的服装面料。

回到美索不达米亚以西，我们来到了安纳托利亚。在希罗多德的记载中，一个来自黑海以南的非希腊民族非常引人注目，那就是帕夫拉哥尼亚人（the Paphlagonians）①：

> 帕夫拉哥尼亚人头戴编制的头盔，手持小盾牌、中等大小的长矛、轻型标枪和匕首，脚上穿着长达小腿中部的本土靴子。

最后的这一细节引起了穿凉鞋的希腊步兵的兴趣。希罗多德提到的非希腊人还包括玛克罗涅斯人（Macrones）和莫司科伊人（Mossynoeci）②，他们由一个刚刚驻扎在欧洲的波斯人指挥，即塞斯图斯总督凯拉司米斯（Cherasmis）的儿子阿尔塔克特斯（Artayctes）。公元前 479 年，阿尔塔克特斯被胜利的希腊人钉死在十字架上，这是

① 帕夫拉戈尼亚是雅典等地私人拥有的奴隶的主要来源地。部分由于这个原因，阿里斯托芬在公元前 424 年上演的喜剧《骑士》中将雅典重要的政治家克里昂讽刺为帕夫拉戈尼亚的家奴。

② 在色诺芬描述公元前 401—前 400 年激动人心的事件的《长征记》中，玛克罗涅斯人和莫叙诺依科伊人都再次出现了。

希罗多德对希波战争的连续叙述中所描述的最后一个事件，实际上也是整部作品的高潮。

那么，在希罗多德给出的目录中，亚洲的希腊重装步兵和轻装兵 115
在哪呢？简短的回答是“未曾给出”，除了一句比较隐晦的表达：“吕底亚人的武器和盔甲（*hopla*）与希腊人的很相似”。不过，希罗多德巧妙地在前文中提到，薛西斯在一次对话中向阿尔塔巴佐斯指出，伊奥尼亚人实际上是人质，“当他们将自己的孩子、妻子和财产留在我们的领土上时，我们为什么要担心他们会引起麻烦和不满①呢？”这里的“our（我们的）”完全是“the royal we（君主等地位高的人对自己的称呼）”的所有格形式。

关于薛西斯军队中亚洲分遣队的信息就只有这些。向南和向东来到非洲，我们首先看到的是阿拉伯人，然后是东部和南部的埃塞俄比亚人（即努比亚人），最后是利比亚人。希罗多德特别指出（南部的）埃塞俄比亚人用粉笔和朱砂在身上作画，他们的头发非常卷曲，穿着豹皮和狮子皮，所有这些在希腊人眼里都非常具有异国情调。

最后我们看到的是薛西斯的欧洲步兵分遣队，这支队伍中既有非 116
希腊人，也有希腊人。横跨亚欧大陆的是色雷斯人，他们中的大多数都是欧洲人。② 之后希罗多德列出了具有高级指挥权的六位将军，即

---

① 字面意思是“过于新的东西”，这是一种非常希腊式的表达。

② 希罗多德在这里没有描述，甚至没有提及薛西斯指挥下的马其顿军队（他在后文中提到了），也许是因为这次集结发生在军队到达马其顿之前。但希罗多德确实引用了来自马其顿的一份资料，即亚洲色雷斯的布里吉人（Brygi）曾经居住在马其顿。一个可能属于这一民族的人在艺术史学家中获得了一定的声誉，他是公元前5世纪前25年雅典的一个陶工，或者说是一个非常成功的陶器作坊的主人，他雇用了一位被学术界称为“画家布里格斯（Brygos Painter）”的艺术家，布里格斯擅长描绘人类和神的生活中极具戏剧性的场景。

军队的统帅。

首先是戈布里亚斯之子马尔多尼乌斯，他是继薛西斯本人之后（如果不是之前的话）最热衷于远征的人。接下来是阿尔塔巴努斯（薛西斯的智囊）的儿子特里坦塔伊克美斯（Tritantaechmes），也是薛西斯的表兄弟。然后是斯梅尔多美涅斯（Smerdomenes），他是著名的欧塔涅斯（公元前6世纪20年代末大流士最初的同谋者之一）的儿子，是大流士的另一个侄子，也是薛西斯的另一个表兄弟。接下来是玛西斯特斯（Masistes），他是薛西斯的另一个同父异母的兄弟，希罗多德在他著作的结尾部分亲切地详细描述了薛西斯与玛西斯特斯的关系，后来由于薛西斯对玛西斯特斯妻子的狂热爱恋，两人关系破裂。第五位是阿里阿佐斯（Ariazus）的儿子格吉斯（Gergis），最后一位是佐比鲁斯（Zopyrus）的儿子迈加比佐斯（Megabyzus），据说大流士将他视为仅次于居鲁士（我们推测，应该还有他自己）的波斯第二大恩人。海达尔涅斯的儿子（小）海达尔涅斯属于另一个类别的指挥，地位介于高级统帅和国王本人之间。他是一位高级官员，曾于约公元前484年在萨迪斯接待过两位斯巴达使节，并给他们上了一堂波斯礼仪课，实际上他们对这堂课非常厌恶。海达尔涅斯有指挥不死军①的特权，并在为薛西斯赢得温泉关战役方面发挥了关键作用。

117 薛西斯的骑兵部队在温泉关战役中并未发挥重要作用，尽管马尔多尼乌斯（他本人也骑着马）周围骑兵的失败，是波斯人在次年具有决定性的普拉提亚战役中最终失败的重要前奏。只有11个非希腊民族提供了骑兵（马其顿和色萨利的希腊人再次未被列入目录）。其中有

① 根据希罗多德叙述，“精挑细选出来的这1万名波斯士兵的将军是海达尔涅斯的儿子海达尔涅斯。”详见附录2。

两个民族特别引人注目：第一个是萨加泰人（Sagartians），因为他们是牛仔，选择的武器是编织的皮革套索（尽管他们也携带匕首）；第二个是阿拉伯人，因为他们骑的不是马，而是一种专门为战争而饲养的快速骆驼。当时有两位最高骑兵指挥官，都是米底人达提斯的儿子。很显然，他们的父亲在马拉松战役中的失利并不会成为不任命他们的理由，在（波斯人）失败的马拉松战役中，波斯骑兵只因缺席而惹人注目。

希罗多德详细列举的目录中的第三个主要部分是“战船目录”，据说一共有 1 207 艘战船。希罗多德从（今黎巴嫩的）腓尼基人及他们北部的新亚述人开始记载，他们都居住在后来被称为“巴勒斯坦”的土地上。腓尼基人和新亚述人一共贡献了 300 艘战船，大约占总战船数的四分之一。接下来，希罗多德提到，埃及人贡献了 200 艘战船，塞浦路斯人（既有腓尼基人，也有希腊人）贡献了 150 艘战船，（安纳托利亚西南部的）西里西亚人贡献了 100 艘战船。这些数字应该都是四舍五入估计出的。其他非希腊的战船提供者贡献的战船都没达到三位数，其中卡里亚人贡献得最多，为 70 艘。

在战船目录中，希罗多德不可避免地将薛西斯的希腊臣民包含在内，他们一共提供了 307 艘战船。这些船可以分为 5 部分：赫勒斯滂/博斯普鲁斯的希腊人提供了 100 艘，伊奥尼亚人（希罗多德总算能将伊奥尼亚人和其他亚洲的希腊人区分开来）提供了 100 艘，爱奥利斯人（Aeolians）提供了 60 艘，亚洲的多利安人提供了 30 艘，近海岛民只提供了 17 艘①。如果希罗多德给出的这一总数（307）是正确的， 118

① 除了萨摩斯岛的岛民，其他岛民在公元前 494 年伊奥尼亚起义的最后一战——拉德（Lade）战役中都遭受了重大损失，波斯人在胜利后显然没有慷慨到允许他们拥有强大的海军的程度，更不用说鼓励他们重建或维持海军了。

那么薛西斯的希腊臣民提供的战船数是总战船数中最大的。尽管希罗多德没有详细解释，但是其隐含意义很明显。这不仅是希腊人对波斯人的战争，而且是希腊人对希腊人的战争；希罗多德在其他地方的论述①中，悲痛地将之称为“*emphulos stasis*”，即同一个民族或族群内部的战争。

希罗多德继续写道，所有波斯人的战船都配备了大量海军陆战队士兵，忠诚的希腊联盟的战船亦是如此。修昔底德后来在将这种战船与伯罗奔尼撒战争中更先进的战船进行对比时，可能会嘲笑公元前480—前479年这一时期海战的这个特点。在修昔底德看来，希波战争中的海战更像是海上的陆战，而不是以船本身为主要武器的正规海战。希罗多德还非常蔑视较低等级的海军指挥官，说他们只是“奴隶”，意味着是薛西斯的奴隶。但是他列出了所有波斯海军高级指挥的名字，其中包括一些王室成员及王室姻亲。例如，埃及中队（有200艘战船）由薛西斯的亲兄弟阿契美尼斯（Achaemenes，与阿契美尼德这一王朝名称有关）指挥，伊奥尼亚和卡里亚联合中队（有170艘战船）的指挥官是大流士和戈布里亚斯（马尔多尼乌斯的父亲）的外孙。

在海军高级将领之后，希罗多德还列出了一些他称之为“最有名望的人”或“最著名的人”的名字，包括3名腓尼基人、1名西里西亚人、1名吕西亚人、2名希腊族塞浦路斯人和3名卡里亚人。正如人们预料和预测的那样，这些人都是男性。但是随后，非常不同寻常的是，希罗多德对一位女性大加赞美，认为女性参加这场战役本身就是

---

① 希罗多德在《历史》的第8卷（8.3.1）中提到，“同一个民族内部的剧烈不和［希腊文原文只有两个词：*stasis*（字面意思是‘分立’）和*emphulos*］比［一致反抗外敌（against a foreign enemy）］的战争（*polemos*）更可怕，就像战争比和平更可怕一样”，详见附录3。

一个奇迹，更不用说她还发挥了如此重要的作用。这个女性是希腊人 119
（很难想象一个非希腊人的女性会被允许在薛西斯手下发挥任何作用），她的父亲是哈利卡纳苏斯人，母亲是克里特人，她的名字是阿尔忒弥西亚（一个与神有关的名字，来源于童贞狩猎女神阿尔忒弥斯）。阿尔忒弥西亚指挥着来自4个希腊城邦或岛屿［哈利卡纳苏斯、科斯岛、尼西亚（Nisyra）和卡林达（Calynda）］的5艘战船。希罗多德写道，她能担任指挥是因为她是一个僭主，一个独裁的统治者，她从自己已故的丈夫那里继承了这一地位。换句话说，她是波斯人的内奸。我们之所以部分或全部相信这些是因为希罗多德也是土生土长的哈利卡纳苏斯人，即使因为出生时代较晚无法亲自了解阿尔忒弥西亚的为人，但是希罗多德的爱国之心足以使他让阿尔忒弥西亚，以及他的城市——哈利卡纳苏斯在太阳下占有一席之地，即使阳光恰好在波斯人那边照耀着。

这大概也解释了为什么希罗多德在叙述希波战争时会特别提到阿 120
尔忒弥西亚不仅提供了整个舰队中“最值得信赖的”战船（除腓尼基的西顿提供的之外），而且据说她还向薛西斯提供了“最明智的建议”，可以说是“男人对男人”的建议，因为希罗多德又一次罕见地将希腊语中表示勇敢的词（*andreia*，字面意思是“男子气概”）运用到阿尔忒弥西亚这个女性身上。当希罗多德叙述阿尔忒弥西亚在萨拉米斯的行动时，他不仅让她展现出了有男子气概的勇气，还展现出了奥德修斯般的狡猾。为了成功从希腊联盟的战船上逃脱，她撞沉了一艘代表波斯方作战的希腊人的战船，使它看上去像是敌军的战船。据说这一看似崇高的英勇行为引发了薛西斯具有性别转换性质的惊叹：“我的男人变成了女人，我的女人变成了男人！”

希罗多德写道，阿尔塔巴努斯曾向薛西斯评论过这支真正令人敬畏的舰队：

> 我的主人，任何一个头脑正常的人都不会对您军队的规模和战船的数量有任何不满。①

但是他睿智地补充说，这支规模如此之大、人数如此之多的舰队必然意味着薛西斯难以找到足够的战船庇护港以及保证充足的食物供应。因此阿尔塔巴努斯建议薛西斯在规划时要想到最坏的情况，但是一旦谨慎地制订好了计划，就要大胆、果断地执行。据说，这个年轻气盛、经验较少且非常乐观，但意气用事的国王反驳道：

> 与其被恐惧吓倒而得不到任何积极结果，不如冒一切风险承受一半消极结果。

121 希罗多德的读者会理解这种戏剧性的讽刺，他们很清楚，他们的波斯对手并没有得到有利的结果。

尽管薛西斯渴望入侵和征服希腊，但很显然，他在从多里斯库斯经马其顿到达色萨利的途中花了很长时间。他行进缓慢的原因有很多。首先，是简单的后勤问题。波斯军队并没有轻装简从，像薛西斯所带的那种辎重车②严重阻碍了军队的前行。专门修建的王室大道也没有使前进速度加快。其次，传递王室高贵的观念也是重要的一点。薛西斯希望给人留下庄严宏伟的印象。最后，非常重要的一点是，薛

---

① 阿尔忒弥西亚是否真的像阿尔塔巴努斯那样私下为薛西斯提供了建议，是值得怀疑的。

② 罗马人形容辎重车的词“impedimenta（妨碍前进的重负）”说明了一切。

西斯热衷于促进希腊人所熟知的“米底主义”的进一步传播。这一庞大的队伍行进得越慢，就越显得不可抗拒、不可避免和不可阻挡；犹豫不决的希腊人就越有可能效仿色萨利拉里萨的阿留阿德家族，投奔波斯阵营。最终，在7月的某一天，薛西斯的陆军到达了马其顿和色萨利的边界坦佩谷，这是从马其顿经色萨利通往中希腊的主要交通通道。

坦佩谷也是希腊抵抗联盟选定的第一道防线。为了体现斯巴达和雅典的双重领导地位，有两位指挥官被任命为总指挥，分别是斯巴达的欧伊内图斯（Euainetus）和雅典的地米斯托克利。但不得不说，选择这两个人相当令人费解。值得注意的是，第一次联军行动中没有斯巴达王室的指挥官；通常情况下，所有涉及斯巴达军队的陆地远征都由斯巴达国王率领。此外，雅典人选择地米斯托克利来领导一开始显然只在陆上进行的抵抗似乎也很奇怪；如果地米斯托克利不是海军将领，那他就没什么价值。事实上，希罗多德对最初抵抗阶段的这一叙述，让一些学者怀疑他是否真的理解抵抗薛西斯公然发起的海上和陆上入侵具有海陆两线作战的性质，甚至还有人质疑希罗多德是否具有 122
战略意识。这一令人困惑的问题因以下情况变得更复杂，即当人们发现（当然应该更早发现）隘口可以被“转弯”，也就是可以被迂回包抄时，坦佩防线迅速被放弃了。

最可能的解释是组成抵抗联盟的“希腊人”仍然没制定出任何切实可行、协调一致的战略。因此接下来选择的第一条可防御且可靠的线路就显得非常重要，他们选择在温泉关和阿尔特弥西昂轴线上进行海陆两线作战。尽管根据希罗多德的说法，即使这一选择也是在联盟成员紧要关头的犹豫和分歧被列奥尼达彻底解决之后做出的。当薛西斯经坦佩谷穿过色萨利所带来的超乎寻常的威胁变得异常尖锐时，斯巴达以所能想象到的最不寻常且最果断的方式做出了反应。

第六章

温泉关战役Ⅱ：战役准备

123 （斯巴达人）作为个体战斗时，战斗力与其他人不相上下；作为集体一起作战时，战斗力就超越了其他所有人。

——德玛拉图斯对薛西斯说的话，希罗多德《历史》，第7卷第104节

波斯人征服希腊必然依靠陆军和海军的合作，海军的关键作用是提供补给。公元前 480 年 6 月，薛西斯集结大军，从多里斯库斯通过陆路向西南方向前进，这一进程虽然缓慢，但没有任何问题。色萨利北部边境的领土都已经在波斯大王的控制下，希腊抵抗联盟在 7 月放弃了用 1 万名士兵保卫坦佩防线的失败想法后，薛西斯就可以堂而皇之地越过奥林匹斯山，畅通无阻地穿过色萨利（除了他庞大的辎重车会造成一些阻碍）。海军舰队的进程更加曲折，但最终还是按计划到达了优卑亚北端对面的赛皮亚斯岬角（Cape Sepias）。

联盟中的希腊人应该作何反应？如果他们真的认真地进行抵抗，下一条防线设在哪里就很明显了：在温泉关隘口和阿尔特弥西昂之间的轴线上。陆上防线设在温泉关隘口（准确地说，有三个隘口），海上防线设在优卑亚岛北端的阿尔特弥西昂（阿尔忒弥斯神庙所在地）。一些专业的地质学家和地貌学家试图证明温泉关并不是古代人所认为的那个隘口，薛西斯并不一定非得通过这个隘口而应通过另一个隘口进入中希腊。但如果情况真是如此，值得注意的是，包括很多希腊本地人及可能愚昧无知的外邦人（如公元前 279 年迁徙和劫掠的凯尔特人）在内的古代人是多么频繁地犯下同样愚蠢的错误啊！

然而，当时希腊联盟还面临着其他人为的阻碍，无法进行如此认真的防御，或者无法全心全意、全力以赴地进行防御。最明显的是，必须考虑到联盟中非斯巴达成员的恐慌。他们非常恐慌，担心波斯敌人人数太多，以致他们无论是在温泉关还是在任何其他地方都无法抵抗。毕竟，希腊大陆其他几百个城邦中的绝大多数已经表明态度，决定加入波斯人或者至少消极地反抗波斯人，而非不惜一切代价击败他们。

但是，斯巴达人不可能被这种恐慌笼罩。他们久经沙场并时刻准备作战。正如前文提到的，对斯巴达人来说，这种必备的军事勇气是他们从小就接受正式的公共教育被灌输的核心价值观，而不是为了应对紧急状况临时被召唤出的品质。尽管如此，公元前 480 年夏天斯巴达人面临的是他们有史以来或将来可能会面临的最严重的紧急事件。这不仅威胁到他们的生命和生计，还威胁到他们的生活方式。

然而，斯巴达派去保卫温泉关的军队规模仅是它不久前派往（后来又撤离）坦佩谷军队规模的 2/3。斯巴达只派遣一支先遣部队的理由得到了希腊联盟中所有成员的认同，尽管这一理由最适用于斯巴达。因为要庆祝奥林匹亚赛会，奥林匹亚赛会每四年举办一次，时间
126 大概在夏至之后的第二个满月，因此是 8 月份的某个时候。这是一个泛希腊的宗教节日，主要是为纪念希腊最强大的神——奥林匹斯山的宙斯而举行的庆典活动。因此，每 4 年宣布一次“奥林匹克休战”，目的是让任何希望参加或观看奥林匹亚赛会的希腊人能够安全地前往位于伯罗奔尼撒半岛西北部的奥林匹亚，避免在穿越其他经常敌对的希腊城邦领土时会面临的常见危险。因此，虔诚的希腊人很难将注意力从惯常的奥林匹亚赛会准备工作上转移开。

对斯巴达人来说，更迫在眉睫的是，他们有进一步的宗教义务，即庆祝一年一度纪念阿波罗的卡尼亚节，卡尼亚节是斯巴达人宗教日

历中的主要事件之一。斯巴达所有主要的宗教节日都是献给阿波罗的，包括雅辛提亚节（Hyacinthia）、儿童欢舞节（Gymnopaediae）和卡尼亚节。正如斯巴达人在公元前 490 年的马拉松战役中没有出现一样，他们在庆祝这些节日方面格外谨慎，甚至是过分谨慎。因此他们也认为自己不能将全部的军事力量投入对温泉关隘口的防御中。

但是希腊迫切需要联盟的领导者斯巴达人采取某种有效的行动。他们至少要做出一些积极的抵抗姿态，如果可能的话，要采取更多的抵抗行动。还有其他一些宗教或准宗教的因素促使斯巴达人支持在温泉关进行防御。首先，据说斯巴达人的英雄祖先赫拉克勒斯正是在距离温泉关西部不远的奥塔山（Mt Oeta）与世长辞，之后作为奥林匹斯山上的神得到了永生。① 奥塔山下向南延伸着被称为多利斯的领土。根据神话传说，多利斯是斯巴达人多利安祖先的原住地，至少在 7 个世纪之前，他们向南迁徙到伯罗奔尼撒半岛南部，这也是公元前 5 世纪斯巴达人设想的时间段。

另一个使斯巴达人坚定地投入温泉关的防御中的因素是德尔斐。 127
在被称为“近邻同盟”的宗教同盟会议上，斯巴达人作为多利安族的成员只是间接代表。他们努力尝试通过皮提奥伊（国王任命的四位常驻大使）与德尔斐神谕保持单独、直接的联系。② 在薛西斯入侵之前，神谕一直向斯巴达人在雅典的同盟发出一系列负面的、带有黑暗色彩的预兆，称抵抗毫无意义。坦率地说，德尔斐的祭司已经米底化了。希罗多德叙述了据说德尔斐向斯巴达人发出的同样具有悲观色彩的神

① 斯巴达的两个国王据说是赫拉克勒斯两个曾孙的直系后裔，因为赫拉克勒斯建立了斯巴达城邦，因此赫拉克勒斯是斯巴达人的始祖。包括祖先崇拜在内的对祖先的虔诚是斯巴达人的特色。

② 见第四章。

谕，内容是斯巴达人要么必须牺牲国王的生命，要么波斯人会摧毁他们并占领他们的土地。很多学者将此视为事后预言的典型案例，因为斯巴达人确实牺牲了一位国王，他们的土地也没有被占领。他们认为德尔斐回溯性地发布这个虚构的神谕，既是为了显示自己预言能力的强大，也是为了试图抹去它早期、悲观的预言所造成的米底主义的污点。

但是如果斯巴达和希腊联盟其他成员（至少是关于战术问题，即在科林斯地峡以北，而不是在科林斯地峡与薛西斯交战）的想法在公元前 480 年夏天有所动摇，那么很可能需要一些与德尔斐的阿波罗神谕同样强大的外部授权，以说服动摇者。我的直觉是，正是出于这个原因，列奥尼达国王会利用他（与德尔斐）的官方联系密谋策划这一神谕，因为他是克里奥美涅斯同父异母的兄弟。然后，他会像强大的斯巴达国王一样，在前线积极指挥、奋勇作战，并确保是他，而不是和他同为国王的列奥提西达斯（根据长老会和监察官
128 的建议，由公民大会选出）在温泉关承担献祭的王室角色。我觉得，这种自我牺牲行为与公元前 484 年前后（同样是在列奥尼达统治时期）斯佩尔提亚斯和布利斯的行为有明显的相似之处，而这绝非巧合。

出于以上所有原因，斯巴达人决定将守卫温泉关的任务托付给两位国王之一，而不是像欧律比亚德斯（希腊联盟的海军将领）这样的平民。非常具有典型性的是，斯巴达人还赋予了这一决议宗教色彩。

我们对列奥尼达了解多少？遗憾的是，除了他在公元前 480 年 8 月那几个忙碌而高潮迭起的几个星期里所做的事情，我们对他知之甚少。他并非生来就注定成为国王，只是因为他同父异母的哥哥克里奥

美涅斯一世死后没有留下男性子嗣。①事实上，他娶了克里奥美涅斯唯一的女儿戈尔戈，因此成了克里奥美涅斯的女婿和间接继承人，同时是其同父异母的兄弟，这大概会让他的继任更容易一些。但列奥尼达可能认为自己有很多事情要实现，有很多东西要证明。

正是因为列奥尼达没有被期待成为国王，他才会经历正常的教育周期，而只有每个王室的继承人才不用接受这样的教育。② 因此，列奥尼达对斯巴达的“真正利益”有非常清晰的了解。③ 同样重要的是，列奥尼达具备斯巴达战士的共同气质，在温泉关战役中，列奥尼达指挥下的300人的分遣队最能体现这种特质。

为什么从斯巴达军队中挑选出了300人（军队总人数7 500—8 000 129
人的4%左右），又为什么是这300人呢？首先，对于一支精英分遣队来说，300是一个容易管理的数字，这一数字在希腊历史上的不同时期也曾出现。④ 其次，300这一数字在斯巴达有强烈的象征含义和实际含义，是王室卫队的常规人数。这些护卫被称为骑兵（hippeis），

---

① 据说，克里奥美涅斯死于可怕的自杀，有人认为列奥尼达可能与他的自杀有关而且隐瞒了此事。无论如何，列奥尼达是克里奥美涅斯过早死亡的最大受益者。

② 欧律庞提德家族的国王阿格西劳斯二世也是如此，他的王位也是从自己同父异母的哥哥那里继承而来的。他于公元前400年—前360年在位，一度是整个希腊大陆最有权势的人。

③ 托马斯·潘恩在他1776年出版的共和主义小册子《常识》中敏锐地指出：“那些认为自己生来就是统治者，而别人生来就应该服从的人，很快就会变得傲慢无礼。他们从人类中被挑选出来，心灵很早就被名望毒害。他们所处的世界与整个世界有如此大的差异以致他们几乎没有机会了解整个世界的真正利益，当他们继任时，他们往往是整个领土上最无知、最不称职的人。”

④ 最著名的是底比斯圣团（Sacred Band of Thebes），这一组织在公元前378—前338年繁荣发展，由150对同性伴侣组成。斯巴达人正式实行成年人与青少年之间的娈童行为，如第四章所述，但并未正式鼓励（更不用说制度化）出于军事目的两个成年男性之间的同性恋关系。

但实际上他们是在重装步兵方阵的正中心充当步兵，担任指挥的国王就驻扎在那里。他们也在战场外执行一些仪式性的或间谍任务。这300名骑兵是在激烈竞争中从10个最年轻的成年公民年龄组（年龄在20—29岁）中特别挑选出来的。

然而，列奥尼达率领的守卫温泉关的先锋队在选拔时需要满足一个关键的附加条件。除了非常勇敢、技艺高超和非常爱国，每个被选中的人还必须有一个活着的儿子。实际上，由于斯巴达男性通常要到20多岁才结婚，因此这可能意味着守卫温泉关的300人中至少有一些人，甚至很多人的年龄都在30岁或30岁以上。至于他们的将领列奥尼达，根据我的估算，他在公元前480年时大概50岁，而且很显然他是在晚年才娶了戈尔戈。因为有一个年幼的儿子普列斯塔库斯(Pleistarchus)，列奥尼达满足了300人的选拔标准。

希罗多德只叙述了300人中的每个人都必须有一个活着的儿子这
130 一条件，而没有进一步评论，现代人对这一条件有各种不同的解释。在一些学者看来，这是一种确保300人出色和勇敢作战的手段，但无论如何，他们都习惯了这样作战。其理由是社会性的。这样做是为了使300勇士的儿子能够继承他们父亲的姓氏，也就是说延续他们即将死亡的父亲的姓氏和宗族。因此，这些特殊的儿子们将成为精英中的精英，成为下一代成年明星战士的核心，自豪地效仿他们已故父亲的壮举。实际上，在温泉关的300勇士是一支独特的斯巴达式的敢死队，与他们所受的教育完全一致，也完全符合列奥尼达设想和定位自己角色的方式。这是一种斯巴达人特有的行为，就像在公共食堂中吃黑肉汤一样。

自2001年“9·11”事件以来，以更崇高的事业为名义的自杀或谋杀行为有时也被称为自愿殉道（的见证，通常是宗教性的），这些行为一直强烈并持续地吸引着西方公共媒体和严肃学术界的注意力。

是什么让自杀或谋杀的实施者这样做呢？人们的注意力很自然地集中在以色列-巴勒斯坦、黎巴嫩、伊拉克、斯里兰卡、土耳其和车臣，以及那些由纽约、华盛顿、卡萨布兰卡和伊斯坦布尔的“基地”组织策划或煽动的行动上。人们提出了很多可能的一般动机或解释，比如，经济挫折、自抬身价以便死后获得英雄和殉道者的地位，以及宗教献身和政治的，尤其是民族主义的意识形态，个别情况下还有精神病理方面的失常。然而，无论从特定的政府那里得到了多少秘密支持，这些自杀和谋杀行为都不是以合法的国家组织和政府机构的名义正式公开进行的。这一策略越来越多地被用于内战中。大多数此类行动在目标上也没有任何区别，因为他们就像武装的战士一样轻易杀害平民和儿童，而且与完全成年的温泉关 300 勇士不同，行凶者往往是处于青春期和成年期之间的年轻人。

因此，与斯巴达人在温泉关的行为最接近的现代例子（这绝不是 131
一个精确的类比）是第二次世界大战中日本的神风敢死队飞行员、人体炸弹和载人鱼雷奉官方命令进行的自杀式袭击。这些行动与温泉关 300 勇士行动的动机相同，都是对善和国家（在日本的事例中，是对天皇）至高无上的命令的绝对献身和忠诚。而且他们都认为敌人在某种意义上代表了一种压倒性的邪恶力量；要对抗这种邪恶力量，包括自我牺牲在内的破釜沉舟式的策略都是正常合理的，实际上是英雄主义的。两者的共同之处还在于他们所象征的抵抗精神可能与他们对敌人造成的肉体伤害一样重要，而且如果未能成功地实施自杀，就会招致极大的耻辱。①

甚至更重要的是，他们还有共同的基本哲学理念，这种理念绝对

---

① 参见第八章斯巴达人阿里斯托达穆斯（Aristodamus）的事例。

不是当今在西方占主导地位的战争理念。对大多数西方人来说，战争的意义就是获胜和生存。一般而言，西方哲学教人们如何生存而不是如何死亡。但是斯巴达价值观的一个关键要素是对男性进行文化渗透，即让男性在年龄很小的时候就怀有非自然的早死这种预期。① 实际上，整个斯巴达社会都是为了让男性能够应对这种情况而形成的，这与日本古代武士政权下盛行的武士道的荣誉准则并非完全不同。日本进步知识分子，例如，专门拍摄武士电影的导演山田洋次，声称这种荣誉准则在今天毫无意义，因为它强调死亡是职业生涯的终极目标。但是我认为，对斯巴达人，尤其是对列奥尼达和他领导下的 300
132 勇士来说，这种荣誉准则是非常有意义的。（所有）希腊人中只有斯巴达人能构想出温泉关战役中自我牺牲式的自杀愿景，并且将其付诸实践，产生了如此惊人的效果。

除了斯巴达士兵（具有完全的公民权），斯巴达人还自动向温泉关派遣了非战斗性的补充人员黑劳士，总人数可能多达 1 000 人，希罗多德曾单独提到其中的几个人。但希罗多德完全没有注意到或提到陪同斯巴达人作战的 900—1 000 名庇里阿西人，或者说“边民”，尽管他们是构成希罗多德所叙述的在温泉关战斗的全部 4 000 名伯罗奔尼撒人中必不可少的部分。后来的史料中提到了这些人，他们可能是志愿者，就像我们所知的一个世纪后在希腊北部自愿参加另一场斯巴达战役的人一样。毫无疑问，列奥尼达对他们进行了仔细的审查，不仅审查他们弓马的娴熟程度，还审查了同样重要的士气。希罗多德也没有提及所谓的与阿卡狄亚交界处的拉科尼亚北部卡里埃边民的米底主义。如果这一指控属实，斯巴达人就会慎重地考虑向拉科尼亚以外

① 见第四章。

（更不用说伯罗奔尼撒以外）派遣大量斯巴达公民是否明智。①

斯巴达的妇女被视作非军事人口的那一半。但是，正如希罗多德首先在历史著作中强调的那样，她们是斯巴达整体军事素质和形象的重要组成部分。她们也因为不具备充足的女性气质而在希腊其他地方声名大噪或声名狼藉。普鲁塔克的作品《斯巴达嘉言录》（*Laconian* 133
Apophthegms）曾提到，斯巴达妻子和母亲在她们的丈夫和儿子准备出征时，习惯于对他们下达强制命令"要么带着它，要么在它上面"，"它"指的是重装步兵的盾牌。这些男人要么带着他们的盾牌（扔掉盾牌是重装步兵的重大罪行）活着回来，要么光荣地死去，在盾牌上被战友扛回来。这句话在古代广为流传。人们认为这句话不仅概括了斯巴达妇女的战斗精神，而且是她们对斯巴达军事和男性价值观的完全内化。这里有一则类似的轶事，据说戈尔戈（列奥尼达的妻子，克里奥美涅斯一世的女儿）曾经被一个挑剔或嫉妒的非斯巴达妇女问道，"为什么只有你们斯巴达女人能够统治你们的男人?"戈尔戈巧妙回避了这个问题并反击道，"因为只有我们斯巴达女人才能生出（真正的）男人!"②

---

① 罗马建筑师兼工程师维特鲁威（Vitruvius）在讲述卡里埃人米底主义的故事时，提到了一种名为"女像柱"（caryatid）的女性形象柱式建筑构件，字面意思是来自卡里埃城镇的女性。但我倾向于认为这是事后编造的，因为在公元前370年，卡里埃确实背叛了斯巴达，而斯巴达人很可能在公元前480年编造了一个卡里埃人米底主义的故事，目的是抹黑卡里埃人的名声，并为采取严厉措施收复和惩罚这一城镇辩解。

② 这些证据促使畅销小说家史蒂文·普雷斯菲尔德在他的《战火之门》（1999年出版）中为温泉关300勇士增加了一个完全虚构的因素。根据他的叙述，列奥尼达亲自挑选了这300人，但他特别注意到他们即将成为寡妇的妻子可能的行为举止，以及她们过早失去丈夫对斯巴达整体士气的影响。他的这种直觉很有说服力，但不是基于任何直接证据，而是基于斯巴达人女性亲属的行为举止，这些斯巴达人要么在公元前371年惨败的留克特拉战役中牺牲，要么更糟糕地存活了下来（见第四章）。

这些真正的男人中最著名的一位是斯巴达前国王德玛拉图斯，希罗多德记载了德玛拉图斯和薛西斯在温泉关战役前关于斯巴达的两段具有启示性的讨论。在第一次讨论中，据说是紧接在关于多里斯库斯集结的描述后面，薛西斯讽刺性地问德玛拉图斯，希望得到否定的答案。薛西斯的问题是忠诚的希腊人有勇气和胆力“拿起他们的武器抵抗我吗?”在回答他的主人之前，德玛拉图斯过于强调了真理的概念，这是一个在波斯人的教育中非常重要的概念，对于波斯大王更是如
134 此，他是“谎言”不共戴天的、公开的敌人（如前所述）。德玛拉图斯回答说，薛西斯想要的是真相，还是仅仅是迎合？此处希罗多德很好地捕捉到了臣子与至高无上的国王之间交锋的意味，国王有无上的权力，甚至能像拍死一只苍蝇一样杀死他最重要的臣子，比如，马尔多尼乌斯。因为在他眼里，所有人都同样是“奴隶”。但是希罗多德还有更深远的意图，这是一种戏剧性的、悲剧性的讽刺。因为德玛拉图斯将告诉薛西斯全部真相，也只告诉他真相，然而，就像凶事预言家（Cassandra）一样，德玛拉图斯不会被相信。

德玛拉图斯首先表示，在所有的多利安希腊人中，他最尊敬的就是斯巴达人。这在一定程度上反映了这样一个事实，即大多数愿意抵抗薛西斯的希腊人都是多利安人。但是，这同样是一种弱化德玛拉图斯正式背叛母邦斯巴达的影响力的方式。随后，德玛拉图斯详细解释道，他说的内容只适用于斯巴达人。他说的颂词基于两点：一是“他们永远不会向你妥协从而给希腊带来奴役”；二是斯巴达人不仅会抵抗，而且会像其他人一样抵抗，就算是以寡敌众。薛西斯对此轻蔑一笑，因为他的军队和斯巴达的军队在人数上有巨大差异。他承认，或许在明智地使用鞭子的情况下，“少数人也许能够抵抗多数人”，但是即使双方人数相同，他仍然相信波斯人会获胜。

人们应该能注意到这位波斯大王基本的、民族中心主义的错误。就像希罗多德的读者不需要被提醒就能注意到，即使是在最不利的情况下，斯巴达人也不需要被鞭打就能全力战斗。鞭子只适用于奴隶，而不适用于自由人，它们只适合蛮族人的主人对其奴隶臣民进行使用，但不可能适用于自由的希腊城邦的公民士兵。

德玛拉图斯用两记意识形态方面的重拳进行了反击。第一，斯巴达人“在作为个体战斗时与其他任何人都是平等的，作为集体战斗时他们就超越了其他人”。第二，斯巴达人愿意抵抗是因为他们已经清 135
醒地决定不服从任何人，更不用说服从一个专制的独裁者（如薛西斯）；他们只服从礼法，既包括他们自己制定的独特的法律和习俗，也包括遵守法律的政治义务这个一般概念。根据德玛拉图斯的说法，在这种特殊情况下，最相关的法律是“即使寡不敌众，也不从战场上撤退，要保持阵形，要么胜利，要么死亡”。德玛拉图斯甚至告诉薛西斯（薛西斯听了简直难以置信），斯巴达人对作为“主人”的礼法的畏惧甚至远远超过了薛西斯的臣民对他的畏惧。①

因此，希罗多德借德玛拉图斯之口要表达的是薛西斯个人所代表的政治制度和权威与斯巴达代表的政治制度和权威之间有不可逾越的鸿沟。既然斯巴达的制度代表着自由，那么薛西斯的制度就代表着奴役。②

---

① 可以预见，这里明显是对西蒙尼德斯温泉关警句中的内容的回忆，而且肯定是有意识的回忆。西蒙尼德斯笔下的斯巴达人死在温泉关口，“服从着斯巴达人的大瑞特拉（*rhêmata*）”。*rhêmata*，字面意思是“语录”，来源于和这个词有相同词根的词，*rhêmata* 是斯巴达人对他们基本的宪法法律（他们认为是立法者来库古根据德尔斐的神谕制定）和其他一些次要法律的称呼。

② 在我看来，这一点是非常清晰且毋庸置疑的，即使希罗多德试图传达关于斯巴达人的另一种观点，即按照希腊的标准，斯巴达人的社会是非常专制的，所有的军事纪律都是等级森严、单向和自上而下的；而且斯巴达是一个独特的军事社会。

希罗多德写道，薛西斯破天荒地没有因为德玛拉图斯直率地说出了自己的想法而生气，而且试图将他们之间鸡同鸭讲般的对话变成一个笑话。但是，笑到最后、笑得最久的还是斯巴达人。

他们第二次所谓的交谈是在温泉关战役的前奏中进行的。当薛西斯将他的军队部署好并让他们在关口的西侧待命时，他派了一名骑马
137 的波斯侦察兵暗中监视希腊人的举动。这名侦察兵观察到的恰好是斯巴达人。波斯侦察兵看到斯巴达人的举止后感到非常震惊和困惑，他向薛西斯报告说，斯巴达人不是在操练，就是在梳他们（特别长）的长发，薛西斯听到后也同样感到震惊和困惑。

众所周知，古希腊男性在进行体育锻炼和竞技运动时是全裸的。他们练习和锻炼的地方被称为“体育馆”（the gymnasium，赤裸的）①。全裸会让非希腊的东方人感到非常震惊。这是古希腊人的“他者”文化标志之一，希腊人以此证明自己在文化上优于所有“蛮族人”。

至于斯巴达男性的长头发，在希腊人中都很不寻常，更不用说在波斯人中了，因此足以引发议论。大多数希腊男性在进入青春期或成年后都会把头发剪短或剪得更短。与之相反，斯巴达男性却选择在社会性别从一种身份向另一种身份转变的时刻让头发长长，并以之作为成年男性战士身份的外在和可视化标志。人们对这一习俗被采用的原因和起源提出了各种合理的解释，但这一做法的象征意义很可能是最重要的，即真正的男人会留长发。斯巴达人的妻子则与之相反，她们在结婚时会将头发剪短，此后也会一直留着短发。

波斯人，或者说一些波斯人也留着长发，但是在生死决战的关键

---

① 该词来源于希腊语单词 *gumnos*，意思为“赤裸的”，gymnasia 也是公共公园，亚里士多德教授哲学的“学园”（Lyceum）就位于雅典这种意义上的“gymnasium”中。

时刻，波斯人绝不会在大庭广众之下梳理头发。据说，薛西斯不相信一群热衷于在体育馆锻炼，充满女子气的男性会在战斗中给他造成太多困扰。但是，德玛拉图斯为薛西斯解读了这种发式的象征意义和梳理方式。他说，这意味着斯巴达人下定决心要与波斯人决一死战。波斯大王完全不了解斯巴达人的心态和斯巴达重要社会习俗的含义，这正是希罗多德预示薛西斯最终失败的方式，也是他从一开始就对这种基础不牢固的事业的合理性表示怀疑的方式。 138

对于在温泉关的希腊联盟中的其他希腊人来说，除了奥林匹亚赛会临近这一共同的借口，还有其他独特的地方因素发挥了作用，让他们只派出了一支先遣部队。在2.5万名战士中，只有约4 000人是伯罗奔尼撒人派出的。① 毫无疑问，这部分是因为他们不愿意将士兵投入伯罗奔尼撒要塞以外的科林斯地峡之外。但是来自科林斯地峡以北，在温泉关驻守的忠诚的希腊人又很少。温泉关的陆地上根本没有雅典人（尽管在阿尔特弥西昂的舰队中有数千名雅典人）和麦加拉人。更具争议的是，那里只有少数比奥提亚人，包括来自比奥提亚主要城邦底比斯的区区400人。

后来，在温泉关战役之后，除了特斯皮亚（底比斯的敌人）和普拉提亚（雅典的盟友），所有比奥提亚人都米底化了。因此当波斯人在公元前479年被最终击退时，底比斯人的名誉受到了玷污。② 但是，这对在温泉关积极抵抗的400名底比斯人来说完全公平吗？难道正如希罗多德叙述的那样，他们出现在温泉关只是因为列奥尼达强迫他们

① 这是希罗多德根据战后纪念铭文得出的人数。

② 底比斯叛徒被刻画得如此丑陋，以致150年后，亚历山大大帝仍然希望通过提起底比斯人在希波战争中的米底主义，来掩饰或至少减轻他在公元前335年出于实际目的对底比斯进行的残忍的毁灭。

作为人质，以换取他们祖国同胞的忠诚行为吗？如果我们根据希罗多德的《历史》以外的其他史料，可能会得出完全相反的观点。

139 正如修昔底德叙述的那样，公元前5世纪20年代的底比斯人是公元前5世纪80年代底比斯人的孙辈，他们对自己祖先的不爱国行为有完全不同的解释或辩解。他们说，当时的底比斯处于狭隘的寡头统治下，可能有些类似于色萨利拉里萨的阿留阿德王朝，他们曾是著名的、积极的米底主义者；而自公元前5世纪40年代开始，底比斯和比奥提亚其余的城邦一样，处于根基更深厚，政治上更温和的寡头统治下。其他的史料来源，包括比奥提亚人普鲁塔克（来自喀罗尼亚）的作品，在为底比斯人恢复名誉方面要更进一步。普鲁塔克被（他认为的）希罗多德的反比奥提亚偏见激怒。在普鲁塔克看来，这400名底比斯人才是真正的爱国者。作为底比斯统治政权的反对者，他们自愿在列奥尼达的指挥下作战。要在以上两种关于400名底比斯人完全相反的说法中做出判断并不容易。除了他们，受到最直接影响的两个希腊民族，即弗基斯人和东洛克里斯人（Opuntian Locris），肯定也分别派出了约1 000人的部队。希腊抵抗者的总人数并不多，大约有7 000人。

毫无疑问，当时在场的其他希腊人对温泉关行动的看法与斯巴达人的看法大相径庭。事实上，希罗多德曾叙述道，当其他希腊人第一次看到薛西斯的大军时，他们就惊慌失措地召集了一次会谈，讨论他们是否应该谨慎地撤退。据说，列奥尼达甚至也有些支持这一观点，直到他受到弗基斯人和洛克里斯人的愤怒的影响，恢复了最初的想法。尽管这一说法令人难以置信①，但是列奥尼达领导的非斯巴达军

---

① 我认为，这是希罗多德口述史料来源中雅典人反斯巴达的产物，这表明斯巴达人和其他伯罗奔尼撒人热衷于在科林斯地峡维持一条防线。

队中的很多人可能一开始就认为，对幸存者而言，在温泉关进行英勇的抵抗之后，他们会体面地撤退，以便日后再战或死亡。

另一个因素非常合理地引起了人们的恐慌。当他们得知，不仅可 140
以通过一个而且可以通过另外两个隘口非常轻松地包抄坦佩峡谷时，坦佩峡谷这道防线就被放弃了。他们又从马里斯当地的希腊人那里得知，通过一条名为阿诺佩亚的单向路（或小径）也能包抄温泉关。这条小路蜿蜒地穿过卡里德罗穆斯山，敌方士兵可以通过此路到达希腊人的南面并出现在东侧隘口附近的某个地方。然而，阿诺佩亚是一条小路，不是一个隘口，它不够宽，在某些地方只允许人们（或车辆）单行通过。列奥尼达当场做出的第一个决定是尽力封锁这个潜在的缺口。他将当地由 1 000 名弗基斯士兵组成的分遣队全部派去守卫阿诺佩亚，这些人熟悉地形和环境，他们马上要面临最大的风险和损失。如果列奥尼达有多余的人力，他很可能也会按照伯罗奔尼撒同盟的正常程序，派一个斯巴达军官去指挥他们。但是，在温泉关一切都非同寻常。

尽管有各种“如果”“但是”、犹豫不决和相互指责，但希腊联盟确实在温泉关进行了一场认真的防御。因此，在经过了至少 4 年的准备后，他们最终促成了波斯入侵者和希腊抵抗者之间的第一次正面交锋。此时正值盛夏，温泉关隘口很快将在多种意义上变热。

第七章

温泉关战役Ⅲ：战役经过①

① 有关源问题的详细讨论，详见附录1。

141 任何重述这一事件的人都必须与古代世界文学遗产中仅次于荷马的天才（希罗多德）和他的叙述达成共识。

——罗宾·莱恩·福克斯《古典世界》

温泉关是一个自西向东延伸约 5 千米的锥形平原，南面是山（包括卡里德罗穆斯山），北面是马里湾形状的海。抛开这一地区现在已经发生了较大变化的地形不谈，我们必须想象一下，在公元前 480 年，这里有一个存在于山和附近的海洋之间的狭窄通道，其宽度几乎不足以让两辆战车或马车同时顺利通过，而且由三个“关口”隔开。正是在所谓的“中关口”（长约 15—20 米，关口靠近陆地的一侧是陡然峭立的悬崖）处，希腊联盟的防御部队摆开了阵势。当时正值盛夏，每年这个时候，热浪和灰尘令人不适地笼罩着平原，温度高达 30℃（100 华氏度）。水的供应不成问题，但苍蝇肆虐是个问题。

薛西斯率领的波斯大军抵达关口的西侧后，拖延了三四天才发起 142
攻击，这大概是为了进一步向希腊人施加压力。当地的紧张局势一定到了几乎无法忍受的地步。拖延时间还能够让薛西斯与他遭受过风暴袭击、最终安全停靠在塞皮亚斯岬角港口的舰队建立重要的通信联系。希腊人的海军驻扎在对面的阿尔特弥西昂。① 据说在这一战前的

① 希罗多德并未很好地阐明两边陆海军之间千丝万缕的联系，但他至少提到了列奥尼达的联络官——雅典的阿布罗尼库斯（Abronychus）所发挥的关键作用，阿布罗尼库斯是地米斯托克利信任的副将。他不止一次在马里湾和阿尔特弥西昂之间奔波 7 千米左右。

停顿中，薛西斯勒令列奥尼达："缴械投降！"据说列奥尼达的回复非常经典且简洁（只用了两个希腊语词"*molôn labe*"）："你自己来拿吧！"

波斯大王首先派出了大约 2 000 名强壮的米底士兵；他们并不是薛西斯麾下最精锐的士兵，但接近顶尖水平。由于盔甲和武器不够精良，他们在击退希腊守军方面几乎毫无进展。他们的投枪比不上敌人更长、更坚固的长矛。他们既没有戴金属头盔，也没有穿护胫甲，盾
143 牌虽然宽大，却是用柳条编织而成的。此外，在狭窄的空间里，薛西斯的士兵无法发挥人数优势。

在希腊守军中，斯巴达人的装备是最好的，斯巴达士兵也是最训练有素的，他们显然都是重装步兵。他们留着长发，戴着青铜头盔，头盔由庇里阿西人或黑劳士中的军械制造者巧妙地用一块金属板制作而成。头盔顶部有一个马鬃羽饰，从前向后延伸，不过列奥尼达的头盔可能与众不同，羽饰横向穿过头部，从一只耳朵延伸到另一只耳
144 朵。① 这样的头盔可以很好地保护头部但也会严重限制视力和听力，因此与身边的战友保持联系至关重要。

为保护躯干，他们会穿上胸甲（*thôrax*）。彼时的其他希腊人已经放弃了青铜胸甲，换成了更轻便灵活的亚麻夹层的胸甲或毛毡和皮革胸甲，但是我认为传统的斯巴达人仍然更喜欢佩戴由前后两部分组成的旧式青铜甲胄。在胸甲里面，从肩部到大腿中部他们穿的是无袖的羊毛上衣，用原产于科西拉岛附近和拉科尼亚海岸的骨螺软体动物身上提取的乳白色液体染成红色。斯巴达标志性的斗篷用的是同样的布

---

① 现在康涅狄格州哈特福德市沃德沃思雅典娜神庙中藏有一个披着斗篷的斯巴达重装步兵的青铜小雕像，雕像上就有一个横向的羽饰。

料和染料，但斗篷在实际战斗中会被丢弃。斯巴达重装步兵的腿上会套一副有弹力的青铜护胫甲，但他们不屑于穿任何类型的鞋。斯巴达士兵从小就赤脚在多石多刺的地面上奔跑，以至于他们的脚底比身体的其他部位经受了更多考验。

斯巴达重装步兵将大圆盾（aspis）固定在左臂的特定位置，这种盾牌直径大约 1 米。盾牌基本由木头制成，但边缘是铜制的，表面覆盖着一层薄薄的青铜板。铜板上粘着一个倒“V”形的字母。这就是希腊字母“*lambda*”，即“L”，是 *Lakedaimonioi*（斯巴达人）这个单词的首字母。① 除了规定用的首字母，斯巴达人还可以自己选择图案。他们通常会选择戈尔贡（古希腊神话中的蛇发女怪）骷髅头面具、狮子或斗鸡图案。（但是，据说有一个斯巴达人选择的图案是像真人大小的苍蝇。当被问及原因时，他回答道，他会在距离敌人足够近的地方作战，让他们看到它。）

盾牌是重装步兵甲胄中最重要的组成部分，因为据说佩戴盾牌既 145
是为了整个阵线的利益，也是为了佩戴者个人的利益，或者说更主要的是为了整个部队的利益。正是盾牌使得重装步兵成为重装步兵，成为密集方阵的战士。斯巴达轻装步兵携带着一把短而直的剑，实际上更像是一把匕首或短剑。他们选择的武器是长矛，有 2 米或 3 米长，长矛杆由山茱萸或白蜡树制成，矛头由铁制成，非常沉重，矛尾则由青铜制成。

毫无疑问，米底人和跟在他们身后的各路军队在薛西斯审判的目

---

① 一个斯巴达重装步兵雕像的复制品傲然矗立在威斯康星州的斯巴达，他的盾牌上刻有“S”，以免让当地的普通参观者混淆。但是在古代，“S”象征着西库翁（Sicyon）。在公元前 4 世纪 90 年代的一场战役中，斯巴达重装步兵居心叵测地捡起了属于西库翁人的盾牌，目的正是迷惑敌人。

光下已竭尽全力。但是这并不够，他们还是遭受了巨大损失：据说，薛西斯曾三次从他特制的王座上惊慌地跳了起来，对大屠杀和他最优秀的部下被杀害感到震惊。斯巴达人采用了只有最训练有素、纪律最严明的队伍才有能力考虑甚至执行的战术，这让波斯军队更加狼狈。

列奥尼达领导的士兵在经过翻修的弗基斯城墙的保护下以接力战的形式进行了抵抗。考虑到当时的状况，这是一种明智且显而易见的战术，因为这种战术最大限度地提高了效率并且保存了有限的资源和精力。斯巴达人还采用了较为隐蔽的战术，这种战术并不被用于常规的重装步兵战斗中，因此也是他们高超的专业技能和适应能力的另一个标志：他们成功地完成了一系列的佯装撤退，然后突然转身，接着对自负和混乱的追赶者发起猛攻。最终，在白天即将结束的时候，薛西斯认为自己别无选择，只能派出他的王室精锐卫队，即海达尔涅斯指挥的 1 万名“不死军”。但是同样无济于事，并再次遭受了巨大的损失。

汗流浃背，血流成河，内脏散落；迅速腐烂的尸体堆积如山，苍蝇蜂拥而至，惨不忍睹且臭气熏天。第二天的战况跟第一天差不多，
146 仍然没有取得决定性的突破。薛西斯大帝的沮丧和愤怒愈加明显。接下来，据说薛西斯为了在一定程度上分散风险和损失，用他自己精挑细选出的多国士兵去抵抗列奥尼达手下的优秀士兵，据说他从自己麾下的每个民族中挑选出了看上去在勇气和胆量方面比较出色的人。

在第二天的某个时候，薛西斯迎来了他的幸运时刻，尽管与主要的战斗无关。这时恰好出现了一个希腊叛徒，他来自马里当地，对能够包抄阿诺佩亚的那条路非常熟悉，并且打算将他知道的告诉薛西斯。他的名字是埃菲阿尔特斯（Ephialtes），早已声名狼藉。“ephialtis”在现代希腊语中的意思是“噩梦”。在当时，他也被淹没在沸腾的谴责

声中。这部分是为了转移人们对很多希腊城邦和民族的米底主义的关注。但是这反映了一个事实，即正是埃菲阿尔特斯的背叛使列奥尼达骄傲且勇敢的抵抗最终失败和毁灭。

薛西斯根据埃菲阿尔特斯提供的情报立即采取了行动，没有带领“不死军”。他们在夜幕降临时，在满月的掩护下悄悄地出发了。他们在英勇地翻过高达 1 000 米的阿诺佩亚之后，轻松地摆脱并绕过了列奥尼达派驻的 1 000 名弗基斯守卫。这些军队准备不足，非专业的希腊重装步兵部队在这种情况下通常也会如此。当波斯人小心翼翼地穿过树林时，他们得到的预警只有干枯树叶发出的沙沙声，这些树叶是前一年冬天留下的，最近又多了一些被暴风雨吹落的树叶。薛西斯将这一项特殊的任务告诉了王室卫队的成员。由于没有设置岗哨，弗基斯人被打了个措手不及。在黎明时分，波斯人的包抄部队到达了靠近阿尔佩奈的中关口的东侧。此时薛西斯将列奥尼达手下的士兵死死地包围在牢牢的钳形阵中，前后夹击。

但是，我们假设薛西斯当晚就在帐篷中被暗杀了。总之，他是为了波斯人而死的。杀死首领就很有可能直接中止整场远征。尽管后来 147
的一些史料①声称，这一暗杀行动是列奥尼达下令进行的，作为对埃菲阿尔特叛变消息的回应，但是希罗多德根本未提及暗杀事件，他的这一沉默应该得到重视。

无论如何，薛西斯并没有在床上被谋杀，争夺温泉关和希腊的战

---

① 这一史料来源是狄奥多罗斯保存的埃弗罗斯的作品，普鲁塔克和另一位不太著名的作家对此略有改动。据说，是波斯阵营中的一个希腊逃兵（来自爱奥利斯库麦的提尔海斯提亚德斯）而不是列奥尼达派去守卫阿诺佩亚的弗基斯士兵警告列奥尼达，他即将被包围。这一所谓逃兵的国籍足以让人怀疑这个故事是爱国主义性质的虚构，因为库麦（Cyme）是埃弗罗斯的母邦。

斗仍在继续。在战斗的第二天晚上和第三天清晨波斯人确实通过阿诺佩亚包围了温泉关的守军。或许列奥尼达应该受到责备，他当然也受到了责备，因为他没有用更多兵力，或者是更有能力、更有决心、得到更有效领导的防御部队来加强对阿诺佩亚的防御。但弗基斯人可能是当地最精锐的部队，他们为了自己的土地和生命而战，据说他们还有一个动机，即对已经米底化的邻邦色萨利人的强烈仇恨。

也许，一旦列奥尼达意识到自己处于被包围的绝境，他就可以更明确地维护自己的权威。但是，明确他的责任是很困难的，因为关于他到底做了什么，现存的记载大相径庭。标准的回溯性版本认为，他解散了大部分的剩余部队，只留下了斯巴达人（别忘了他们的黑劳士随从）、顽固的特斯皮亚人（因对回到底比斯、已经米底化的底比斯人的仇恨而充满斗志），以及 400 名其他的底比斯人（包括忠诚的志愿者和被强迫的人质）。对于幸存的庇里阿西人志愿者来说情况肯定也是如此。但一种更愤世嫉俗的观点是，这种经过美化的版本只是一种掩饰：当希腊联盟的大多数成员意识到失败在即，自己即将被包围时，他们就消失了。另一种说法为列奥尼达挽回了一点信誉，即当他得知自己的处境已经改变后，他故意将剩余的部队分开，派多数人去
148 阻击从阿诺佩亚出现的“不死军”，他们不愿意等蛮族人到来。

毫无疑问的是，列奥尼达和他手下的斯巴达人及其他几百名选择留下和他一起战斗到最后的希腊人具有非凡的决心和勇气。除了一些其他的考虑，列奥尼达必然想留下，以进行尽可能长时间的防御战。这既是为了能够让列奥尼达解散（或撤退）的部队安全离开，也是为了让阿尔特弥西昂的舰队有机会取得它所能取得的战果（有些意外的是，它取得了不少战果）。但是对列奥尼达来说，还有其他重要的因素要考虑。

在第三天一开始，列奥尼达的官方占卜师麦吉斯提亚斯进行了黎明前的动物血祭，这是一种斯巴达人在所有军事场合都严格执行的仪式。① 麦吉斯提亚斯在献祭动物的内脏中发现了“死亡即将来临”的不祥迹象。这并不令人感到惊讶，但是麦吉斯提亚斯的反应令人震惊。他请求列奥尼达允许他在那一天留下来等待死亡，同时将他唯一的儿子和正在撤退或已经被解散的其他希腊人一起送到安全的地方。麦吉斯提亚斯如愿以偿，光荣地牺牲了，并赢得了他的朋友西蒙尼德斯为他所作的称赞性的警句：

> 牺牲了的麦吉斯提亚斯长眠于此，他死于
> 米底人渡过斯佩尔切奥斯河时。
> 他是一个先知，但不屑于自救，
> 自己却与斯巴达人同归于尽。

当麦吉斯提亚斯代表希腊人献祭时，薛西斯正在向冉冉升起的太 149
阳（波斯人特别崇敬太阳的力量）祭酒。随后，薛西斯从波斯营地中发起了最后一天的进攻。用希腊人的话说，这时是“广场上人最多的时候”，即上午9—10点。为了保证效率，薛西斯让手持鞭子的人驻扎在参战部队后面，以便杀一儆百。

希腊人最后一战的阵地主要在中关口城墙外面，以便直接迎战迎面而来的敌人。一句简洁的俏皮话充分体现了这最后抵抗行动的严肃性质，即当得知波斯士兵有如此多弓箭手以致他们的箭都能挡住太阳

① 他的动机和斯巴达人选择三百勇士时要求他们必须有一个活着的儿子的动机相同。

时，据说300勇士中有一人立即宣称："如此更好，我们将在阴凉处与他们作战。"要是我们对这位非同凡响的狄埃涅凯斯有更多了解就好了。

据说，列奥尼达在决战前命令他指挥下的士兵吃早饭时说："今晚，我们将在冥界（Hades，哈迪斯，希腊的地狱）用餐。"这句话也表明列奥尼达是一个真正的斯巴达人。

如果古希腊的读者和听众对《奥德赛》了如指掌的话，他们就会记得其中对奥德修斯下到冥界的著名描写。在那里他们不得不为四处游荡的幽灵提供血液，使他们看起来有点生机。列奥尼达面临大难时的幽默意味着在早饭过后，他的军队在任何地方，不论是人间还是冥界，都不会再有饭吃了。他们所能期待的最好的命运，就是自己的灵魂能在地下极乐世界找到一个舒适之地，而不会被送入深不可测的地狱之渊。获得幸福来世最可靠的方法就是壮烈地死去。

据记载，波斯人在第三天开始时遭受的损失比前两天加起来的还要严重。希腊人几乎不计后果地在战斗。雪莱曾在《暴政的假面》（"The Mask of Anarchy"）中歌颂那些"在战争中拥抱危险的人……"几乎
150 没有人比希腊这些英勇的战士与危险拥抱得更紧。甚至阿拉伯语中"*asabiya*"（互相关爱，愿意为彼此战斗和死亡①）的概念都不能充分体现他们之间这种同志般情谊的真谛。也许威尔士"300勇士"在与所谓的10万名盎格鲁—撒克逊人战斗中的英勇行为，正如诗歌《高多汀》（*Y Gododdin*）中所歌颂的那样，比较接近以下内容：

---

① 这是著名的马格里布历史学家伊本·哈尔顿（Ibn Khaldun）在14世纪给出的定义。

> 他们发起进攻只有一个目的，他们的生命很短暂，
> 但哀痛很长久。
> 他们杀死的人是英国人的七倍……他们使妇女变成了寡妇。
> 许多母亲泪眼婆娑。

我相信列奥尼达知道德尔斐的这一神谕，大意是只有斯巴达国王的死亡才能保证希腊人对波斯人的最终胜利，列奥尼达就像着了魔一样战斗和死亡，他意识到自己是在为了比维持国家和国际现状更伟大的事情而战。他的死只是强化了希腊人努力战斗的成果，因为正如荷马史诗所写的那样，他们现在是为了防止国王的遗体被蛮族敌人侵占和虐待而战斗。据说，经过好一番推搡，他们终于找回了国王的遗体，但最终他们所有的努力自然是徒劳的。

尽管希腊人的武器丢失或损坏了，他们也仍在竭尽全力地战斗——毫不夸张地说，他们是用双手和嘴巴在战斗。即使在最后关头，波斯人发动致命一击的武器也是箭，因为箭可以在远处安全地射出。波斯人对列奥尼达遗体残忍的报复包括薛西斯下令进行的斩首，这暴露了这样一个事实，即波斯人经受了近乎极限的考验。希腊人杀死了波斯方大约 2 万人，其中包括薛西斯同父异母的两个兄弟。

但是，残害列奥尼达的遗体也象征着文化上的重要差异。希腊人 151
在公元前 479 年的普拉提亚战役中获胜后，据说一个名为拉彭的热情的埃吉纳人匆忙赶到最高指挥、斯巴达摄政王波桑尼阿斯的面前，敦促他说：

> 当列奥尼达在温泉关被杀后，马尔多尼乌斯和薛西斯将他斩首并将他的头插在一根杆子上。如果你现在以牙还牙，你不仅会

赢得所有斯巴达人的掌声，而且会赢得全体希腊人的掌声。刺穿马尔多尼乌斯的尸体，你就能为你父亲的兄弟列奥尼达复仇。

152 但是，波桑尼阿斯不会同意，希罗多德用它来代表和说明典型的斯巴达人的本质以及希腊性和希腊人的价值观：

> 你所建议的事情更适合蛮族人而不是希腊人，即使在蛮族人中，这种行为也是令人厌恶的……对我来说，通过正直的言行赢得斯巴达人的认可就足够了。①

在温泉关英勇战斗的人中，狄埃涅凯斯被认为是斯巴达 300 勇士中最勇敢的人，狄西拉姆布斯是最勇敢的特斯皮亚人。② 希罗多德还特别提到了斯巴达的两兄弟，马隆和阿尔菲乌斯。为了表示敬意，希罗多德还记录了他们父亲的名字奥尔希潘托斯。我们也应该记住他们的母亲，不幸的是我们不知道她的名字，但无疑她非常自豪。

希腊联盟中只有一小部分士兵参加了温泉关战役。斯巴达人，尤其是列奥尼达的贡献才是最主要的，不论是在战争之前、战争期间还是战争之后。用希罗多德一句比较恰当的话来说，对斯巴达人而言，温泉关战役的结果是一个创伤（*trôma*），但是无论对他们还是对希腊的抵抗力量来说，它都不是致命的。在列奥尼达坚守温泉关并阻挡波斯人前进的关键阶段，斯巴达人为天气和以雅典为主的希腊舰队赢得

---

① Herodotus，9. 78 – 79，同样象征着文化差异的一个故事是，当幸存的 400 名底比斯人试图向薛西斯投降时，他们被打上了王室的印记，成了纯粹的奴隶。

② 为了支持希腊人，特斯皮亚人似乎牺牲了他们所有可用的重装步兵，在温泉关关口为他们建一个单独的现代纪念碑是完全正确且合理的。

了时间，使他们在阿尔特弥西昂对支援的波斯海军造成了极大破坏。他和斯巴达同胞的壮烈牺牲提升了希腊士兵的士气，至于希腊联盟在温泉关是胜利还是失败，应当两者兼而有之。①

---

① 或者，正如彼得·格林所说，"从某种意义上来看，萨拉米斯战役和普拉提亚战役的最终胜利只有通过那场辉煌且鼓舞人心的失败才成为可能。"

第八章

温泉关传奇I：古代

路过的行人，请告诉斯巴达人，

我们遵从他们的命令，在这里长眠

——凯阿岛的西蒙尼德斯

我们中的一些人非常偏爱比利时列奥尼达斯（Léonidas）公司生产的奢华巧克力，这些巧克力上的浮雕图案是一个戴头盔的古希腊战士的侧脸头像，这个战士当然是列奥尼达，即我们所说的列奥尼达。这大概是对斯巴达博物馆中那个残缺不全的大理石雕像的遥远致敬，这座大理石雕像也被称作列奥尼达（可惜这是错误的），而且是斯巴达和温泉关两地现代雕像纪念碑的基础。在距离伦敦利物浦街站不远的地方有一家咖啡和糕点店，这里免费提供一小块列奥尼达斯巧克力以诱惑或贿赂顾客购买一杯咖啡。古代斯巴达人出了名地愿意接受贿赂，但他们不会被像奢华巧克力这种自我放纵、非苦行式的、满足欲望的华而不实的东西诱惑或取悦。诚然，他们最初可能会被约克特里公司（Terry's of York）生产过的名为“斯巴达”的英国品牌吸引，因为这款巧克力是硬夹心的。但是当他们发现包装盒上的图案不是阿尔忒弥斯·奥尔提亚神庙（Artemis Orthia）或斯巴达的雅典娜·查尔凯奥克斯神庙（Athena Chalcioecus），而是古风时代①科林斯的阿波罗神庙时，他们会大失所望。至少，神庙的柱子是多立

---

① 古风时代（公元前8—前6世纪），城邦逐渐形成，古希腊逐渐走出黑暗时代的时期。——译者注

克柱式的。

154 这一切背后的严肃问题是，像“列奥尼达”或“斯巴达”这样的品牌名称是斯巴达神话、传说或者说斯巴达“幻象”① 在当代的典型版本。斯巴达神话一直是欧洲乃至西方文化传统中的一个重要元素。斯巴达神话是在温泉关的铁砧上铸就的。而且，尽管斯巴达神话流传下来的最初文字形式是非斯巴达的希腊崇拜者的作品，但它是由斯巴达人自己传播至全球的。

最早在纸莎草上书写斯巴达神话的神话研究者是克里提亚斯，他是雅典“三十僭主”军政府（因耻辱而闻名）的领导者。他是狂热的寡头制和亲斯巴达政权的推动者，这一政权是在所向披靡的斯巴达海军将领莱山德的支持下，于公元前 404 年从战败的雅典民主政权手中接管过来的。因此，正是因为克里提亚斯，雅典才经历了持续近一年的恐怖统治。在通过这种方式获得权力之前，克里提亚斯是苏格拉底的助手和学生，因此他显然是一个智力超群的人，就像他较年轻的亲戚，同是苏格拉底学生的柏拉图一样。但他也像柏拉图一样，有很高的文学抱负，他写过关于斯巴达生活方式的剧本和两部指导性著作（一部诗歌、一部散文）。

从克里斯提亚斯开始，“斯巴达传统”以其最复杂的书面形式流传下来，这一迂回曲折的过程涉及像柏拉图、亚里士多德、普鲁塔克、蒙田和卢梭等名人。接下来我们将主要探讨斯巴达主义的文本形式，并重点关注列奥尼达和温泉关战役。但我们也会有所偏离，涉及其他媒介，包括视觉和语言媒介，以及一些更大众和精英的呈现形

① “斯巴达幻象”（Spartan mirage）是法国古典学家弗朗索瓦·奥利耶（François Ollier）在 20 世纪 30 年代提出的术语。

式。但是，我们必须首先关注斯巴达神话-传统的最终起源。

尤其是在萨拉米斯战役后，斯巴达人自己开创并孜孜不倦地发展了温泉关传奇。他们邀请忠诚的希腊联盟名义上的总指挥欧律比亚德 155
斯和胜利背后的雅典天才地米斯托克利参加在斯巴达的颁奖仪式。每个人都被授予了一等奖，奖品是象征性的橄榄花环王冠，与奥林匹亚赛会获胜者的奖品一样。但地米斯托克利还得到了一笔物质奖励，即一辆战车，也许是一辆赛马式战车，就像斯巴达人在奥林匹亚赛会和其他主要的希腊赛会（包括雅典的泛雅典娜赛会，前国王德玛拉图斯曾在这一运动会的最高级别的项目——四轮战车比赛中获得了这样的奖励）上取得优异成绩的那些战车一样。然而，在颁奖仪式和礼物赠送结束之后，地米斯托克利得到了一支城邦官方护卫队的护送，护卫队将其护送到边境，非常有可能是看着他离开场地。这支护卫队由 156
300人组成，数目和斯巴达国王的精英卫队的人数相同，也与一个月前温泉关特遣部队的人数相同。

那些战死在温泉关的斯巴达人是为了希腊、自由和斯巴达而牺牲的。然而，并不是三百勇士中的所有人都光荣地牺牲了，未能在温泉关牺牲的两个人的故事也同样保存了下来，作为典范性或警示性的故事在国内外传播。首先是潘提特斯，他唯一的错误是温泉关最后的遭遇战发生时，他一直在色萨利执行外交任务，据说他在返回斯巴达时上吊自杀了，因为他感到“耻辱”。希罗多德用希腊语写作时用的时态是完成时，这意味着潘提特斯感到耻辱是一种持续的状态，一直持续到他以另一种方式而不是最初城邦命令的方式自杀才终结了这种耻辱感。斯巴达是“荣辱”文化的一个极端例子，因此我猜测，促使他自杀的不仅是公众对他的羞辱，还有他自己内心的羞愧。换句话说，我认为这是一个现在公认的“幸存者愧疚”的案例。

不过，更有启发性的是阿里斯托达穆斯错综复杂的故事，这是米勒比较研究作品《勇气之谜》（*The Mystery of Courage*）中比较精彩的一章的主题。阿里斯托达穆斯是三百勇士中唯一的真正幸存者，他并没有在公元前480年的秋天自杀。他也许承受了和潘提特斯一样的公众耻辱以及自己仍然幸存的耻辱。实际上，阿里斯托达穆斯的处境更加艰难，因为他的勇气受到了质疑。碰巧的是，三百勇士中的另一个人欧律托斯和阿里斯托达穆斯一样，患有严重的眼疾，他们实际上跟
157 盲人一样，几乎无法发挥出作为战士的最佳战斗状态。但是，欧律托斯决定严格遵守斯巴达人的命令，在温泉关壮烈牺牲，并命令他的黑劳士传令兵带领自己冲锋陷阵。据说，阿里斯托达穆斯曾为此与欧律托斯发生了争吵，人们推测，他决定活着战斗，改日再牺牲，这样对斯巴达和希腊更有利。这是关于阿里斯托达穆斯幸存的两种对立的说法中较为有利的一种。希罗多德在斯巴达了解到的另一种说法是，阿里斯托达穆斯与潘提特斯一样，他和另一个人一起被派到营地外执行某种任务，尽管他们两个本来都可以及时返回温泉关参加战斗并牺牲，但是只有另一个人这么做了，而阿里斯托达穆斯故意闲逛以苟全性命。

这种对阿里斯托达穆斯的极大敌意或许可以解释为什么在他的事例中希罗多德详细阐明了耻辱的表现形式：没有一个斯巴达人愿意给他火苗来生火。人们认为，这不仅适用于斯巴达，而且在周围的丘陵和山区进行训练时更为适用。我们必须记住，拉栖第梦的冬天可能非常寒冷。更糟糕的是，阿里斯托达穆斯无法向众神献祭。他的斯巴达同胞不仅不给他火，正如英国人所说的，还“将他送到了考文垂（拒绝和他来往）”。事实上，这是斯巴达男孩所接受的教育的一部分，他们从小就被长者教导如何擅长简洁地进行表述。因此，

如果被剥夺了这种表达权，无论被剥夺的如何少，实际上都被剥夺了很多。

也许最糟糕的是，在一个各种情况和地位都形成了自己的行话和术语的封闭社会中，阿里斯托达穆斯被公开贴上了“颤抖者”的标签。换句话说，他被官方判定为懦夫。无论他本人为自己在决定性时刻的缺席和幸存提出了什么理由或借口，都不会被相信或接受。由于这是现存的文献中第一次提到这个术语，因此有人认为阿里斯托达穆斯是最初的“颤抖者”，他开创了一个新类别的斯巴达人群体，这一群体中，成员不完全是“同龄人”（*homoioi*）。在我看来，这种说法不 158
太可能，但不是这一领域的先驱也丝毫不能减轻阿里斯托达穆斯的耻辱。

也许他（试图）通过告诉愿意听他说话的人，只要给他机会，他就会进行自我救赎来稍微转移或减轻这种不光彩和耻辱。公元前479年的普拉提亚战役给了他这样的机会。阿里斯托达穆斯的军事才能如此突出（或许人们不情愿承认这一点）以致他被派驻于在肉搏战中的勇气和技巧会受到最严峻的考验的战士队伍中。斯巴达重装步兵接受的训练是在被希腊人称为auloi的双簧管（约翰·密尔顿称之为“长笛和轻柔的录音机”）的伴奏下，迈着整齐的步伐向战场进发，其间盾牌会与邻近的盾牌重叠并锁定。因此，从敌方的角度来看，前线就像一堵移动的墙，类似于雅典海军的木头城墙（wooden walls）。但是在撞击前不久，阿里斯托达穆斯非传统地打乱了队形，变成了狂暴战士。他没有待在指定位置而是疯狂地向敌人冲去，这正是因为他想确保自己会牺牲。因此，他实际上是在自杀，他知道自己本该在温泉关自杀；但他所做的是单独性的自杀行动，而不是按照集体的计划行动，最重要的是，他没有服从命令。

希罗多德给出了双方损失情况的统计数据，之后就进入了默认的希腊人相互竞争的模式。根据希罗多德的判断，特格亚人和雅典人是步兵中战斗力最强的，但是整个希腊联盟中实力最强的是斯巴达人，因为他们的胜利是最难取得的。之后希罗多德将“最优秀的战士”命名为阿里斯托达穆斯（Aristodamus）。① 然而，斯巴达人自己在事后反
159 思时却得出了完全相反的结论。对他们来说，最“值得纪念的”是波塞冬尼乌斯（Poseidonius，以斯巴达最重要的神之一命名）、菲洛西翁（Philocyôn，“爱犬者”，向斯巴达著名的猎犬品种致敬），以及阿莫姆帕勒托斯（Amompharetus，“无可指摘的美德”）。阿里斯托达穆斯在他死后的颁奖仪式上没有获得奖励。

斯巴达人承认，阿里斯托达穆斯展现出了“伟大的行为”，也就是说，他战斗得非常英勇；在他自杀之前，他可能杀死了好几个在他面前的波斯人。但他这样做的理由是错的，动机是错的，时机和方式都是错的。他以如此哗众取宠的方式战斗，仅仅是为了让自己牺牲，从而弥补自己的耻辱。他并没有表现出坚决的自律，而是在盲目的疯狂状态下行动。更严重的是，他忘记了军衔，破坏了军纪，在斯巴达人看来，这是最恶劣的罪行。换句话说，他自杀的方式是错的。希罗多德不同意斯巴达人的这种判断，他倾向于将这种看法归结为纯粹的嫉妒。这种分歧明确地展现了斯巴达人与其他希腊人的生死观之间的鸿沟。

正如我们在第四章中看到的，只有在战斗中牺牲的斯巴达人才有资格获得一块刻有自己名字的墓碑。他们的名字后面仅刻着一个词组

① 希腊语中表示“最佳”的词是 *aristos*，表示“战场上有卓越表现”的词是“*aristeia*”。阿里斯托达穆斯这一名字的意思是“人民中最好的”。

“在战争中”。事实上，通常而言，斯巴达人吝啬于留下带有名字的公共文献。因此，温泉关300勇士（其实是298人）获得了一份刻有他们名字的伤亡名单，这是他们通过牺牲获得的极高荣誉的标志，也是一个官方的战争纪念碑。希罗多德看到了这份名单并自豪地说，他记住了他们所有人的名字。大约6个世纪后，旅行作家波桑尼阿斯也声称看过这份名单。毫无疑问，斯巴达人在劝说德尔斐的近邻同盟委托西蒙尼德斯在温泉关展示有史以来最著名的挽歌对句方面发挥了主导作用：

> 路过的行人，去告诉斯巴达人， 160
> 我们遵从他们的命令，在这里长眠。

在国外牺牲的斯巴达人通常被就地埋葬。① 留存下来的普鲁塔克的《斯巴达嘉言录》（*Laconian Apophthegms*）证实了这一点。斯巴达在希腊的劲敌——阿尔戈斯的一个公民自豪地对一个斯巴达人说：“我们城邦的领土上有很多你们斯巴达人的墓碑。”斯巴达人回应道：“是的，但我们城邦的土地上没有一块你们阿尔戈斯人的墓碑。”斯巴达人的意思是，阿尔戈斯人从未成功地入侵斯巴达的领土。②

---

① 今天，有见识的游客来到雅典仍然能够参观斯巴达人在国外最著名的纪念碑。在公元前403年或之后的某个时候，雅典人在他们城邦最重要的墓地科拉梅库斯（Cerameicus）为那些在战斗中阵亡的斯巴达人建立了一座墓碑，这场战争见证了克里提亚斯“三十僭主”统治的终结。这是斯巴达允许雅典恢复自由民主制协议的一部分，但是条件非常苛刻。死者的名字由拉科尼亚人刻在墓碑上。

② 第一次成功入侵发生在公元前370年或公元前369年冬天。

斯巴达阵亡战士在国外就地埋葬的规则有一个例外，即在某些情况下，在国外死亡的斯巴达国王的尸体会被运回国内举行国葬。列奥尼达最终就如此。在另一处文本（描述的是斯巴达国王无论是在战争时期还是在和平时期，无论生死都享有非凡的特权）中，希罗多德详细叙述了斯巴达王室葬礼非同寻常的本质和特质。一旦国王去世，城邦事务就会被宣布暂停，官方哀悼将持续进行 11 天。妇女（大概率是自由的斯巴达妇女）会在城邦内击鼓，以此为信号，每个公民家庭中有两名成员必须穿上丧服，否则会被处以巨额罚款。国王死亡和即将举行葬礼的消息也会由遍布斯巴达广袤领土的骑兵传达至美塞尼亚和拉科尼亚，告知所有等级和身份的人民（包括庇里阿西人、黑劳士，以及斯巴达人）必须出席在首府举行的葬礼。①

161 但是，如果国王在国外的战争中阵亡呢？希罗多德也问过这一问题，并给出了这样的答案：会为国王制作一尊替代的塑像，将其装到一个装饰华丽的灵柩上运往斯巴达埋葬。很明显，这意味着国王的遗
162 体不会被运回斯巴达而是像其他斯巴达人的遗体一样就地埋葬。事实上，针对列奥尼达的情况，有充分的理由这样做。正如我们所见，也许所谓的规则就是根据列奥尼达的例外情况制定的。因为根据希腊人的说法，尽管斯巴达人英勇作战，但是没能阻止波斯人按照薛西斯和马尔多尼乌斯的命令将列奥尼达的尸体斩首。希腊人大概是在波斯大军刚向南越过温泉关后得到了他的尸体，这时尸体已经进一步腐烂，甚至可能无法辨认，当然当时也不可能用蜂蜡或蜂蜜进行防腐（假设

① 希罗多德说“亚洲”在这件事上也和斯巴达一样，他所说的“亚洲”大概是指波斯帝国。

当时他们手头有足够多这些材料)。① 因此，尽管斯巴达人可能希望在公元前480年把列奥尼达的尸体带回斯巴达，以获得“比一般凡人更大的”荣誉（色诺芬如此描述阿格西劳斯同父异母的兄弟阿吉斯二世在死后获得的荣誉，阿吉斯二世于公元前400年去世)，但他们确实无法做到这一点。

大约40年后，斯巴达人（对列奥尼达）做出了补偿。这时是希腊两大强国斯巴达和雅典的正式和平时期，尽管这一时期两个城邦的关系日益紧张。斯巴达在希波战争中发挥的作用值得铭记。因此，一支斯巴达分遣队被派往温泉关隘口，也可能是被派往一座小山，这座山上有一个石狮纪念碑，纪念碑处正是列奥尼达阵亡的地方或附近。② 这些人找到了他们认为是列奥尼达的遗骸，将其带回了斯巴达，并以应有的盛大仪式隆重地对其进行了重新安葬。

事实上，所有斯巴达国王都会被自动视为英雄。他们在死后被
授予半神英雄的尊贵地位，而且此后会永久受到与英雄相称的宗教 163
崇拜。但是列奥尼达比较特殊，因此不足为奇的是，在之后的几个世纪，人们为他设立了一个正式的节日，名为“列奥尼达节”(Leonidaea)。在斯巴达距离卫城不远的地方，人们仍能看到被称为“列奥尼达翁”（Leonidaion）的宗教建筑的大量遗迹，这一宗教建筑是这种宗教崇拜的中心。同样可以预见的是，这种宗教崇拜与对斯巴达另一个战争领袖——摄政王波桑尼阿斯死后的崇拜有关，尽管

① 阿格西劳斯二世于公元前360年在北非去世，享年84岁，他的尸体经过防腐处理，被运回斯巴达埋葬，但他并非“死于战争”。

② 希腊语中表示“狮子”的词汇是“leôn”，一个很常见的斯巴达人名，也是列奥尼达名字的前半部分，据说后来保存在名为《帕拉廷诗选》（*Palatine Anthology*）中的一首诗就出自这一著名的温泉关石狮。

他后来的仕途跌宕起伏。①

164 在斯巴达城镇中心建立的两座永久性的纪念碑（也是希波战争的纪念碑）传达了同样的泛希腊主义（panhellenism）的纪念信息。这两座纪念碑分别是海列尼昂（Hellenion，希腊人的地方）宗教圣地和被称为“波斯斯多亚”（Persian Stoa）的柱廊，柱廊上引人注目地描绘

---

① 然而，摄政王波桑尼阿斯［列奥尼达之子普列斯塔库斯（Pleistarchus）的摄政王］是另一种人。除了说普拉提亚战役的胜利冲昏了他的头脑，似乎没有更友好的说法了。西蒙尼德斯令人惊叹的颂诗中提到了他的名字，但是这对减轻他膨胀的自负没有助益。斯巴达人不得不毫不客气直言提醒他，并不是他自己一个人打败了波斯人，正如蛇柱（Serpent Column，蛇柱是位于德尔斐的希腊人的胜利纪念碑，是一个由三个青铜线圈支撑的大锅，顶部是蛇头，基座上有按照波桑尼阿斯的指示刻上的铭文，详见第五章）上的铭文说明的那样。莫名其妙的是，公元前 478 年，他被正式任命为拜占庭的某种将领，此时明显是继续或结束积极地反抗波斯海军行动的节点。但是在拜占庭期间，他严重疏远了雅典军队，大多数盟邦要求将他召回并将他替换掉，这很可能是因为他专断的斯巴达式指挥风格与雅典民主的军事服务概念无法很好地融合。但是，对他的正式指控比这更严重，事实上，几乎没有比以下这种（指控）更严重的了：波桑尼阿斯一直在与波斯人（要么与当地的总督，要么与薛西斯大帝本人）打交道，以进行某种私人交易。

我个人的直觉是，这是一种暗中宣传，是让斯巴达人召回波桑尼阿斯的一种万无一失的方式，而且非常成功。然而，波桑尼阿斯很快就以私人身份返回了拜占庭。他可能是在这时而不是之前真正开始与波斯最高指挥谈判（以他之前的德玛拉图斯为榜样），甚至萌生了成为一个顺从的波斯工具甚至是“希腊（马其顿南部）”总督的想法。然而，这都是推测。波桑尼阿斯仕途中最重要的影响是公元前 478 年或公元前 477 年反波斯战役的领导权从斯巴达转移到了雅典，雅典的提洛同盟形成并很快发展为雅典帝国。

后来，波桑尼阿斯最终返回了斯巴达并受到了当时监察官的严厉对待，这不是因为他对雅典和波斯的所作所为，而是因为，据说他与黑劳士密谋，要给予他们自由甚至是某种公民权。他被关在斯巴达卫城的一个圣地中，被饿得奄奄一息，只是为了让他死在圣地外面避免宗教污染才被释放。他死后斯巴达人对他进行了补偿，为他竖立了铜像并在某个时间确立了对他的宗教崇拜，与对另一位希波战争时斯巴达的英雄列奥尼达的崇拜共同存在。

了波斯俘虏。

然而，希罗多德非常不认可斯巴达人的宣传，并颇具争议性地站在了雅典人一边。下面是他关于雅典和斯巴达这两个希腊城邦中哪一个在击退波斯入侵方面贡献最大这一具有争议性的话题的看法：

> 在这一点上，我认为自己不得不表达一个大多数人都会反对的观点，但是，既然我相信它是对的，我就一定不会隐瞒。如果雅典人因为害怕即将到来的危险而放弃了他们的国家，或者如果他们待在自己的国家但向薛西斯屈服了，那么肯定不会有在海上抵抗薛西斯的尝试……而且我自己也无法看出，只要波斯海军掌握着制海权，（对斯巴达人来说）在科林斯地峡设防有什么用处。因此，如果有人说雅典人是希腊的救世主，那么这并不夸张。正是雅典人掌握着天平的平衡，无论他们站在哪一方，都必然会取得胜利。正是他们选择了自由，唤醒了尚未取得胜利的希腊各邦。也正是他们，在众神之后，击退了波斯大王。①

希罗多德在写这一部分内容时，充分注意到了当时（公元前5世纪40 165
年代和公元前5世纪30年代）关于这一话题的敏感性（这一时期的敏感性并不亚于公元前5世纪70年代早期）。因此，他使用了“大多数人都会反对的观点”这一辩解性的表述，这是在暗指：公元前5世纪40年代和公元前5世纪30年代，雅典人利用他们在希波战争中所谓的决定性的解放作用，作为赞成维持反波斯海上帝国的论据，而

① Herodotus, 7. 139.

"大多数"受他们影响的希腊人认为这是一种暴政。①

166 雅典人自己（雅典民主制的官方发言人），而不是像克里提亚斯那样个别的、非典型的亲斯巴达的雅典人，非常自然、全心全意地赞同希罗多德的观点；而且他们一有机会，就会公开表达这种观点。首先，有证据表明，雅典每年都会举行公共葬礼演说（以纪念当年所有的战死者）。选择一位杰出的公民发表这种演说的传统似乎起源于公

① 另一方面，我本人不得不强烈反对希罗多德的判断。诚然，萨拉米斯海战是一场取得惊人胜利的海战，是有史以来最伟大的海战之一。但学者们将会一直争论，为什么薛西斯认为他能够承担得起这样的后果，即放弃自己在数量和战术上的优势，在萨拉米斯小岛周围的狭长地带作战，从而经历一种海上的温泉关战役。但是，这是他自己造成的，而不是不可避免的自然障碍。然而，关于地米斯托克利的战略天才和其他领导才能，以及雅典人暂时放弃他们的城邦，期待在未来更好的日子返回的勇气和信念，都没有任何争议。

从文化和政治方面来看，萨拉米斯战役也有非常重要的意义。埃斯库罗斯的悲剧《波斯人》，于8年后的公元前472年春天上演，主要讲述萨拉米斯战役和地米斯托克利（未给出他的姓名）的故事。萨拉米斯战役证实了雅典的民主制是他们最高效的作战体制，也证实了在民主制度下，划着三列桨战船取得胜利的最贫穷的雅典人的地位得到了很大提升。萨拉米斯战役的胜利或多或少地直接导致雅典人建立了一个最初反波斯的海上帝国，这一帝国是雅典和斯巴达及其各自盟友在公元前431—前404年的伯罗奔尼撒战争中致命决裂的主要原因。波斯是斯巴达的盟友之一，也是确保斯巴达最终取得胜利的重要盟友之一，这是具有讽刺性的命运转折。

然而，从直接的军事角度来看，萨拉米斯战役的价值并不明确。如果薛西斯获胜，那么波斯人就可以将伯罗奔尼撒半岛置于他们海军的控制之下；而且如果还不能预先确定波斯人一定会在海上和陆上全面获胜，他们的任务就会大大减轻。萨拉米斯战役的胜利并非一定意味着希腊抵抗同盟在希波战争中的全面胜利。从这个角度来看，决定性的战役不是萨拉米斯战役而是普拉提亚战役。正如乔治·考克威（George Cawkwell）清晰表述的那样，"正是在普拉提亚而不是萨拉米斯，波斯失去了新的总督辖区"。萨拉米斯战役之后，薛西斯可能退回了亚洲，但是他并不一定亲自指挥所有重大战役。他留下了足够的军队，由能力更强的马尔多尼乌斯指挥，从陆上和海上完成这项任务。但是公元前479年夏天，马尔多尼乌斯在中希腊比奥提亚南部的普拉提亚被当时希腊人集结的最大规模陆军（大约共4万人）在陆上彻底击败。希罗多德（即使他对萨拉米斯战役极端重要性的看法我们已经复述过了）不得不承认普拉提亚战役本质上是斯巴达人的胜利。

元前5世纪60年代。留存下来的各种形式的演说辞只有一小部分，且并非这些记录都是真实的而不是虚构或重构的。但是，其中有两篇真实的演说辞，分别由演说辞撰写人吕西阿斯和政治家希佩里德斯撰写，都提到了温泉关战役；有趣的是，这两篇演说辞以不同的方式反映了其创作和发表的时代背景。

吕西阿斯的演说辞创作于公元前400年前后，距离雅典在伯罗奔尼撒战争中失败、三十僭主统治以及雅典恢复民主制（这一切都与斯巴达有关或受其指使）只过去了几年时间：

> 当（薛西斯）入侵希腊时，雅典人登上他们的战船前往阿尔特弥西昂进行救援。斯巴达人和（希腊联盟的）一些盟友在温泉关与波斯人交战。他们认为，由于温泉关隘口比较狭窄，他们能够阻止波斯人进入那里。两场战役同时发生。但是雅典人在海上取得了胜利，斯巴达人却被摧毁了。他们并不缺乏勇气，但是错
> 误估算了防守需要的人数以及入侵者的数量。（然而）他们并没 167
> 有被敌人打败，因为他们牺牲在驻扎战斗的地方。

很明显，吕西阿斯展现出了对斯巴达人的尊敬，尽管他可能很乐于记述“斯巴达人被摧毁了”。①

另一方面，希佩里德斯的演说辞创作于反抗战争期间，不过这场战争反抗的并不是蛮族的波斯国王，而是希腊的马其顿人。公元前

① 吕西阿斯不是雅典公民，而是一个来自叙拉古、永久定居在雅典的外邦人。因此如果他的演说辞被发表的话，应该是由别人代为发表的。他的家族与伯里克利有私交，而且他非常富有，这主要归功于他经营盾牌制造厂（员工是奴隶）获得的利润。

338 年，马其顿的腓力二世确立了在希腊的霸权，他的儿子亚历山大大帝（公元前 336—前 323 年在位）进一步巩固了这一霸权。尽管斯巴达是马其顿的敌人，但是并没有参加公元前 4 世纪 20 年代末期雅典领导的希腊范围内的抵抗（马其顿的）运动。这部分是因为雅典在早些时候，决定不支持斯巴达人，当时斯巴达国王阿吉斯三世于公元前 331 年发起了一场反对亚历山大摄政王安提帕特的失败的起义。因此，希佩里德斯没有毫不吝啬地称赞斯巴达人，而是含蓄地批评他们：当斯巴达人占领温泉关隘口时，蛮族人（波斯人）已经穿过了这一关口，而雅典将军利奥斯提尼（这篇演说辞中真正的英雄）却占领了温泉关隘口，“阻止了安提帕特进入希腊”，并将他困在距离温泉关北部不远的色萨利的拉米亚。①

亚历山大大帝本人也是温泉关传奇的主要贡献者，尽管他的贡献很少被人们意识到。亚历山大取得了公元前 334 年格拉尼库斯河战役的胜利，这是他对波斯大王大流士三世帝国军队取得的三场重大胜利中的第一场。在这场胜利后，他下令将 300 套甲胄（包括盔甲和武
168 器）作为战利品送回雅典。在宗教问题上，亚历山大一如既往地非常严谨，他打算将这 300 套甲胄敬献给雅典卫城的雅典娜，并附上以下外交献辞：“腓力之子亚历山大和希腊人（除了拉栖第梦人）（献上这些）从居住在亚细亚的蛮族人手中取得的战利品。”亚历山大并未自称为“国王亚历山大”，因为雅典人绝不是他热情的臣民，而且他强调这几乎是但并非完全是泛希腊的敬献。泛希腊主义是合乎礼节的，因为据说亚历山大的整个远征的动机是需要并且想要报复 150 年前薛

① 这场战争就叫拉米亚战争，但是希佩里德斯不得不避免谈及这样一个尴尬的事实，即安提帕特从拉米亚突围并在公元前 321 年大败希腊的反抗军队。

西斯大帝对希腊人尤其是对雅典人的亵渎。① 那么，为什么亚历山大选择说明“除了拉栖第梦人（即斯巴达人）”呢？

因为在公元前 334 年，斯巴达只因从这场新的、表面上是泛希腊的战役中缺席而引人注目。实际上，对斯巴达人来说，当时的主要敌人是亚历山大，而不是大流士（三世），而且他们甚至在背后和波斯合作（在两种意义上）共同抵抗亚历山大。公元前 480 年和前 479 年的情况与此时非常不同，当时斯巴达人是公认的“希腊人”中抵抗波斯入侵的冠军。然而现在，强大的力量已然衰落。因此，亚历山大选择在雅典卫城专门献祭 300 套盔甲和武器。至此，昔日伟大的温泉关三百勇士的辉煌就这样结束了。这 300 套甲胄中，有 14 件盾牌作为战利品陈列在卫城最宏伟的建筑帕特农神庙的东（前）立面。盾牌上残存的钉孔是对斯巴达昔日崇高辉煌的见证。

斯巴达人在这些文化战争中进行了反击。在亚历山大逝世后的希腊化时期（公元前 323—前 30 年），斯巴达人建造了列奥尼达翁并创立了列奥尼达节，给他们本已密密麻麻的宗教日历上又增加了新的内
容。公元前 146 年，马其顿南部的希腊地区被地中海帝国阵营的新生 169
势力——强大的罗马征服。正如罗马诗人贺拉斯（Horace）所说，希腊人再次从文化方面进行了反击：

> *Graecia capta ferum victorem cepit*, *et artes*
> *intulit agresti Latio* ...
> （被俘虏的希腊将她凶残的征服者变成了俘虏，
> 并将艺术引入了质朴的拉丁姆。）

---

① 薛西斯和波斯人在公元前 480 和前 479 年两次洗劫了神圣的雅典卫城。

在一部重要的哲学论著《图斯库路姆论辩集》(*Tusculan Disputations*)中，西塞罗将西蒙尼德斯的挽歌诗翻译成了比较通顺的拉丁文挽歌对句：

Dic, hospes, Spartae nos te hic vidisse iacentes,
*dum sanctis patriae legibus obsequimur*①
(路过的行人，请告诉斯巴达人，
我们遵从他们的命令，在这里长眠。)

“祖国”(*Patriae*)被西塞罗置于五音步诗的中心位置，这不禁让人想起贺拉斯同样著名的诗句“为祖国牺牲是甜蜜和恰当的”(*dulce et decorum est pro patria mori*)②，这句诗一直激励着后世的诗人和其他有创造性的艺术家，包括现在的电影制片人。例如，在德国的传统中，西塞罗启发弗里德里希·席勒创作了《漫步》(“Der Spaziergang”)③，也启发海因里希·伯尔创作了关于第二次世界大战的故事《流浪人，你要去斯巴……吗?》(“Wanderer, kommst du nach Spa ...”，1950年)，故事发生在一所名为“体育馆”的古典式的德国精英中学里，这所学校通常教授古典语言和古代斯巴达的历史。

就古希腊人而言，他们容易天真地认为罗马最初是由希腊人建立的，因为“rhômê”一词在希腊语中是“力量”(strength)的意思。甚至有人认为罗马人和斯巴达人之间有血缘关系，不过事实上这是一个运用狡猾的亲缘外交手段的例子，这既为罗马通向帝国铺平了道

① *Tusculan Disputations*, 1. 01.
② *Odes*, 3. 2. 13.
③ Lines 97 – 98.

路，又让骄傲的希腊臣民更容易接受罗马的统治。无论如何，在罗马 170
皇帝图拉真（公元98—117年在位）统治后期，斯巴达重新开始庆祝列奥尼达节，这可能是对当时图拉真对帕提亚人发动战争的回应，帕提亚人是一个伊朗民族，和列奥尼达曾经与之作战的古代波斯人有（更真实的）血缘关系。

列奥尼达节得以重新庆祝得益于当地一位名为C. 尤利乌斯·阿格西劳斯（C. Iulius Agesilaus）的捐助者的资助。他名字（由三部分组成）的最后一部分纯粹是斯巴达式的希腊语，实际上是一个王室名字。但是名字的前两部分“凯乌斯·尤利乌斯”（Caius Iulius）表明他的一位直系祖先曾被罗马帝国的建立者C. 尤利乌斯·屋大维·恺撒（更为人知的名字是屋大维或恺撒·奥古斯都）授予公民权。斯巴达人选择支持屋大维，屋大维是恺撒的侄孙和指定继承人，是对尤利乌斯·恺撒的前部下马库斯·安东尼的大规模内战中的最终胜利者。他们选择支持屋大维的关键原因在希腊世界并不常见，那就是邻近的美塞尼亚人（公元前370年或前369年最终被底比斯解放的黑劳士的后代）支持安东尼及“敌人的敌人就是朋友”。斯巴达从这一幸运的决定中受益颇多；在集体层面，他们得到了各种物质上的公共捐助；在个人层面，杰出的斯巴达人被授予了罗马公民权。

罗马时期列奥尼达节的庆祝往往伴随着一个商品交易会。斯巴达人特意通过免除当地通常的销售税和进出口税的方式吸引来自外邦的客商（travelling merchant）。甚至有人提到，斯巴达人运营着一家受公共监管的商业汇兑银行，这是列奥尼达时代的斯巴达人无法想象的，更不用说容忍或鼓励了。斯巴达人对外邦人的这种开放态度与他们古
典时期祖先的仇外心理截然相反。正如希罗多德告诉我们的，他那个 171
时代的斯巴达人在用词时并未区分希腊的非斯巴达人和非希腊的非斯

巴达人：他们将这些人统称为“*xenoi*”。而其他希腊人通常会区分“*xenoi*”（希腊或非希腊的外邦人）和“*barbaroi*”（根据定义是非希腊人，实际上是“次等”蛮族人的外邦人）。公元前 5 世纪，斯巴达以外的地区有这样一种普遍的观点，即斯巴达人出于文化和政治原因，会定期驱逐希腊或非希腊的外邦人。

然而，这样的可能性很小。尽管这些外邦人可能会在特定的场合被驱逐（例如，公元前 500 年被驱逐的米利都的阿里斯塔格拉斯），但是其他希腊外邦人实际上很受欢迎，尤其是在一年一度的“裸体歌舞节”（Gymnopaediae festival）上。受到恩惠的外邦人是这样一些人，他们与某个斯巴达人有世代相传的私人友谊，以及（或）非常赞同斯巴达独特的生活方式和政治观念。如果你碰巧不喜欢斯巴达的生活方式和政治观念，你可能会反驳道，斯巴达人的方式和其他希腊人的方式不能很好地融合或格格不入。但如果恰恰相反，你两者都非常喜欢，那么你可能像雅典的色诺芬一样，将自己的儿子送到斯巴达，在斯巴达外邦人的监督下接受教育（色诺芬的儿子在斯巴达国王阿格西劳斯二世的监督下接受教育，阿格西劳斯二世很可能是公元 2 世纪 C. 尤利乌斯·阿格西劳斯的祖先）。

公元 2 世纪中期，旅行作家波桑尼阿斯经过斯巴达，为他写关于希腊大陆中部和南部带有朝圣色彩的历史游记收集素材。他是一个来自小亚细亚的希腊人，但不可避免地也是罗马臣民。他长期饱受怀旧之苦，尤其怀念希波战争时期。因此，他高兴地发现，当时的斯巴达人正积极地将城市的建筑修缮和改造为纪念 600 年前他们同胞伟大壮举的圣地。列奥尼达的纪念碑在他的行程中占据了重要位置。同样重要的还有据说是公元前 480 年斯巴达海军将领欧律比亚德斯的坟墓，更重要的是温泉关战役牺牲者和摄政王波桑尼阿斯的纪念碑，还有在斯巴达被认为是广场或者说集会场所的波斯斯多亚（Persian Stoa）。

波桑尼阿斯属于希腊文化复兴和重塑运动的一员，被简称为“第 172
二诡辩派”（Second Sophistic）①。对于这些知识分子来说，列奥尼达的吸引力在于，他毫无疑问是希腊辉煌的过去（唉，已经是很久以前了）的一个英雄，当代的修辞学家和诡辩家满怀追忆地赞美他。事实上，他们非常频繁且强烈地颂扬列奥尼达，以致才华横溢的讽刺作家琉善对这种做法进行了讽刺性的奚落。②

同时，普鲁塔克（约公元 46—120 年）不会想要讽刺列奥尼达。除了他年轻时纯粹的修辞作品（包括对亚历山大大帝的颂词）和成熟时的大量哲学文章，普鲁塔克对希腊文学和文化的主要贡献是他为（或近或远的）历史上伟大的希腊人和罗马人所作的一系列平行传记。其中有一篇《列奥尼达传》（*Life of Leonidas*），但不幸的是，它是普鲁塔克为数不多没有从古代留存到我们今天的传记之一。我们今天所能看到的是《国王和将军语录》（*Sayings of Kings and Commanders*）中出自列奥尼达之口的格言或普鲁塔克在现存的《平行列传》（*Lives*）中使用的格言。

例如，普鲁塔克在他的《平行列传》有关具有改革性（如果不是革命性的话）的斯巴达国王克里奥美涅斯三世（公元前 235—前 222 年在位）的内容中写道：

---

① 其次是公元前 5 世纪晚期和公元前 4 世纪以雅典为中心的现象，用柏拉图的话说，这使雅典成为“智慧的市政厅”。

② 他是“第二诡辩派”的另一个耀眼的装饰品，但他是一个来自萨莫萨塔（今土耳其的萨姆萨特）的非希腊的叙利亚人，因此更容易保持一种略带讽刺意味的距离感。

> 据说，当古代的列奥尼达被问及他对作为诗人的提尔泰奥斯（Tyrtaeus）的品质的看法时，他回答道：
>
> 173 “他是一个能激发年轻人热情的优秀诗人”。他这么说的理由是，提尔泰奥斯的诗歌使年轻人充满热情，使他们不再担心自己在战场上的生命安全。

这是传统创作起作用的经典展示。通过公元前 2 世纪的作品中的引文，以及公元前 5 世纪早期一位著名的斯巴达国王的语录，读者可以想象（普鲁塔克也试图让读者想象）公元前 7 世纪斯巴达“民族”诗人的生活、工作和时代。① 普鲁塔克设法表明，过去大约 800 年间的文化具有高度的连续性，但事实上，正如普鲁塔克和摄政王波桑尼阿斯在冷静思考时一定会承认的那样，当时的世界已经发生了无可挽回的变化，而且在他们看来绝非向着更好的方向发展。

在接下来的公元 3 世纪，基督教护教者奥利金（Origen，约公元 185—253 年）在与异教徒塞尔苏斯的唇枪舌剑中，毫无顾虑地诉诸异教徒的先例。奥利金甚至打算表明，基督受难和死亡这一基督教的核心奥秘可以通过与列奥尼达自我选择和可以避免的死亡进行比较得到恰当地阐明。一个世纪之后，基督徒和异教徒之间的斗争愈演愈烈（更不用说一种基督徒和另一种基督徒之间的斗争了），甚至到了不仅是语言上的相互指责，而且是相互残杀的地步。昔兰尼的辛奈修斯身处斗争中，但希望从中胜出，他非常自豪地宣称自己有斯巴达血统。（昔兰尼于公元前 7 世纪晚期在北非，也就是现在的利比亚建立，其

---

① 在斯巴达，提尔泰奥斯的诗会被正式背诵，而且至少在公元前 3 世纪早期的希腊化时代之前，战士们一直在战役中传唱。

创建者来自锡拉岛，即现在基克拉迪群岛的圣托里尼岛，根据一些记载，锡拉城邦最初的建立者是来自斯巴达的难民，因此昔兰尼是斯巴达的孙女辈城邦。）

具体来说，辛奈修斯声称自己是欧律斯提尼的后代。欧律斯提尼 174
是斯巴达的两个王室阿吉德家族和欧律庞提德家族（列奥尼达属于阿吉德家族）的两个创立者之一。辛奈修斯抛弃了他的异教血统，成为一名基督教主教，而且他的书生气质很难说是其斯巴达祖先的特质。此外，在成为基督教徒之前，他热衷于狩猎，这一点不会让他所谓的斯巴达祖先感到怪异。外出狩猎是列奥尼达时期的斯巴达人为缺席晚间强制性的共餐提出的极少数合理借口之一。

这种由共同体或个人提出的血缘关系主张在罗马时期是一个普遍现象。但这些主张早在公元前 5 世纪，在纯粹的希腊社会背景下就得到了证实，在希腊化时期，这种做法变得如此普遍，以致丝毫没有希腊血统的人或民族都提出了这样的主张而且振振有词，并希望获得认可和接受。因此，正是在公元前 3 世纪早期，耶路撒冷的大祭司大胆地宣称犹太人和斯巴达人都是亚伯拉罕和摩西的后裔。斯巴达国王阿里乌斯也做出了积极的回应，或者说马加比（Maccabees）的犹太文本中就是如此写的。这是犹太人在希腊化世界秩序中象征性地找到一席之地的方式，更实际的是，这也是获得一个可能的外国盟友以对抗亚历山大去世后塞琉古王朝咄咄逼人的地方君主侵犯的方式。

至于辛奈修斯，他将自己与入侵昔兰尼加的游牧民族的斗争与列奥尼达保卫希腊、抵抗波斯入侵者的意义更为重大的斗争进行了过于乐观和自以为是的比较，他认为自己非常有必要从中吸取力量。

第九章

温泉关传奇Ⅱ：从古代到现代

175 三百名战死的勇士，哪怕只剩三位
也能创造新的温泉关奇迹！

——拜伦《唐璜》

尽管它不知道比我们年长多少岁，
但它不需要抵御任何事物。
空气、火、土和水也是如此。
即使在我们空闲的时候也不需要。如果被忽视，它会
进入地下或进入星际空间。
直到突然有人叫它，
就像上周给我剪头发的那个希腊人。
他来自哪里，他说："斯巴达。"
我惊呼道，"你是斯巴达人"，他说："哦，不"，
"再也没有斯巴达人了。"

——安德鲁·麦克奈利《为诗歌辩护》，《泰晤士报文学增刊》，
2001 年 8 月 16 日。

正如人们所知，14—16世纪发端于意大利的文艺复兴明显是一场“回到未来”的文化感知和政治行动运动。重新发现最优秀的古希腊人和古罗马人的智慧、真理和美好将推动社会进步，脱离后来被贬损为（愚昧的）中世纪的时期。文艺复兴是一场西方的运动，而不是东 176
方的运动，其灵感和参照物更多来自罗马而非希腊。但也有一个明显的例外：即商人奇里亚科·德·皮兹科利（Ciriaco dei Pizzicolli），人们更熟悉他的另一个源于其家乡的称呼“来自安科纳的奇里亚科”（Cyriac of Ancona）。奇里亚科将东方与西方联系起来，在东西方之间架起了一座桥梁，在这一方面，没人比他的贡献更大。他在1477年撰写的游记非常精彩，甚至超越了2世纪的旅行作家波桑尼阿斯对可悲现状的哀诉以及对已经逝去的更好时代的追寻。不同于波桑尼阿斯，奇里亚科经（西边不远处的）米斯特拉到达斯巴达。米斯特拉是法兰克人在13世纪中期建立的，当时仍然是摩里亚半岛（Morea，也就是伯罗奔尼撒半岛）专制国家的首都，是拜占庭世界的一个次级前哨，这时的拜占庭世界很快就会落入征服者苏丹穆罕默德二世（Sultan Mehmet Ⅱ）统治下的奥斯曼土耳其人手中。当奇里亚科靠近斯巴达时，他对古代斯巴达黄金时代很多位勇士的逝去感到悲痛，其中当然包括列奥尼达。

在奇里亚科访问斯巴达期间，意大利文艺复兴中最伟大的画家之一佩鲁吉诺（1450—1523年）出生了，他的原名为彼得罗·范努奇，现在最为人所知的一点是他是拉斐尔的老师。他藏于汇兑协会宫（Perugia's Nobile Collegio del Cambio）的作品“力量与节制”（Fortezza e Temperanza）中包含一组“勇敢之人”（*uominia forti*，用拉丁语“*viri fortes*”表示会更准确）。在古罗马伟大的捍卫者霍雷修斯·科克莱斯的身边站立着另一位伟大的捍卫者，被称为“拉栖第梦的列奥尼达”，即“斯巴达的列奥尼达”。在麦考利《古罗马之歌》（*Lays of Ancient Rome*）的影响下长大的几代英国男生更熟知霍雷修斯，在这幅画中，霍雷修斯抬头看向自己的左边，他和列奥尼达两侧的人物也是如此。但是，引人注目的是，列奥尼达与众不同，他看向下方，更准确地说，他有些悲伤地向下看着自己握住剑柄的那把长剑。他用右手将剑倾斜，用左手握住三分之二的剑柄。除了
177 剑的长度不符合斯巴达的规制，引人注意的还有剑身严重弯曲。参观者可能倾向于从预示的角度来理解这一点，这预示着列奥尼达英雄末路的结局。

按照传统观点，欧洲的“近代早期”是从1500年到1800年。16世纪下半叶，在欧洲的另一端苏格兰发生了一场涉及古代斯巴达的有趣辩论。1579年，人文主义者和历史学家乔治·布坎南赞扬列奥尼达、阿格西劳斯二世和一些其他人是真正的国王，并认为当时的君主穷奢极欲。然而，1581年阿尔格农·布莱克伍德提出了与道德主义观点相反的立宪主义思想。他认为，在斯巴达，国王只是空有虚名，只享有“国王”的头衔，而没有国王的实权。从某种程度上来说，他是对的，当然，分权制不可能具有与权力集中的君主制相同的势力或影响力。但是，仔细研究可以发现，那些在当时具有最大权力和

权威的斯巴达人（不仅在国内的，还有在国外的）都是国王，包括克里奥美涅斯一世、列奥尼达、阿格西劳斯二世和克里奥美涅斯三世。唯一明显的例外是莱山德，但在短暂的个人权力巅峰之后，他的权力还是先后被国王波桑尼阿斯和阿格西劳斯二世削减到更像斯巴达人的水平。

几乎就在这场苏格兰辩论进行的同时，在对岸的法国，多产的蒙田正在编写他的《随笔集》（*Essais*）。其中最著名的一篇有一个引人注目的题目《论食人者》（“On the Cannibals”，1580 年），但是其内容远远超出了表面上的主题。例如，人们可能不会想到这里会有非常敏锐和犀利的观察：

> 一些胜利的失败可以与胜利相媲美。萨拉米斯之战、普拉提亚之战、米卡列战役和西西里战役①是太阳底下最光辉的姊妹胜利。
>
> 然而，它们取得的荣耀加起来都比不上列奥尼达及其部下在 178
> 温泉关辉煌的失败。②

一个世纪后，蒙田的同乡，同是文人的费奈隆在他的作品《亡灵对话录》（*Dialogues des Morts*）中将列奥尼达作为一个角色，列奥尼达是唯一被这样提及的斯巴达人。这部作品的构思和标题借鉴了琉善的作品，琉善曾构思一些具有历史可能性和内在合理性的虚构对话，也有一些既不具有历史可能性也没有内在合理性的对话。但是斯巴

① 指的是希梅拉战役，在这场战役中，西西里的希腊人战胜了入侵的迦太基人，据说这场战役与萨拉米斯战役在同一天进行。

② 由 M. A. 斯科雷奇（M. A. Screech）翻译。

达国王与波斯大王薛西斯之间的对话这一想法最终要追溯到希罗多德（不过，严格来说，德玛拉图斯当时已经是前国王了）。与布坎南一样，费奈隆将列奥尼达描述为一个真正的国王，与专制的薛西斯形成了鲜明的对比，而且将他描绘成了一个完全具有斯巴达地方色彩的人：

> 我行使王权的条件是我必须像我的人民一样过着艰苦、朴素和勤劳的生活。我做国王仅仅是为了保卫祖国，确保法治。我的王权赋予我行善的权力，但不允许我作恶。①

在费奈隆看来，薛西斯仅仅是“太强大和太幸运”；若非如此，他“本可以成为一个非常可敬的人”。在接下来的一个世纪创作了喜歌剧《薛西斯》（*Xerxes*）的亨德尔远没有如此慷慨，他具有 18 世纪启蒙运动中普遍的反专制倾向。

启蒙运动在欧洲不同国家和美国呈现出不同的形态和色彩，而且在重大的道德和智识问题上产生了分裂。例如，在对待古代的态度上，现代主义者和传统主义者存在很大分歧。这需要在雅典和斯巴达之间，而不是在雅典和耶路撒冷之间做出选择。站在斯巴达一方的有出生于瑞士的法国人卢梭、查尔斯·罗林、爱尔维修和马布利，苏格兰的社会理论家亚当·弗格森以及在 1737 年发表了长篇史诗《列奥尼
179 达》（*Leonidas*）的英国人理查德·格洛弗。格洛弗明确反对戈尔戈鼓励列奥尼达在爱国主义驱使下顺从命运的古代神话，她批评列奥尼达将为国捐躯置于与国家一起存活之上。格洛弗笔下的列奥尼达试图通

① 出自对话四十，由卡特里奇翻译。

过声称为国家牺牲就是为家庭牺牲（即为了让家人获得自由）来反驳针对他的批评。这些歌颂者将斯巴达描绘成一个政治和道德典范，一个权力依赖于美德（纪律严明、和谐、顺从）的城邦。这种亲斯巴达主义并不是精英知识分子的专利。1793 年，法国圣马塞林镇的叛教者公民放弃了基督教信仰，将他们的团体重新命名为“温泉关”（Thermopyles）。

1738 年亨德尔的《薛西斯》体现了列奥尼达模范性的公共美德的另一面。它选取了薛西斯策划的令人不快的家庭阴谋情节（希罗多德最后一卷的末尾有所叙述）的变体形式作为场景。长话短说，薛西斯为了得到兄弟的心爱之人不择手段。一个奇怪的次要情节描述了薛西斯无可救药地迷恋上了一棵梧桐树，这或许是对古希腊人嘲讽薛西斯的人造金梧桐树的遥远回忆，在古希腊人看来，人造金梧桐树象征着波斯君主制的极度堕落与奢靡。①

并不是所有 18 世纪的社会精英都一致赞同颂扬斯巴达。例如，法国的伏尔泰、苏格兰的大卫·休谟和亚当·斯密就是非常明显的持反对意见的批评家，伏尔泰对一个公开蔑视读书和奢华的城市不屑一顾不足为奇。但最明显的反对者也许是原始的民主主义者科尼利厄斯·德·波乌，他在法国大革命爆发前一年出版了《希腊哲学研究》（*Recherches philosophiques*）。即使是列奥尼达也未能逃脱德·波乌的讽 180
刺和批评：他躲在一堵墙后面，这个懦夫……

---

① 不要把这棵薛西斯的梧桐树与剑桥大学耶稣学院的东方梧桐树混为一谈，后者的种子是爱德华·丹尼尔·克拉克（Edward Daniel Clarke）从温泉关带回来的。这棵梧桐树在 2002 年迎来了它的二百周年纪念，学院的研究员安东尼·鲍文（Anthony Bowen，剑桥大学演说家）用希腊语和拉丁语诗句对此进行了庆祝。

雅克-路易·大卫自己对其宏伟历史画作的描述（见本书原文第184—186页）很难被超越，这幅画是他经过多年的努力，在没有得到他的主赞助人拿破仑·波拿巴皇帝批准的情况下于1814年完成的。英雄的自我牺牲精神确实熠熠生辉，但列奥尼达的性诱惑和大卫对男性裸体美的偏爱也同样如此。

与法国大革命一样，美国革命的部分灵感也源于发起者的古典古代概念，尽管和文艺复兴一样，他们借鉴的更多是罗马而非希腊的观念。因此，华盛顿特区有“国会大厦”（Capitol），但没有“卫城”（Acropolis），有“参议院”（Senate）但没有“战神山议事会”
181 （Areopagus）或“长老会”（Gerousia）。但是，在北美洲有成百上千个与雅典和斯巴达有关的名称。①

① 除了已经提到过的威斯康星州的斯巴达，我们还可以提到田纳西（转下页）

就思想的大众传播而言，18 世纪仍然是一个依赖于口头语言和视觉图像而不是书面文字的时代。因此老路易·让·弗朗索瓦·拉格雷尼（Louis-Jean-François Lagrenée the Elder's）于 1771 年创作的著名的画作《一个斯巴达母亲和儿子》（*A Spartan Mother and Son*，现藏于威尔特郡的斯托海德）就非常重要。这幅画是为了表现理想的斯巴达母亲对城邦的忠诚以及将国家置于家庭之上的精神。到目前为止，更著名的是一幅严格意义上的历史画作（1800 年开始创作，1814 年完成），这幅画的主题是温泉关战役，尤其是列奥尼达本人的英勇事迹。以下是雅克·路易·大卫本人对其杰作的看法和构想（在他的工作室展出的这幅画附带的印刷说明中有所表述）：

> 斯巴达国王列奥尼达坐在一块岩石上，位于他领导下的 300 名勇士之间，对他的朋友们即将到来且不可避免的死亡颇有感触。在列奥尼达脚下树荫下的是他妻子的兄弟埃吉斯，他放下了献祭时戴的花环，正要把头盔戴在头上，眼睛注视着将军，等待着他的命令。埃吉斯旁边的两个年轻人听到号角声后跑去拿挂在树枝上的武器。在距离列奥尼达远一些的地方，他的一名军官，崇拜赫拉克勒斯的信徒（带着赫拉克拉斯的武器，穿着他的服装），召集他的部队排成战斗队形。大祭司紧跟在他身后，祈求

（接上页）州的斯巴达，它曾出现在西德尼·波蒂埃（Sidney Poitier）主演的令人难忘的南方种族仇恨电影《炎热的夜晚》（*In the Heat of the Night*）中。然而，怀俄明州的瑟莫波利斯（Thermopolis）这个名字除了纯粹的地形学解释，可能不应该有任何其他解释，就像希腊的温泉关一样，它拥有得天独厚的矿物温泉（世界上最大的矿物温泉），它的创始居民可能并不认为自己像卡斯特将军（1876 年 6 月 25 日在蒙大拿州的小比格霍恩河）那样做最后的抵抗。

赫拉克勒斯赐予他们胜利。他用手指着天空。再往后，士兵正在列队。

182 大卫在此处没有提到画作左侧的勇士，他似乎正在用剑柄在岩石上刻字①。另一方面，据说大卫并没有告诉他之前的学生、《大卫，他的学生及时代》（*David*, *son école et son temps*）的编著者 E. 德莱克吕泽，他想在这幅画中表现出“由对祖国的热爱所激发的深沉、伟大和虔诚的情感”。对于这一毫无争议的动机，我们还必须提到（如果不是一个有意识的动机，至少也是一种效果）这幅画所传达的强烈的同性恋倾向（不仅仅是同性社交情感）。大卫本人有强烈的同性恋倾向，他肯定不会不知道古代斯巴达社会生活的这一重要方面，也不会对诉诸斯巴达原型可能获得的合法性视而不见。

然而，坦率地说，大卫的主要赞助人，当时的皇帝拿破仑·波拿巴一开始感到困惑，为什么他的官方宫廷画师要浪费如此多时间和精力来描绘一群古代的失败者。然而，后来他高兴地改变了想法和态度，想必是用肯定的语气来回应人们对这一令人自豪的画家的反问：“我想你们知道，除了大卫，没有人能画出列奥尼达吧？”

对 19 世纪初的亲希腊者来说，他们的动力来自对另一个国家（即希腊）而不是对自己国家的热爱，温泉关和列奥尼达的传说对他们而言是不可忽视的礼物。19 世纪 20 年代在科文特花园中上演的以希腊和罗马为主题的新剧目中有一部是《斯巴达国王列奥尼达》（*Leonidas*, *King of Sparta*），舞台布景是一座非同寻常（而且完全不符

① 内容是西蒙尼德斯的警句“去告诉斯巴达人……”的法语版翻译，略有讹误。

合历史）的赫拉克勒斯神庙。这可能是米歇尔·皮查特的悲剧《列奥尼达》（*Léonidas*）的英文版，这部悲剧最初于1825年在巴黎的法兰西剧院上演，当时希腊的独立仍悬而未决。

无论是在英国人中还是法国人中，无论在纸面上还是在战场上， 183
拜伦勋爵乔治·戈登都是最明显的亲希腊者。他是19世纪早期被称为“列奥尼达时代”的主要代表人物。因出色地翻译了诗人乔治·塞菲里斯和康斯坦丁·卡瓦菲的作品而出名的埃德蒙·基利曾敏锐地写道，拜伦“走过了漫长的道路，十年又十年地将希腊写进了书中”。之后基利引用了《唐璜》中著名的一节（这一节有时被称为“希腊群岛”，在这一节中，拜伦笔下的希腊贵族领主仍然幻想着“希腊可能仍然是自由的”），通过影射更崇高的古代历史，对他受奴役的当代希腊读者的英勇提出了疑问：

> 难道我们只能为更幸福的日子哭泣吗？
> 我们难道只能脸红吗？我们的父辈流血了。
> 大地！将斯巴达人的遗骨从你的怀抱中归还一些！
> 三百名战死的勇士，哪怕只剩三位，
> 也能创造新的温泉关奇迹！

更早些时候，在《恰尔德·哈罗德的朝圣》（*Childe Harold's Pilgrimage*，1812年）中，拜伦曾呼应并试图鼓励康斯坦丁诺斯·里加斯的作品《1798年的爱国赞美诗》（*Patriotic Hymn of 1798*）中展现出的早期希腊本土解放论的爱国主义精神，这首诗本身显然受到了马赛曲的启发。里加斯曾就列奥尼达的精神发表了一段激动人心的演讲，因此在这里，拜伦同样提到了列奥尼达的余韵：

希腊人的后代，站起来吧！

……

勇敢的首领和先贤，
来检阅即将到来的斗争！
希腊人的先祖，
快重新活过来吧！
184 斯巴达，斯巴达，
你为何昏睡不起？
醒来吧，
和你的老盟友雅典一起抗敌！
列奥尼达回忆起
古代歌谣中的首领，
他曾救你们于水火，
何等可畏，何等强大！

不仅是在希腊，而且在其他地方，温泉关传统也可以激励人们为自由而战。对“生而自由”的英国人（即永远不会成为奴隶的人）来说，离本土更近，同样能够令人不安地激励人心的是爱尔兰人托马斯·戴维斯（1814—1845 年）的诗歌《国家重新诞生》（“A Nation Once Again”）中激动人心的词句。这首诗直到 20 世纪仍然是爱尔兰民族主义解放宣传的非官方颂歌之一。我仅引用其中一小段：

童年的火焰在我的血液中燃烧，
我读到古代的自由人
为了希腊和罗马勇敢战斗，

三百人和三个人。

我祈祷能活着看到

我们的枷锁被斩成两半，

以及长期以来只是一个省份的爱尔兰，

再次成为一个国家。

维多利亚时期的英国人进行了反击。1737年，格洛弗笔下的列奥尼达是一位彻底的爱国者，一个有爱国心的爱好自由者，一个奉行朴素的自我克制精神的人，原则上反对在国王（可恶可憎的薛西斯）的绝对控制下受尽压迫的奢靡的波斯人。可以说，这部长篇作品开启了现代神话（从格洛弗的文学范式演变成道德重整的战斗口号）的构建。它以维多利亚时代公学传统的形式出现，这一传统由拉格比的托 185
马斯·阿诺德开创，由库尔特·哈恩在苏格兰创办的戈登斯顿学校（如果可以这么说的话，这是爱丁堡公爵和威尔士亲王的母校）一直延续到20世纪，它集中体现了英国政治和文化认同最有力的载体之一。

因此，18世纪传奇的古典典范对整个古典传统极度重要。这无疑可以解释维多利亚时代英国人用列奥尼达的名字（或者更确切地说，是他一系列文化上灿烂而响亮的名字）进行命名的方式，例如，本杰明·列奥尼达·亚瑟·拉姆利·格里菲斯（Benjamin Leonidas Arthur Lumley Griffiths），我在一本《古今赞美诗》（*Hymns Ancient and Modern*）的抄本中发现了这个名字，这一抄本被捐给了埃塞克斯郡芬兴菲尔德村的施洗者约翰教堂，以纪念他的洗礼。我猜测，“本杰明”源于《旧约》，“亚瑟”是传统的英国名字，“拉姆利”是被用作名字的姓氏。最后，同样重要的一点是，这一名字中的“列奥尼达”应该是对我们英雄的一种谦逊的古典式致敬。这是一个完美的地方例证，说明了自文艺复兴以来，对古典古代接受的不断变化，主导着欧美文化的诸多方面。

从维多利亚时期开始，希波战争中的斯巴达也经常出现在浪漫主义或其他类型的小说或短篇小说中，或成为它们的主题。这里举几个比较著名的例子：爱德华·布尔沃·利顿的《斯巴达的波桑尼阿斯》（*Pausanias, the Spartan*，1873 年）、卡洛琳·黛尔·斯内德克的《斯巴达人》（*The Spartan*，1911 年）、约翰·巴肯的《利姆诺斯岛人》（“The Lemnian”，1912 年）、吉尔·佩顿·沃尔什的《永别了，大王》（*Farewell, Great King*，1972 年）和瓦莱里奥·马西莫·曼弗雷迪的《斯巴达人》（*Il Scudo di Talos*，1988 年。在曼弗雷迪亚历山大大帝三部曲大获成功后，这部作品于 2002 年被翻译为《斯巴达人》），以及史蒂文·普雷斯菲尔德的史诗小说《战火之门》（*Gates of Fire*，1998 年）。像奥利维亚·曼宁的《巴尔干三部曲》（*Balkan Trilogy*）的最后一部《朋友与英雄》（*Friends and Heroes*）以及美籍希腊裔作家杰弗里·尤金尼德斯的《米德尔塞克斯》（*Middlesex*）等非常成功的有关于希腊的现代小说也会偶尔提到温泉关战役。

186 也许最具启发性的是查尔斯·狄更斯的《艾德温·德鲁德之谜》（*The Mystery of Edwin Drood*）第十三章中的以下段落，因为它认为读者对温泉关战役有所了解。特温克莱顿小姐为年轻的女士开办了一所学校，她在女士们离开学校去过圣诞假期时对她们说：

> 当我们重新开始那些追求的时候（这里充斥着沮丧的情绪），那些追求，那些追求，那么永远记住斯巴达将军在那场无需特意指明的战斗中说的话，那些话太老套在此就不重复了。

学者们一致认为“那场战役”是温泉关战役，但对于上文提到的太老套而不值得重复的内容具体指的是什么，他们产生了分歧。我本人非常确信，狄更斯或多或少受过良好教育的维多利亚时期的读者会毫不犹豫地说出普鲁塔克记载的以下格言（据说是列奥尼达在动身前往战场时对他的妻子戈尔戈说的话）：“嫁个好男人，生个好孩子。”（Marry good men and give birth to good children.）

然而，在接下来使人醒悟的 20 世纪，最有影响力的发声者之一，亚历山大里亚的希腊诗人康斯坦丁·卡瓦菲很早就发出了警告。他认为，无论生活多么高尚，没有人能阻止温泉关战役中希腊人的叛徒埃菲阿尔特斯让“米底人”“最终突围”。古典学者型诗人 A. E. 豪斯曼的《神谕》［“The Oracles”，收录在他 1922 年《最后的诗歌》（*Last Poems*）中］的最后一节几乎没有给人更大的安慰：

> 国王率领着半个东方的兵力从晨曦之地进军，
> 他们的战士将河水饮尽，他们的枪杆直指苍穹，
> 坚守阵地者白白牺牲，再也回不了家。
> 斯巴达人坐在被海水浸湿的岩石上，梳理头发。

那些不愿意想起米底人象征性的突围（就像在第二次世界大战之 187
前和第二次世界大战期间，他们在纳粹德国对斯巴达形象的变态利用那样）或者不愿想起白白牺牲（许多人也许认为在刚刚结束的世界大战中就是如此）的人，也许会欣慰地将注意力转向 1924—1928 年英国驻雅典学院在斯巴达的考古发掘。1926 年，在卫城下面的剧院区域，发掘者挖出了一名裸体男性战士的头和躯干（雕塑），这名战士是用来自基克拉迪群岛帕罗斯岛的优质白色大理石雕刻而成的。一名希腊

工人当即、合乎情理地给他取了一个绰号“列奥尼达”，这一名称一直沿用至今。然而，尽管这个名字很有魅力，但它只是仿真陈述，而不是事实。

最初这个完整的雕像是雕像群的一部分，而不是一个独立的作品，这一雕像群很可能出现在某个神庙的山墙楣饰中，象征着一位神
188 话中的英雄或神，而非凡人。即使是已故的斯巴达国王，“宙斯半神之子（即赫拉克勒斯）的后裔”（德尔斐神谕后来提到了列奥尼达的后裔和继任者），也没有资格被刻画成这样。此外，根据最新的专家意见（诚然有些主观和不准确），这一雕像的创作年代应该追溯到公元前 480 年之前而不是之后。这意味着，为了真正表现列奥尼达，雕像必须是一位在世国王的肖像。然而，这一时间太早，希腊任何地方都不可能创作出所谓的肖像雕像，更不用说在集体意识强烈、反对个人主义的斯巴达了。

在发现斯巴达的“列奥尼达”的第二年，苏格兰诗人诺曼·卡梅伦（1905—1935 年）发表了一首题为《温泉关的特斯皮亚人》（*The Thespians at Thermopylae*）的极具吸引力的诗，对任何过于简单化地颂扬斯巴达人在温泉关的英雄事迹的做法进行了回应：

人们给予的荣誉总是
留给那些沉迷于功利的绅士，
他们愚蠢的勇气是一种恐惧，
一种对思想和他们身后粗鲁的母亲（她们说过，“要么带着盾牌回来，要么在盾牌上被抬回来”）的恐惧。
斯巴达人不能撤退，为什么
他们对前进的赞美要比其他人少呢？

但是我们，一部作品的演员或评论家，
有着清醒理智的判断力，可以看清
很多条道路，却选择了斯巴达的路，
人们是如何评价我们这些在温泉关的特斯皮亚人的呢？

在这首诗中，卡梅伦无法抗拒地用了一个关于“特斯皮亚人”（thespians）的双关，因为演员有时也被称为“thespians”，以纪念公元前6世纪后期雅典悲剧的创始人泰斯庇斯（Thespis）。但他关于特斯皮亚人自我牺牲的本质的看法非常严肃，而且历史悠久。这可以追 189
溯到修昔底德笔下伯里克利在伯罗奔尼撒战争的第一年（公元前431年或前430年）为纪念雅典战死者发表的名垂千古的葬礼演说。据说，当时伯里克利将雅典人和斯巴达人表现勇气的方式进行了对比。总的来说，他的观点是，雅典人是有意识、自愿地决定要表现出爱国主义的勇气，而斯巴达人是被胁迫或被洗脑才这样做的。

近年来，尤其是自20世纪30年代以来，在关于“自由世界”和各种“极权主义”或独裁政权的意识形态战争（包括冷战和热战）的修辞中，人们多次重复这一点。这一观点并非没有实质性意义，但是正如我试图说明的那样，它夸大了雅典和斯巴达之间的差异，低估了斯巴达（人）也需要做出选择，也会就基本原则和行动决策进行辩论的程度。卡梅伦的这首诗以一个反问句结尾：

人们是如何评价我们这些在温泉关的特斯皮亚人的呢？

实际上，现在已经有了很多（评价）。例如，今天，在温泉关为斯巴达人竖立的纪念碑旁边，就有一座纪念700名特斯皮亚人的官方纪念碑。但是，我们应该公平地补充一点（因为卡梅伦笔下的特斯皮亚人没有这样做）：特斯皮亚人在牺牲他们的700名战士时，似乎已经牺牲了所有有能力装备自己作为重装步兵的特斯皮亚人。也就是说，他们牺牲了所有的重装步兵，而斯巴达人只牺牲了4%的重装步兵。这是一个令人警醒和彰显高尚的想法。

第二次世界大战期间，即使是感到幻灭的W. H. 奥登也能从温泉关战役中获得一些灵感，这体现在他后布莱希特风格（post-Brechtian）的诗歌《先有食物再有道德》（*Grub First then Ethics*）中，他写道：

> 我们所要求的
> 只是一顿丰盛的晚餐，这样我们就可以
> 整装待发，左脚先行，
> 去守住她（我们城市）的温泉关。

190 对于这场恐怖战争最初不确定的几年中的那些生死攸关的行为，这种总结性的回忆与列奥尼达传奇的含义相比显得苍白无力。列奥尼达和他领导下的三百勇士在古代希腊和斯巴达历史上的重要性不亚于1940年英国首相温斯顿·丘吉尔称赞的不列颠之战的飞行员在英国历史上的重要性。人们对这两个群体之间的比较已经很明显了。与普遍的误解相反，英国并不是唯一在1940年仍然积极抵抗纳粹德国和法西斯轴心国的欧洲国家。英国古代史学家罗宾·伯恩和其他几位古代史学家一样，空降到希腊，在后方担任联络官，掌握了关于希腊的一手信息。后来，他在1962年出版的优秀专著《波斯和希腊人》（*Persia and the Greeks*）是献给“1940年的希腊人”的，伯恩含蓄地提醒他的读者，当时英帝国在欧洲只有一个盟友，这个盟友既不处于纳粹法西斯的控制之下，也不是苏联帝国（当时与德国签订了互不侵犯条约）的臣民。伯恩的言外之意是，1940 年的希腊人坚决反对希特勒的意大利法西斯盟友占领他们国家的企图，他们的表现完全无愧于公元前 480 年在温泉关战斗的先辈。拜伦勋爵的灵魂肯定会点头表示同意和认可这一点。

不过，并非所有专业的古代历史学家都如此乐观。到 1941 年 6 月，希腊人未能阻止纳粹德国对希腊的占领，纳粹德国的陆军几乎不可避免地通过温泉关进入希腊。三年后，也就是在希腊仍然处于被占领状态的关键的 1944 年，一部向现代希腊人致敬的非凡的集体作品《希腊的荣耀》（*The Glory That Is Greece*）出版。牛津大学的马库斯·尼布尔·托德在其叙述中，尽管极力赞颂古代斯巴达人在使希腊摆脱外国侵占者方面所发挥的关键作用，但他做出了适当平衡的学术判断，这一判断不会让希罗多德蒙羞。①

康斯坦丁·特里帕尼斯的挽歌诗《1941 年的温泉关》（*Thermopylae* 191
1941）同样具有泄气的意味，这首诗的结尾是这样写的：

> 陌生人会到斯巴达，但是他也会
> 宣告澳大利亚农民的死亡。
> 列奥尼达只是一个先例。

这种来自新大陆不和谐的文化入侵以及对公元前 480 年温泉关战役进行具有误导性的倒转引用，完全配得上一位出色的大学教授、希腊政府的文化部长，以及非常精彩的《希腊诗歌企鹅丛书》（*Penguin Book of Greek Verse*，1971 年）的编辑和译者的文学比喻。

---

① 我引用了托德的相关叙述作为第四章的题记。

在世界历史上的这一特殊节点，不过分赞扬古代斯巴达人或许不是一件坏事。因为在第二次世界大战期间，不仅是那些所谓的好人在纪念温泉关战役。纳粹第三帝国（The Nazi Third Reich）也这样做了。事实上，对温泉关战役的纪念催生了一大批“斯巴达狂热者”，德国古代历史学家斯蒂芬·雷贝尼希就是这样富有感情地称呼他们的，这些人“痴迷于这样的观点：莱茵河和欧罗塔斯河河畔的人们有种族上的联系并且有共同的北欧背景”。这种种族神秘主义在1936年引发了狂热的兴奋，这一年是“希特勒运动会”（Hitler Games），即充满宣传色彩的柏林奥运会举办之年。德国考古研究所（The German Archaeological Institute）在科拉梅库斯的雅典墓地中发掘出了可辨认的斯巴达人的骸骨，其中一些斯巴达人的名字竟然出现在了随附的致敬碑文中。

根据我们从色诺芬所写的希腊历史中了解到的，这些斯巴达人正是那些在公元前403年被杀害的人中的一部分，这些人当时是为了终结由狂热的雅典人、亲拉科尼亚者克里提亚斯领导、最初由斯
192 巴达支持的三十僭主军政府的血腥统治而被杀的。① 德国著名的体质人类学家立即被派往雅典核实和确认斯巴达人的遗骸符合典型的“北欧”人类型。最终，他的研究结果被证明不够明确，而且他的发现从未被正式发表。但是，在1942年围攻斯大林格勒的最后几天，纳粹帝国元帅赫尔曼·戈林向他溃不成军的士兵发表讲话时，正是同样的种族主义认同精神激励了他。他提醒手下的士兵想一想列奥尼达和300勇士，并预言要重新解读西蒙尼德斯所作的著名碑文：“如果你来到

① 见第八章和第一章的题记。

德国，告诉他们你看到我们在斯大林格勒战斗，遵从了荣誉和战争的规则。"① 事实上，根据马丁·鲍曼的说法，希特勒在 1945 年 4 月 20 日自己 50 岁生日那天嘱咐他进行最后一搏的战友"想一想列奥尼达和他的 300 勇士"。②

纳粹种族主义这枚"硬币"的另一面是德裔犹太人古代历史学家维克托·埃伦伯格非常不幸的经历——20 世纪 30 年代末，他因被纳粹政权定罪，不得不放弃了布拉格的大学教职前往伦敦任教。埃伦伯格恰好是一位研究古代斯巴达的专家，尽管他对斯巴达人在温泉关战役中对自由理念的捍卫赞不绝口，但是他也清醒地指出，在一个"独裁主义"国家不可能有真正的自由，他认为斯巴达就是这样的国家。在使用这个术语时，他想到的主要是当时的独裁主义（也有人说是"极权主义"）政权对自由表达施加的控制。这些政权并不一定在字面或法律意义上奴役所有臣民。但是我们不应该忘记斯巴达人的美塞尼亚和拉科尼亚黑劳士，这些黑劳士在形式上和法律上都是不自由的（因此可能会作为城邦的敌人而被立即处死），尽管他们与其斯巴达主人都是希腊人，而且在很多情况（温泉关战役就是其中最有代表性的）下，他们在支持斯巴达人或希腊人方面发挥了必不可少的作用。

关于斯巴达政体特征的这一辩论提醒人们，1945 年之后，前 6 年 193
的热战演变成了接下来 45 年的冷战，即一场令人神经紧张的较量，充斥着不间断的宣传和断断续续的武力恫吓，被普遍认为是东方与西方的（再一次）斗争，是一场文明的冲突。在这场较量中，双方的流行文化也发挥了作用。大众传媒中最能达到此目的的就是长篇故事片。

① 由雷贝尼希（Rebenich）翻译。
② 由雷贝尼希翻译。

1962 年上映的《斯巴达 300 勇士》（*The 300 Spartans*），又名《斯巴达之狮》（*Lion of Sparta*）是好莱坞和其他西方电影公司推出的（并不十分）隐秘的反苏宣传电影的典型代表。电影中充斥着冷战的意象，甚至在银幕的突出位置出现了有关捍卫自由、反对奴役的令人振奋的口号。这部电影的演员阵容强大，包括扮演戈尔戈的希腊著名舞台悲剧女演员安娜·西诺迪努以及扮演地米斯托克利的同样著名的英国演员拉尔夫·理查德森。几乎无需多言的是，列奥尼达由一位爱尔兰裔美国人理查德·伊根扮演，演得非常好。①

这种坦率地尚武和庆祝观念的明显迹象依然存在。可以说，它是最近和当前西方国家对伊拉克进行干预的重要原因。例如，我们可以看一下亚马逊网站上关于读者对史蒂文·普雷斯菲尔德的小说《战火之门》（*Gates of Fire*）的评论的页面。这些页面是一个富有启发性的缩影，表明了西方最新版本的温泉关传奇的生机与活力。其中有一些评论来自美国的（男性）退伍军人，有些甚至是朝鲜战争时期的军人，他们赞同相当简单化的“我们对抗他们”“西方对抗东方”“好人对抗坏人”的思维方式，赞扬普雷斯菲尔德以积极的方式捕捉到了他们认为是战争经验中永恒不变的东西。

194 弗兰克·米勒精心创作的名为《300 勇士》（*300*）的“连环漫画”或者说“连环画小说”版的温泉关战役同样具有庆祝意义。《300 勇士》最初在 1988—1989 年作为连环漫画分五部分发行，它的单行本形式产生了更大的影响。迄今为止，米勒最广为人知的作品可能是畅销的《罪恶之城》（*Sin City*）系列，这一系列在 2005 年被改编成了

---

① 从与历史有关的不利方面来看，影片接受并演绎了狄奥多罗斯或埃弗鲁斯叙述的一个令人难以置信的故事，即列奥尼达策划了一次夜间突袭，企图在薛西斯的床上暗杀他。

"黑色"（noir）电影。但是这种看法可能即将发生改变。这部电影在语言上呼应了丁尼生的《轻骑兵的冲锋》（*Charge of the Light Brigade*，斯巴达人无畏地冲进"地狱之口"），在视觉上影射了日本武士（很多情况下，日本被认为是"西方"阵营的一员）。从形式上看，这是一部相当精致的作品，但是它的内容粗糙得多。列奥尼达和他的300勇士代表着理性、正义和法律，与专制的波斯君主薛西斯（他也犯了一个重要的错误，认为自己是神）的"心血来潮"和对鞭子的使用相对立。因此，从艺术和意识形态的角度来看，华纳兄弟影视公司出品的故事片《300勇士》（*The 300*，在我写这本书时，这部电影正在制作中，预计2007年上映）以这部电影为基础也就不足为奇了。①

然而，这种相对狂热的评论者和庆祝者已不再常见。如今在美国和西方世界其他地方的公共话语中盛行的对战争更悲观的心态可以追溯到1978年的另一部电影，这是一部关于越南战争的电影，片名为《去告诉斯巴达人》（*Go Tell the Spartans*），具有西蒙尼德斯的风格。用专业的电影史学家（film-historiographer）马丁·温克勒的话说，它
异常阴郁和平淡的视觉风格是为了表明"对战争的悲观看法"。据说， 195
就连美国总统乔治·布什在2005年也终于明白美国民众对战争的支持，尤其是对伊拉克战争的支持是有条件的，那就是他对民众的要求要很少。这与公元前480年的斯巴达形成了非常鲜明的对比。当时，斯巴达城邦不仅要求达到作战年龄的成年男性，而且以不同的方式要求他们的妻子和其他女性亲属以及全体斯巴达人付出他们的一切。

---

① 有一个很小但很明显的视觉错误值得一提。米勒作品中的斯巴达人留着小胡子和胡须。然而，历史上列奥尼达时期的斯巴达人实际上剃掉了上唇的胡须，以服从每届新上任的监察官委员会的年度禁令，即"剃掉小胡子，遵守法律"。被错误命名为"列奥尼达"的著名大理石雕像准确地展示了斯巴达人对面部毛发的独特处理方式：满脸胡须，但没有小胡子。

在希腊，这种全面的态度并非古代斯巴达特有的，但是在斯巴达得到了最充分和最极端的体现，并产生了非凡的军事和文化方面的红利。公元前 490 年，雅典在小城邦普拉提亚的帮助下赢得了马拉松战役的胜利，这场战役对作为民主和高雅文化摇篮的希腊和雅典的发展至关重要。十年后，斯巴达领导的温泉关战役给了摇摇欲坠的希腊联盟继续抵抗（直至最后取得成功）的意志和喘息空间，并且使随后希腊文化和文明的繁荣成为可能。再则，这种繁荣对古代希腊和古代斯巴达在现代西方世界上的持续影响力至关重要，这种影响力已经显现出来，尤其体现在英语单词“简朴的”（spartan）和“简洁的”（laconic）中。

后　记
温泉关战役：世界历史的转折点①

① 本篇后记略有不同且注释完整的版本发表在古典学系列期刊《希腊与罗马》（*Greece& Rome*）上，文章题目为《斯巴达人为我们做了什么：斯巴达对西方文明的贡献》（"What have the Spartans Done for us?: Sparta's Contribution to Western Civilization", *Greece& Rome*, Vol. 51（2）, pp. 164－179）。我非常感激该期刊的编辑凯瑟琳·克拉克（Katherine Clarke）允许我在此处使用这一经过重新措辞且基本无注释的版本。

197 如果我讨厌斯巴达人的举止，我就不会对自由民族的伟大视而不见……

——夏多布里昂《1806年在希腊，巴勒斯坦，埃及和巴巴里的旅行》

常言道，凡事有利有弊（It is an ill wind that blows nobody any good）。我认为，尽管“9 · 11”事件之类的悲剧非常恶劣且恐怖，但是它们也引发了西方对什么是“西方的”或者“西方文明”是什么或可能是什么等一连串问题的有益思考。在我看来，重新审视和思考西方文明、价值观和文化的独特之处和值得赞赏（或至少是合乎情理的）之处的过程本身就是一件完全有益的事情，而且已经产生了一些明显积极的结果。根据柏拉图的著名叙述，古希腊文明的模范，雅典的苏格拉底曾说过一句名言：“未经审视的人生是不值得过的。”（The unexamined life is not worth living for a human being.）人类对这种文化自省的需求从未如此迫切。

例如，它使我们意识到，我们西方不一定拥有所有最好的曲调。像理性、自由和民主等通常被认为独属于西方的概念和实践，在东方文化中也有过而且现在仍然有活跃的对应物。事实上，西方文明传统是由东方（同样包括伊斯兰教）的贡献明确塑造或丰富的。在我们传统上所说的中世纪时期，如果没有东方（尤其是巴格达）和西方（摩尔人统治时期的西班牙）的阿拉伯学者，那么亚里士多德的很多重要作品可能已经失传，而亚里士多德对于我们能够获悉的西方文化传统的任何建构都至关重要。

“9·11”事件之后，我们西方人中的一些人被激怒了，他们特别想知道我们的文明及其文化价值的任何定义是否是我们为它们牺牲甚至是杀害别人的正当理由，就像“9·11”事件中的自杀式劫持者或约旦河西岸和加沙地带的自杀式炸弹袭击者那样，他们显然已经准备
199 好为了伊斯兰教和自由的信仰而死。我们这些研究古希腊的历史学家特别认真地思考了这个问题。正如我在引用苏格拉底的著名格言时所暗示的那样，古代希腊，或者说古典时期的希腊是我们西方文明的主要根源之一，而公元前 480 年斯巴达人在温泉关的行为尖锐地引出了受意识形态驱使的自杀这一有争议的问题。

约翰·斯图亚特·密尔在评论乔治·格罗特具有开创性、自由民主的古希腊史的第 1 卷（初始版本共 12 卷，于 1846—1856 年出版）时强有力地表达了古希腊人和我们之间的联系。正如密尔所说（有意识的自相矛盾的说法），即使是作为英国历史上的事件，马拉松战役（公元前 490 年雅典在邻近的小城邦普拉提亚的支持下反抗波斯人入侵的战役）也比黑斯廷斯战役更重要。可以说，或者至少我认为，温泉关战役也是如此。当然，与马拉松战役不同，温泉关战役在形式上是希腊人的一次失败，希罗多德称之为“创伤（*trôma*）”①。然而，温泉关战役的荣耀和文化上的重要性并没有因此而减弱，因为它很快转变成了一场道德上也是士气上的胜利。正如拿破仑曾生动描述的那样，在战争中，士气因素的重要性是所有其他因素（重要性）总和的三倍。

事实上，很多人甚至会说（我自己也倾向于这么说），温泉关战役是斯巴达最辉煌的时刻。无论如何，正是斯巴达在温泉关的经历为

---

① Herodotus, 8. 27. 1.

我提供了出发点和永恒的参照点，使我能够尝试回答这篇后记中提出的问题，即斯巴达人为我们做了些什么？或许我们可以先从这一问题开始，即这些斯巴达人是谁？据说阿契美尼德波斯帝国的建立者居鲁士二世在公元前550年问过这个问题。

一种答案是，他们是定居在伯罗奔尼撒半岛上一个希腊城邦的多 200
利安人（说多利安语），这个城邦在很多世纪以来一直是古代希腊最强大的势力之一。另一种答案（正如居鲁士的继任者之一薛西斯痛苦地发现的那样）是，他们是足够强大、技术足够纯熟、意志足够坚强的战斗机器，在抵抗并最终击退薛西斯的大军方面发挥了关键作用，从而挫败了他将希腊大陆并入已经从西方的爱琴海一直延伸到兴都库什山以外的东方帝国的企图。薛西斯在温泉关亲自发现了关于斯巴达的这些事实，而他任命的总指挥马尔多尼乌斯来年在普拉提亚再次不可避免地发现了这些事实。在普拉提亚战役中，斯巴达摄政王波桑尼阿斯在这场著名且具有决定性的希腊胜利中发挥了主导作用。

这反过来又回答了当今我们为什么要关注古代斯巴达人是谁这一重要问题。因为他们使文明的发展成为可能，而我们又选择了以关键方式来继承和借鉴这一文明。如果波斯人在公元前480—前479年获胜会怎么样呢？要么接下来的希腊文明将变得完全不同，要么我们不会以同样的方式或在同等程度上成为希腊文明的继承者。古代斯巴达人为什么对当今的我们如此重要这个问题的另一个答案涉及被称为斯巴达神话、斯巴达幻象或斯巴达传统的各种说法的影响。换句话说，自公元前5世纪末以来，主要是非斯巴达人的文字和视觉话语中对斯巴达和斯巴达人多种多样的表现方式在西方传统中留下了深刻印记，也在人们对什么是西方文化的理解中留下了深深的烙印。

首先，斯巴达和古希腊的其他很多地方一样，通过丰富我们的英语词汇来影响我们的日常观念（意识）。举一个很明显的例子，莱斯博斯岛为我们提供了“女同性恋者”（lesbian）一词，科林斯城邦为我们提供了“奢侈的”（corinthian）一词，雅典城邦为我们提供了“阁楼”（attic）一词。当然古代斯巴达，也慷慨地为我们带来了“简朴的”（spartan），当然还有“简洁的”（laconic）这两个词汇。

202 几乎可以随机选取一个事例来看，报纸上关于英国前保守党领袖伊恩·邓肯·史密斯的报道，非常漫不经心地将他的海军公立学校称为“斯巴达式的”。从以下意义上来看，这样的说法恰如其分：19世纪由拉格比的托马斯·阿诺德开创的英国公立学校体系有意识地模仿了古代斯巴达军事化集体教育的理念，甚至可以说是乌托邦式的愿景。

“简洁的”（laconic）一词的斯巴达词源并不是非常清晰。它来源于古代的一种形容词形式，这种形式源于斯巴达人通常情况下的自称“拉栖第梦人”（Lacedaemonians）或“拉科尼亚人”（Lakones）。如前所述，斯巴达人过去是简洁、精练、军事化的表达方式的大师。无论是在从前线发来的书面或口头快信中，还是在家中与喋喋不休的老师进行的巧妙对答中，他们都使用这种表达方式。这样的例子有很多，以至于古代人保存了他们认为是真正的斯巴达“格言”（apophthegms）的合集（我引用过列奥尼达的一句著名格言），而我们为了纪念他们，仍然将这种方式称为“简洁的”（laconic）。

不那么明显也不那么令人高兴的是，斯巴达人还将第三个英语词语流传给了我们，那就是名词“helot”（黑劳士，受人轻视之人）。在今天这个词用于指代非常贫穷或受到严重剥削的种族或在经济上处于底层的成员。因此，这个词非常准确地反映了斯巴达人积极成就的阴暗面。希腊语中“*heilôtês*”的原意可能是“俘虏”，当然，斯巴达人将没有人身自由、处于依附地位的黑劳士人口作为俘虏和敌人对待，

更准确地说，他们更像是战俘，只是斯巴达人暂缓对他们执行死刑，
强迫他们在面临灭亡的持续威胁下劳动，以便为斯巴达人的生活方式
提供经济基础。当然，其他一些希腊城邦，尤其是雅典，也非常依赖
非自由的劳动力来创造和维持一种独特的政治化和有教养的公共生活
方式。但是雅典在集体和个人层面所拥有的奴隶在整个希腊世界都具
有典型性，因为他们主要是“蛮族人”或非希腊的外邦人，他们是使
用多种语言的异质化群体。实际上，这些奴隶大多是个人而非集体所
有。相比之下，斯巴达的黑劳士属于一个完全意义上的希腊民族，或 203
者说（如果我们将拉科尼亚和美塞尼亚的黑劳士区分开来的话）是被
共同的奴役枷锁联合在一起的两个独立的民族。

“spartan”（简朴的）、“laconic”（简洁的）、“helot”（受人轻视之人）这 3 个小词只是以下事实在语言学方面的一个小标志，即英格兰或英国文化，甚至整个西方文化都深深打上了法国学者弗朗索瓦·奥利耶干脆利落地称为“斯巴达幻象（*le mirage spartiate*）”的印记。当 20 世纪 30 年代奥利耶创造这一词组时，如前所述，斯巴达，或者更确切地说关于斯巴达作为一个社会如何运作的想法，对极权主义或独裁主义的统治者产生了特殊的吸引力，其中最著名的是阿道夫·希特勒和他的纳粹随从中的伪学术成员，如阿尔弗雷德·罗森伯格等。斯巴达式的美德中最吸引纳粹党人和其他法西斯主义者的是纪律严明、秩序井然、军事等级制度以及个人努力服从于城邦的至高利益，但是他们将这些美德用在了极为变态的事情上。现在仍然有一些新法西斯主义组织（令人不安的是，法国就有一个）以沿着这条“光辉”的道路前进为荣。

正是现代极权主义者或独裁主义者对古代斯巴达的这种接纳，玷污了斯巴达作为一个政治典范或榜样在西方自由民主社会中的声誉，

这种影响可能是不可挽回的。然而，斯巴达理想化的形象并不总是服务于这种邪恶或令人发指的目的。比如，在18世纪，让·雅克·卢梭就是“斯巴达法律智慧”的忠实拥趸，更是传说中斯巴达的法律制定者来库古的忠实支持者。在来库古理想中的斯巴达，卢梭看到的是一个致力于以集体、谦逊、守法，尤其是以道德高尚的方式来实现公共意志的社会。卢梭帮助确保了古希腊（还有古罗马）在现代世界的形成过程中发挥关键作用，而且确保了斯巴达和雅典在其中发挥重要作用（斯巴达在其中的地位不亚于雅典）。

204 卢梭绝对不是第一个将斯巴达形象或幻象作为整个社会和政治改革计划不可或缺的组成部分和推动力的知识分子。第一个记录的是柏拉图，正是通过柏拉图，斯巴达才可以声称自己是整个乌托邦思想和书写（utopiography）传统的源头和发源地。在20世纪，乌托邦也获得了坏名声，但从原则（希望事情能够并且将会变得更好的原则）上讲，乌托邦并不是一个那么糟糕的地方。无论如何，从古希腊的古典时代到我们所处的这个世纪，斯巴达之所以成为首选的研究对象，并不仅仅是因为知识分子和其他人对斯巴达的评价，还因为斯巴达切实取得了成就，最明显和最有效的是在公元前480—前479年希波战争的战场上取得的成就。

温泉关战役虽然失败了，但很快变成了士气上的胜利。因此，它是希腊人对波斯人取得的最终胜利中非常重要和必不可少的组成部分。此外，如果不是斯巴达人做出了不可或缺的贡献，希腊人也不会取得最终的胜利。早在波斯人入侵希腊之前，斯巴达人就成功地将自己的社会组织成了一个运转顺畅的军事机器，并且发展出了一个初级的、由多个城邦组成的希腊联盟，这为希腊抵抗力量的联合提供了不可或缺的军事领导核心。斯巴达人在温泉关英勇的自杀式抵抗表明波斯人应该而且能够被有效抵抗，这也使军队规模较小、摇摆不定、缺乏凝聚力的爱国的希腊人敢于想象他们有朝一日能够击败入侵者。斯巴达国王列奥尼达和摄政王波桑尼阿斯等将领的人格魅力和领导才能极大地团结和鼓舞了希腊的陆军。

但是，除了使盛宴成为可能，斯巴达人还为作为西方遗产的源头的古希腊文化盛宴带来了什么呢？不同的现代阐释者强调古典希腊文化成就的不同方面。我自己认为，最重要的三个显著的品质或特征是：第一，热衷于各种形式的竞争，几乎是为了竞争而竞争；第二，忠于自由的概念或理想；第三，永无止境地自我批评以及毫不留情地批评他人（尤其是其他希腊人）的能力。

前两种品质在古代希腊文明的两大典范雅典和斯巴达身上体现得 205
同样明显。然而，第三种，特别是自我批评，是雅典特有的文化特征，显然完全不是斯巴达的文化特征（当时的雅典人喜欢这么说，后来很多人也同意这一点）。例如，在修昔底德笔下公元前431年或前430年的葬礼演说中，伯里克利嘲讽斯巴达人的勇气是城邦强加给他们的。一个世纪后，德摩斯梯尼错误地声称，斯巴达人甚至被禁止批评（更不用说修改）他们的法律。

毫无疑问，斯巴达没有等同于雅典民主的公民大会和民众法庭的机构，斯巴达人也享受不到雅典人一年一度的悲剧和喜剧节日，这些节日提供了由城邦赞助的自我反省和自我批评的机会。然而，斯巴达人并不像古代雅典人和现代自由主义宣传所描述的那样，完全是服从命令的机器人。有时候，无论是个人还是集体对权威的抱怨都可能会演变成公开的反抗。即使是出身、财富和名望处于最高等级的斯巴达国王，也可能会因为被审判或处罚而变得地位低下，或者更有甚者，会像德玛拉图斯一样因被判处死刑而流亡。因此，更公平、更准确的说法是，斯巴达的文化并不支持在广场或任何其他的公共集会场所进行智力辩论，甚至不允许公开表达异议。

可能所有希腊人都热切地渴望一场精彩的竞赛。他们用以形容竞争精神的词汇是“*agônia*”，这个词正是我们的单词“痛苦”（agony）的词根。这种词源学上的联系很好地表明了古希腊竞赛的激烈性和驱动性。对希腊人来说，战争显然是一场竞赛（*agôn*），公开的辩论也
206 是竞赛，无论是真实的还是虚构的。诉讼亦是竞赛，任何涉及体育或其他形式的竞争的宗教节日也是如此，例如，奥林匹亚赛会这样的节日。事实上，正是希腊人创造了我们的体育运动概念，就像他们创造了我们的戏剧概念的雏形一样，两者都是在出于宗教动机的竞争和竞技背景下产生的。

斯巴达人对竞争的激情和狂热是其他希腊人无法比拟的。他们甚至将婴儿出生时的存活作为一种公开的竞争，委托长者监督新生儿的酒浴测试。将身体有任何明显畸形和虚弱迹象的婴儿扔到附近的山谷脚下让其早逝。也许这种做法在我们看来并不冷酷或奇怪：柏拉图和亚里士多德在各自的“理想国”（Ideal States）中都提倡遗弃这种有缺陷的新生儿。同样地，斯巴达男性只有成功通过一系列主要是体能方面的竞争性测试才能获得公民身份，这些测试构成了独特的被称为“阿高盖”（*agôgê*，教育）的教育或群体社会化（group socialization）。即便如此，就政治立场和政治参与而言，要想成为一名完全意义上的斯巴达成年公民取决于成功通过进一步，也是最终的接受测试，即在20岁时通过竞争性选举进入集体用餐小组或者说公共食堂。

那些未能通过以上任何一项教育或公民资格测试的人会被排除在外，没有归属感，沦为永久的局外人。对于那些获得了完全的公民身份的人来说，内部的身份竞争并没有在20岁时终结，竞争远没有结

束。他们相互之间的竞争以及他们与其他人的竞争一刻也没有停止过，不论是在国外，比如，在战争中以及在与战争同样著名和成功的奥林匹亚赛会上；还是在国内，比如，在当地的马术和体育比赛中，或者在高级职务的竞选中，抑或在王室护卫队成员资格的竞选中。据说，一个没有在20多岁时被选入护卫队的沮丧的斯巴达人声称，他很高兴得知有300位斯巴达人比他更优秀，尽管如此，他在晚年仍然获得了很高的公共声誉。

至于希腊人对自由的普遍热爱，雅典右翼政治作家和活动家克里提亚斯（他在散文和诗歌中都描述过关于斯巴达生活方式的内容，并因此开创了斯巴达“幻象”的文学传统）说过：“在拉栖第梦可以发现最受奴役的人和最自由的人。”克里提亚斯所说的“最自由的人”指的是斯巴达人，或者更准确地说，是斯巴达的主人阶层，他们通过强制奴隶劳动力进行劳动，使自己除了战争无需从事任何生产性劳动。他所说的“最受奴役的人”无疑指的是黑劳士。如上所述，尽管黑劳士是生而自由的希腊人，但是他们被斯巴达人集体奴役并受到异常严苛的对待，被视作被征服但永久具有威胁性和破坏性的人群。 207

这种苛待一开始让那些对斯巴达局势更为敏感的希腊观察家感到困惑，后来又让他们深感不安。例如，通常看来对斯巴达比较友好的柏拉图曾评论道，“斯巴达的黑劳士制度几乎是希腊讨论最多、最具争议性的话题”。这种争议在柏拉图成年后达到了顶峰。因为，公元前371年斯巴达在留克特拉战役中被底比斯领导的比奥提亚人决定性地击败之后，大部分黑劳士，即美塞尼亚人最终获得了他们期盼已久的集体自由，并在（在他们看来）恢复自由的美塞尼亚确立了自己自由的希腊公民的身份。我必须补充一点，从以下几个方面来看，斯巴达人在古希腊人中是非常典型的，也是独一无二的；他们认为自己的自由和受奴役阶层的不自由是相容的，而且前者建立在后者的基础上。

斯巴达文化和社会的这两个方面，即竞争性和有争议的自由观念，几乎本身就使我们的斯巴达祖先值得我们持续地保持文化兴趣和
208 进行历史研究。但是他们远远没有穷尽斯巴达的极大魅力。让我们看一下我们在第四章中关注的或多或少经过证实的斯巴达社会习俗或常规做法：在城邦管理的教育体系的强制框架内，年轻的成年公民战士和青少年之间制度化的娈童关系；包括摔跤在内的体育运动（据说是由青少年女子正式地、在裸体状态下进行）；已婚妇女在一年一度的宗教节日上当众冒犯和羞辱单身汉；一妻多夫制（妻子有一个以上的丈夫）以及任何一方都不会因通奸受到社会谴责和法律制裁的共妻行为。

以上习俗中有一个共同因素：占斯巴达公民人口一半的女性具有不寻常的（实际上，按照希腊甚至前现代社会的标准来看是独一无二的）作用、身份及行为。现存的证据非常丰富，促使最近出版了一本关于斯巴达妇女的书。这也是想要谈及斯巴达存在一定程度上的“女权主义”的几项现代研究之一。然而，我认为，我们至少应该“就着一撮（大概是阿提卡的）盐”来看待（即从雅典的角度，以怀疑态度看待）一些极具争议性的证据，尤其是在意识形态和宣传意图非常明显的情况下。我们现有的文字史料都来源于男性，几乎都是由非斯巴达人书写的，而且通常带有浓厚的雅典中心主义色彩。但是有足够可靠的史料让我们有把握地推断，斯巴达在婚姻和生育等重要领域确实与传统的希腊政治和社会交往规范非常不同，甚至格格不入。

这无疑会让斯巴达永远值得人们研究，不仅是历史学家，比较文化人类学家和社会学家等也会对其进行研究。（比较文化）人类学和历史学之父希罗多德曾著名地宣称，他赞同底比斯抒情诗人品达所说

的“习俗为王”（custom was king）的观点。他的意思是，在他看来，每个人类群体不仅认为自己的习俗相对优于其他群体的习俗，而且认为自己的习俗是最好的。毫不令人惊讶的是，他对斯巴达的习俗、习 209
惯和信仰有特殊的兴趣。这里有一些相关事例可以证明，而这些事例源于他的著作《历史》第 7 卷，即叙述温泉关战役的那一卷，所有这些都是为了证明斯巴达人不仅非常乐意，而且在文化上倾向于为了他们的理想牺牲，他们接受的也是这样的教育，即为了更大的集体目标（无论是地方的，还是国家的）牺牲个人的生命。

正如我们看到的那样，在史诗般的温泉关战役前不久，一位骑马的密探告诉薛西斯大帝，隘口的斯巴达人正在梳理和设计他们的长发。薛西斯根本不相信那些在战斗前梳着像女人一样发型的男人会是他们在战场上的劲敌。或者更确切地说，在温泉关战役中，他们不仅是劲敌，而且是在明明知道将会牺牲的情况下仍然义无反顾地将生死置之度外的人。公元前 480 年，斯巴达人决定派遣一支精挑细选、由斯巴达国王列奥尼达领导的 300 人的特遣队前往温泉关。这一决定背后的原因不仅通过他们战斗和牺牲的方式得到了体现，而且体现在：被挑选出的人必须有一个活着的儿子，以防止他们的家族血脉断绝，换句话说，是为了防止 300 勇士确定牺牲后，他们的家族因此灭亡。

希罗多德《历史》第 7 卷中的另一个故事进一步证明了斯巴达人的使命是自杀式的自我牺牲，值得注意的是，这个故事是希罗多德在叙述温泉关战役前不久讲述的。公元前 480 年，在波斯入侵希腊的准备阶段，斯巴达人曾考虑如何尽力说服薛西斯放弃入侵。作为一个非常虔敬的民族，斯巴达人认为，波斯入侵至少在一定程度上是上天对他们不敬行为的惩罚，因为他们在几年前杀害了薛西斯的父亲大流士派来的传令官（这些人的职务赋予了他们神圣不可侵犯的地位）。因此，他们萌生了向薛西斯赎罪的想法，计划派两个斯巴达人供薛西斯杀害以作为赔偿和补偿。我们可以说斯巴达人天真，当然，据说薛西斯就是这样看待他们的举动的（薛西斯用傲慢和轻蔑的态度将这两个
210 想要成为爱国的自杀者的人从自己面前赶走）。但是，为了更伟大的事业（在这种情况下是为了全希腊的利益，而不仅仅是斯巴达的利益）自我牺牲的精神却熠熠生辉。

结果，薛西斯确实入侵了希腊，并在希腊人的顽强抵抗下强行攻占了温泉关关口。“请告诉斯巴达人”，这是西蒙尼德斯著名警句的开头，他颂扬了在这场遭遇战中牺牲的英勇的斯巴达人，这一警句在最近的大众文化中引起了共鸣。正如警句的下一句为“……行人，请告诉斯巴达人，我们遵从他们的命令，在这里长眠”所表明的，斯巴达人的法律非常严厉和僵化。但是希罗多德《历史》第 7 卷中另一个标志性（有代表性）的段落（据称是薛西斯和被罢黜的斯巴达前国王德玛拉图斯之间的对话）清楚地表明这一警句的最后一个分句应该如何解读：它说明了希腊公民遵守法律的典型品质，而斯巴达人充分体现了这一品质并将其付诸行动。

德玛拉图斯向薛西斯保证，斯巴达人一定会积极抵抗他，因为他们对法律的畏惧超过了薛西斯的臣民对他的畏惧。更重要的是，与他们（薛西斯的臣民）不同，斯巴达人能够自由选择。他们通过集体协议（collective agreement）为自己制定了法律，并选择遵守这些法律。他们不是被极度恐惧或武力所胁迫，去服从专制者或独裁者恣意妄为、无法无天的心血来潮。当然，这是希罗多德的一种有偏见的、种族中心主义的判断。但是，这一判断同样包含了一个基本事实，既关于古希腊人整体，也关于希波战争时期希腊人的领导者——斯巴达人。

斯巴达人及其独特的社会在乌托邦传统中占有重要地位。但是，正如这个源自希腊语的单词的发明者托马斯·莫尔深刻意识到的那样，乌托邦在形式上是模棱两可的。根据前缀“U”的不同用法，乌托邦一词的意思可能是“不存在之地”（outopia），也可能是“好地方”（eutopia）。诚然，来自斯巴达不存在之地的消息并不总是好消息。《泰晤士高等教育增刊》（*Times Higher Education Supplement*）上的一篇文章介绍了我早些时候出版的《斯巴达人：一部英雄的史诗》（*The Spartans: An Epic History*）一书以及一些电视剧，社论如下：“他
们把婴儿扔进峡谷，每年都杀害劳动力。历史学家保罗·卡特里奇认 211
为，我们可以从这些斯巴达人身上学到一些东西。”尽管如此，我仍然想认为，也想让我的读者们认为，一个受到温泉关战役启发的乌托邦也许并不是地球上最糟糕的地方，当然，除了遗弃婴儿和剥削黑劳士。

无论如何，温泉关神话中所蕴含的古代理想至今仍能引起共鸣。它是这样一种观念：有些价值观既值得人们为之而死，也值得人们为之而生。但是，这种观念可能是一把双刃剑。例如，在我看来，某些自杀式炸弹袭击者利用这种观念是完全令人厌恶的，无论他们的理由多么正当。然而，如果按照斯巴达人及其创始者和立法者来库古设定的方向发展，这种观念就能造就符合乌托邦荣誉称号的集体合作和自我牺牲的理想。

传统上，斯巴达并不会被作为高雅文化的温床来纪念，这是正确的。但是，我认为，当未来的诺贝尔文学奖获得者威廉·戈尔丁参观完温泉关，于 1965 年写下这些内容时，也并不矛盾或讽刺：

> 列奥尼达对我们的重要之处在于我可以去任何我喜欢的地

方，写任何我喜欢的东西。他为我们的自由做出了贡献。

今天，当我们思考出现在希腊和其他地方的温泉关纪念碑时，无论我们是在斯巴达，还是在更凄美、更喧闹的温泉关隘口，都值得铭记上述这一看法。

附录1　发明“历史”：希罗多德和其他古代史料来源

希罗多德出现之前世界上没有希罗多德

——A. D. 莫米利亚诺1966年的《历史学研究》

公元前1世纪，希罗多德被西塞罗称为“历史学之父”。不那么恭维的是，他还被称为“谎言之父”。正如爱德华·吉本巧妙地指出的那样，希罗多德有时候为小学生写作，有时候为哲学家写作。换句话说，他为孩子们编故事，讲述非常夸张的奇闻轶事。但是他也以成熟的方式深入事件表面的泡沫之下，提出最重大的历史问题，触及人类哲学的共性。他叙述中一个非常重要的主题是凡人所处的世俗世界与不朽和神灵所处的神秘领域之间的关系。在他笔下，他非常喜欢的雅典人梭伦声称“一切都是随机的”（Herodotus，1. 30）。另一位这样的人，吕底亚的前国王克洛伊索斯将人类历史的进程比作巨轮的转动（Herodotus，1. 207）。无论（相信）哪种观点，对人类而言，最佳方案都是审慎行事。政治家和政客首先必须记住：伟大的城市、国家和帝国曾经都是渺小的，他们必须基于这样一个既定的假设行事，即现在伟大的城市、国家和帝国终有一天会再次不可避免地变得渺小。

希罗多德与西蒙尼德斯有共同的关注点，西蒙尼德斯是与希罗多

德同时代的诗人，他的诗歌是我们关于温泉关战役的另一个主要史料
214 来源。为后代维护伟大事迹的声誉是他们共同关心的问题。在这一方面，就像在其他方面一样，两人都要对荷马这一开创性的榜样心存感激。一位古代的文学评论家非常恰当地称希罗多德（的风格）是“最像荷马的”。例如，希罗多德在这一方面继承了荷马：展现事物的真实性（营造一种真实氛围）并致力于讲述事实，即使或者说尤其是当主题明显是虚构的时候，比如，《奥德赛》第 9 卷中讲述的被称为“库克罗普斯”（Cyclopes，“独眼巨人”，因为他的额头中间只有一只大而圆的眼睛）的未开化的野兽的故事。

希罗多德在《历史》的开篇，以荷马式的宣言阐述了他的探究（*historia*，伊奥尼亚方言是 *historiê*）结果：他的目的是保留希腊人和非希腊人（主要是指波斯人）的伟大事迹，使其不至于湮没无闻。然而，一些后世的希腊人，如进行道德说教的传记作家和散文作家普鲁塔克，认为希罗多德在保留他们祖先的蛮族敌人的名声方面做得太成功了，并且反对他在对待一些希腊同胞时不够公平慷慨。作为一个来自喀罗尼亚的比奥提亚人，普鲁塔克认为希罗多德恶毒地将他底比斯的比奥提亚同胞称为不折不扣的“亲米底主义者”，这让他尤为愤怒。但在我看来，普鲁塔克抗议得太过了。他竟然可以屈尊错误地给希罗多德贴上了“亲蛮族人”（*philobarbaros*）的标签，这表明希罗多德书写的远不止是官方的、亲希腊的历史。

有时人们会说，希罗多德应该把“历史学之父”的称号让给《圣经》中《列王记》和《历代记》的匿名作者。但这是将简单叙述可能准确的历史事实与历史本身相混淆。因为，除了维护名誉，希罗多德在他的序言中还宣布了一个更具独创性和科学性的总目标“*aitiê*”，它的意思可以是原因或解释，也可以是责任分配。希罗多德说，他特别

关注的是，通过探究（*historiê*）发现希腊人和非希腊人进行希波战争的原因和目的。事实上，由于他并不是特别关注对整个社会的道德赞 215
颂或谴责，因此在他纲领性的序言中，“原因”和“责任”可能是更好的解释。但是他最初的读者或听众是受过悲剧熏陶的，他们可能会这样理解：原因、责任、内疚和指责之间有着不可避免的联系。

“*historia*”最初的意思是“研究”（researcher）或“探究”（enquiry），英语短语“自然历史”（“natural history”，对自然的探究）仍具有这一含义。但是对希罗多德而言，这是一个艺术术语，他在前言中强调这一词语，是在炫耀一种观察、感受尤其是思考的新方式。此外，值得注意的是，希罗多德最伟大的继承者修昔底德根本未使用过这一词语。这是出于什么原因呢？因为按照希腊人典型的人际行为模式，修昔底德将自己视为希罗多德的竞争对手，不希望泄露哪怕是最微小的、表明他们在做同一种事情的迹象。他参加了一场争夺优先权的竞争（*agôn*），这关乎他所珍视的“第一个发现者”（*prôtos heuretês*）的头衔。

很久以前（其实也就在不久之前），像我一样对他们技艺的起源感兴趣的历史学家会毫不犹豫地将修昔底德排在希罗多德之上。可以说，修昔底德是历史学家的历史学家，至少从意大利文艺复兴时期开始，这种观点就占据了主导地位。① 更近一些，从19世纪晚期开始，人们开始从“科学”的角度对希罗多德和修昔底德进行比较，这正是我们现代占主导地位的知识范式。因此，修昔底德的历史书写被认为是“科学的”，而希罗多德的历史书写显然不是。诚然，希罗多德是

① 事实上，在古希腊的“文艺复兴”时期，即公元2世纪的第二次诡辩运动时期，已经希腊化的叙利亚作家琉善（Lucian）在他《如何写历史》（*How to Write History*）的小册子中授予了修昔底德这一荣誉。

一位出色的故事讲述者，但仅此而已：他讲述的通常是一些令人难以
216 置信的故事。此外，就他的信息来源而言，他通常过于轻信，甚至可以说容易受骗；而且（同样重要的是）在解释他所听到和他认为的过去发生的事情时过于神学化。

历史研究中所谓的后现代转向的积极影响是支持修昔底德而反对希罗多德的半自动判断受到了严重质疑，甚至被彻底颠覆。从最近关于修昔底德的大量研究中，我们看到了一位与 20 世纪 70 年代（的历史学家）非常不同的历史学家。现在，希罗多德的探究方法及其关于探究结果的叙述通常被认为完全适合处理向他传递过去的信息的背景，也适合处理他选择研究的主题类型。此外，希罗多德做到，修昔底德却明显没有做到的是，让读者能够明白过去是复杂、模糊和混乱的；人们对过去的认知存在很大差异，通常是模糊的，而且总是充满兴趣的；因此历史总是或多或少地经过了历史学家的创造，而且或多或少是被当代人建构的。不存在可供人们发现、验证或假设的历史“规律”。

重要的不是误解希罗多德“探究”的本质。他的探究主要不是钻研尘封的档案，或是阅读已经出版的官方文件。希罗多德所处时代的希腊世界及之前的几代人并不是非常注重文献，更不用说熟悉档案方面的知识了。相比之下，东方世界则是如此（注重文献和档案），但是很显然，除了希腊语，希罗多德既不能读也不能说任何其他语言。他在收集关于东方的信息时，要么依靠东方会说希腊语的线人，要么依赖了解一门或多门主要的东方语言（例如，波斯语、阿拉姆语或巴
217 比伦语）的希腊人。毋庸置疑，他确实以某种方式获得了真实的东方文献，但具体是如何获得的，我们无从知晓。一个被他们的反对者称为“希罗多德谎言学派”（Liar School of Herodotus）的非常持有怀疑态度的现代思想流派，甚至质疑希罗多德是否真的去过他所说的东方

国家，比如，埃及或巴比伦。（马可·波罗也遭到了同样的质疑，但理由同样不充分。）然而大多数学者更冷静地认为，尽管希罗多德确实去过埃及孟菲斯或巴比伦，但是他对自己所见之事和所闻之事的本质的叙述远非完全准确和实事求是。

就希罗多德的希腊线人而言，我们没有充分的理由怀疑他曾远赴各地寻找他们：向西最远到了意大利南部，位于他的出生地（小亚细亚西南部卡里亚的哈利卡纳苏斯，今土耳其的博德鲁姆）所在的希腊世界的另一端。我们也不应该怀疑希罗多德曾仔细深入地询问过他们。希罗多德将他所谓的有见地的旅行（*theoriê*）和探究（*historiê*）结合起来，并用他的判断力（*gnômê*）来评估收集到的口述证据。但是他的线人有时也不尽如人意，作为希腊社会的精英，希罗多德与其他城邦的同侪混合在一起，但并非所有人都会坚定不移地告诉他真相，告诉他全部真相，且只告诉他真相。因此他的探究结果在历史真实性方面可能会与现实存在相当大的差异。

此外，像任何有创造力的艺术家一样，希罗多德有自己的议题和观点，他希望自己选择的史料能够为其服务。他非常明确地声称，他“讲述了别人告诉他的事情，但他没有义务相信别人告诉他的一切”（Herodotus, 7. 52）。但事实上，他的话语（包括叙述和演讲）都是自己的创作。例如，正是希罗多德决定了自己笔下的斯巴达人或波斯人如何及何时说话，以及他们应该如何相互交谈。在他的整部作品中，218
希罗多德按照一种巧妙而老练的道德模式塑造了自己的叙事。

在《历史》第7卷关于温泉关战役叙述的序言中，希罗多德的表现非常像一位剧作家。他将自己的读者（当然，一开始是听众）带到了幕后，带进了波斯大王本人议事厅的密室。根据希罗多德的说法，薛西斯在温泉关战役期间最喜爱的希腊顾问之一是一名斯巴达人。他并不是一名普通的斯巴达人，而是斯巴达的前国王德玛拉图斯，德玛拉图斯在公元前490年被废黜世袭王位并被迫流亡后，投靠了波斯一方。所以在某种程度上，德玛拉图斯是一个彻头彻尾的叛徒，他背叛了希罗多德本人明确拥护的希腊自由事业。然而希罗多德并没有选择这样描述和指责德玛拉图斯。他的论述更加丰富和微妙。

希罗多德将他笔下的德玛拉图斯塑造成一个“警告者”（warner）的形象，就像知晓未来的男性凶事预言家，但是当他向薛西斯预言未来时未被相信。因此，希罗多德必须呈现一个并非完全有害于和并非完全不同情斯巴达及其理想的德玛拉图斯。希罗多德在与德玛拉图斯的后代交谈时可能得到了他们对德玛拉图斯这样的积极评价，这些后代在两代人之后仍然生活在特洛阿德（Troad，特洛伊附近的安纳托利亚西北部地区）。关键在于，不管出于何种原因，希罗多德都选择相信这一点并将它呈现出来，所以，希罗多德最重要的关于德玛拉图斯的叙述（Herodutus，7. 101－104）在一定程度上是赞美斯巴达军事道德的有利传统的一个版本。

然而，与此同时，这一叙述（的意义）又远不止于此。尽管希罗多德并不是雅典民主狂热或不加批判的赞赏者，但是他确实用雅典特有的民主政治话语丰富了他的《历史》，尤其是他关于德玛拉图斯的叙述。这种激烈的反僭主传统始于公元前508年或前507年雅典民主制的建立，而且它发现波斯的君主制对自己特别有利：例如，薛西斯
219 就被刻板地描绘成（被讽刺为）典型的东方专制暴君。希罗多德展现了这一丰富结合体的一些色彩、特点以及基本成分。①

---

① 指希罗多德关于德玛拉图斯的叙述既包括赞美斯巴达军事美德的内容，又融入了雅典特有的民主政治话语。——译者注

在希罗多德关于德玛拉图斯的叙述中，除了斯巴达和雅典的元素，他还增加了第三个维度，即一个他自己特有的元素：泛希腊主义。这种意识形态植根于希腊共同的宗教习俗和其他共同的文化习俗（尤其是共同的语言）中，可以追溯到很多年甚至几个世纪之前。很大程度上要归功于希波战争，泛希腊主义带有了民族中心主义甚至几乎是“种族主义”的色彩。此时，希腊人的价值观与非希腊人，尤其是波斯人的价值观形成了非常有利的对比。希罗多德绝对不是一个简单的，更不是一个过分简单化的“泛希腊主义者”。他能够展现出，事实上也主张对与希腊格格不入的非希腊的习惯、习俗和信仰给予相当大的宽容（见附录3）。但是希罗多德确实认为，希腊人（事实上只是部分希腊人）赢得了希波战争完全是一件好事。事实上，他特意强调这是希腊人，尤其是斯巴达人和雅典人的共同胜利。因此，他用一个斯巴达人，甚至是一个爱国心存疑的斯巴达人来表达一些自己最珍视的泛希腊主义的情感和信条。这种极其微妙和丰富的叙述使希罗多德成为一位特别值得称道的文学艺术家，但不是一位容易解读或可以直接解读的历史学家。

希罗多德还特别擅长处理时间和大多数情况下的因果关系问题。① 他的主要叙述开始于我们所说的公元前540年。这部分是因为波斯的居鲁士对吕底亚国王克洛伊索斯的征服导致希腊城邦首次臣服于波斯，这也是希罗多德关于希腊和波斯关系这一总体主题的第一个例子。但这也是希罗多德使用口述探究方法，以期获得事件可靠的目击者证词的最远时间点。公元前545年大约是希罗多德出生前两代人的 220
时间，或者说是他成年前三代人的时间。根据人类学家的说法，就基

① 我将用希罗多德对公元前6世纪30年代和公元前6世纪20年代萨摩斯有趣的僭主波利克拉特斯的描述来说明这两个问题。希罗多德本人非常了解萨摩斯，他了解到了岛上（和关于这一海岛）异常丰富和详尽的传统。

本事实内容而言，三代人大概是一个活生生的口头传统可能以其原始形式留存下来的最大时间跨度。

希罗多德以另一种方式表达了相同的观点，这对他的希腊听众来说特别有意义。他说，萨摩斯的波利克拉特斯是“所谓的人这一代中”第一个成为海洋统治者的人（Herodotus，3. 122）。希罗多德听过很久以前传说中由克里特岛的国王米诺斯（克诺索斯迷宫的建造者）统治的海洋帝国。但是对希罗多德而言，米诺斯属于神话时代，属于史前时期，远远超出了“三代人”定律的时间范围。①

希罗多德对因果关系的处理并非总是无可挑剔。例如，他对公元前 525 年波利克拉特斯和埃及法老阿赫摩斯关系破裂的解释似乎本末倒置了。并非如希罗多德所说，是阿赫摩斯以可疑的希腊道德神学为由中断了与波利克拉特斯的联盟，因为对阿赫摩斯而言，波利克拉特斯过于富足；而是当波利克拉特斯意识到埃及即将成为居鲁士的儿子冈比西斯领导下波斯帝国扩张的下一个目标时，放弃了与阿赫摩斯的约定。② 但总体而言，他对公元前 545—前 479 年对希腊与波斯之间关系的解释值得人们的尊敬，各个关键阶段或时间点（公元前 545 年、公元前 525 年、公元前 499 年、公元前 490 年、公元前 484 年）之间的联系总是非常清晰。

---

① 令人惊讶的是，所谓的“严谨科学的”修昔底德竟然将米诺斯真实的历史存在当成了读物。

② 根据希罗多德的叙述，波利克拉特斯曾与阿赫摩斯建立了有益的个人政治友谊，但当阿赫摩斯听说波利克拉特斯的戒指的故事后，便与他断绝了关系。简而言之，波利克拉特斯担心过度繁荣很可能导致他的垮台，因此他将一枚自己特别喜爱的戒指扔进了大海。但是，戒指被一条大鱼吞进了肚子，骄傲而忠诚的渔夫捕获了这条大鱼，并把它送给了波利克拉特斯，波利克拉特斯发现鱼肚里有戒指。波利克拉特斯和阿赫摩斯推断，他的垮台是无法避免的。实际上，这只是一个广泛流传的国际民间故事的希腊变体。

从主导现代史学书写的大体上或完全世俗的角度来看，希罗多德的叙述还是被认为过于神学化。他坦承相信“神之手”（hand of god/ 221
the gods/the divine）足以解释人类历史的现象。他坚信，如果神谕的内容完全真实而且没有被邪恶的人类力量“收买”或操控，那么原则上就应该相信神谕是真实的。当需要在对特殊的人类事件（如斯巴达国王克里奥美涅斯一世异乎寻常的自杀）的不同解释中做出选择时，希罗多德总是自动选择神学解释，而不是人文主义或世俗的解释。

他的这种个人心理对他超乎寻常地容忍各个非希腊民族与希腊民族格格不入的信仰和习俗（见附录3）至关重要。这对他叙事的总体表述和风格也有很明显的影响。例如，希罗多德经常将斯巴达人描述为一个极度虔敬的民族。无论在集体层面还是在个人层面，他们都愿意以看似违背理智判断的方式行事。然而，真的是他们的宗教责任感阻止了他们在公元前490年的马拉松战役时及时从斯巴达出发，与雅典人和普拉提亚人并肩作战吗？还是说希罗多德太容易被斯巴达人的宗教说辞说服？如果希罗多德关于斯巴达人宗教热忱的看法是正确的（部分原因是他本身就是一个具有强烈宗教动机的人），那么这将是一条很重要的线索，可以用来解释一系列以一般希腊人的标准看来异常虔诚的关于公民义务和责任的诠释。

希罗多德总体上是可信的，而且他确实是一位研究希波战争问题的出色的历史学家，不幸的是，这并不能排除他在叙述事件细节时存在严重缺陷的可能性。① 这部分是因为他掌握的资料本身有缺陷，部
分也是因为他对这些资料的运用。但是，在我看来，希罗多德仍然是 222

---

① 无论如何，在我写这本书时，这就是 G. L. 考克威尔在其关于希腊波斯关系叙述的最新学术著作（G. L. Cawkwell, *The Greek Wars. The Failure of Persia*, Oxford: Oxford University Press, 2004）中所持有的观点。

最好的：我们要么和他一起书写关于温泉关的历史，要么根本不写。

凯阿岛的赞美诗诗人西蒙尼德斯①，是当时温泉关事件和过程的另一个主要的史料来源，他拥有惊人的精确记忆力。据说，他是第一个将记忆的艺术编纂成书的人，他事先制定了使记忆成形的规则，并在实践中臻于完美。一次，当他在色萨利为克兰农一个显赫的男爵家族表演赞美诗时，一场地震夺去了所有赴宴观众的生命。据说，他本人在神的干预下得救了。斯巴达的狄俄斯库里兄弟，即海伦②同父异母的双胞胎兄弟卡斯托尔和波鲁克斯，及时将他从宴会厅里召唤了出来。之后，西蒙尼德斯还能帮助失去亲人的亲属辨认他们挚爱之人被压碎的尸体，因为他记住了当时每个人所坐的位置。

西蒙尼德斯的受雇工作招致了一些谴责，尤其是来自他竞争对手的谴责，因为据称他是第一位为了确切的酬金而创作的赞美诗诗人。但是，西蒙尼德斯年轻的竞争对手品达在他漫长的职业生涯（公元前5世纪90年代到公元前5世纪40年代）中赚到的钱一定不比西蒙尼德斯少。③ 而且西蒙尼德斯的侄子巴基利德斯可能并不在意他通过赞美诗得到的酬劳被称为“报酬”还是“礼物”，只要他能得到丰厚的

---

① 《赞美诗诗人》（*The Praise Singer*）正是1976年玛丽·雷诺（Mary Renault）写的关于西蒙尼德斯的历史小说的题目。

② 在斯巴达，（特洛伊的）海伦与她的兄弟们一起接受敬拜，参见休斯2005年的作品（Bettany Hughes, *Helen of Troy: Goddess*, *Princess*, *Whore*, London: Jonathan Cape, 2005）。

③ 品达似乎从未接受过斯巴达城邦或斯巴达个人的委托，不过他还是设法偷偷地提到了拉科尼亚猎犬独一无二的卓越品质（Fragments 106, 107ab），也提到了阿波罗·卡涅俄斯（Apollo Carneios），他是斯巴达年度宗教日历中最重要的节日卡尼亚节的守护神：“我歌唱斯巴达的迷人/荣耀”；品达也提到了北非的昔兰尼，即公元前462年或前461年皮提亚赛会胜利者阿塞西拉斯的故乡，他曾委托品达创作这首胜利颂歌。事实上，品达似乎声称自己是某个斯巴达人的后裔，这个斯巴达人曾征服了附近的阿米克莱，并使阿米克莱达成了与斯巴达的政治联合。

酬金和报偿就可以。（据说，希罗多德也因为赞颂雅典人在赢得希波 223
战争中发挥了决定性作用，从他们那里得到了丰厚的报酬，但这应该是一种作为恩惠的报偿，而不是他想要的现金报酬。）

在这方面，与其他方面一样，西蒙尼德斯也处于传统与现代行事方式之间的风口浪尖上。例如，他的记忆规则表明，他生活在希腊文化的过渡时期，这一时期，希腊文化从以口述为主导的时代（记忆是记住过去重要事实最主要也是唯一的手段）向一个越来越多地使用书面文献来补充或替代口述的时代。然而，从我们的角度看，西蒙尼德斯更多的是在回顾歌颂“人类著名事迹”（*klea andrôn*）的荷马，而不是展望希罗多德和修昔底德的历史书写，他们试图解释人类事迹以及（或者说不是）赞美它们。

除了赞美诗，西蒙尼德斯还写了很多其他体裁的颂歌。例如，据说，他为希腊的各种节日创作了不少于56首吸引人的酒神颂歌（dithyramb，一种纪念酒神的赞美诗），尽管没有一首具体的颂歌流传下来。西蒙尼德斯很有可能是现存的一首献给山神潘（Pan，有着半人半羊的形象，也是牧神）的现存诗歌的作者（尽管关于这些诗句的原创作者是西蒙尼德斯还是品达存在争议）：

> 潘，阿卡狄亚之主
> 圣殿的守护者……
> 是受庇护者，被奥林匹亚诸神
> 称为伟大女神无处不在的猎犬……
>
> ——理查德·斯通曼译，略有删改

潘在公元前490年希腊—波斯事务中发挥了特别重要的作用。这

与杰出的长跑运动员菲利皮德斯有关，菲利皮德斯在不到 48 小时内跑
224 了 250 千米，将一个重要的消息从雅典带到了斯巴达。在前往斯巴达或从斯巴达返回（我认为更有可能）的途中，菲利皮德斯认为，潘神本人在他的家乡阿卡狄亚高地与他搭话。潘神向菲利皮德斯保证，他将站在雅典人一边对抗波斯人，他确实在马拉松这样做了，并在东方敌人中引发了他们对“潘”这一名字的恐惧。①

人们期望赞美诗诗人进行说教。（阿里斯托芬在公元前 405 年的喜剧《蛙》中提到了这一点。）西蒙尼德斯最精彩的箴言之一的希腊语原文最初只有三个词的长度，却说明了希腊世界的政治文化和性别刻板印象。“*Polis andra didaskei*”的字面意思是“一个教导男人（成年男性）的城邦”。这句箴言蕴含的丰富意义可以这样分析：希腊人独创的“城邦”（*polis*）或“公民国家”（citizen-state）教导一个成年男人如何成为真正意义上的男人，即城邦的公民。西蒙尼德斯在其他地方称斯巴达为“*damasimbrotos*”，意思是“驯服凡人的”或“凡人的驯服者”。普鲁塔克在其《希腊罗马名人传》关于斯巴达国王阿格西劳斯二世（公元前 400—前 360 年在位）传记的第一节中引用了这一说法（*Ages*. 1）。这既是一个非常贴切、简洁的称谓，也完全适合希腊唯一拥有国家组织的公共义务教育计划（适用于 7 岁以上的男孩和女孩）的城邦。

驯服就是教化，使粗糙的东西变光滑（类似于我们所说的“优雅的”“礼貌的”）。但是在希腊语中，驯服也有强烈的性别含义。希腊

① 斯巴达人向菲利皮德斯保证，只要月相发生变化，他们就能从高于一切的宗教承诺中解脱出来，去马拉松参加战斗。经过一系列艰苦的跋涉，斯巴达人到达了马拉松，但正如我们所看到的，他们是在战役结束的第二天到达的。这是一个令人沉痛的时刻，也是一个令人尴尬的时刻，我确信这也促使列奥尼达下定决心在十年后的温泉关战役中做出补偿。

语中表示妻子的词汇是“*damar*”，意思是“被驯服的人”。这里所说的丈夫对妻子的驯服与他们对野生动物，尤其是对马的驯服的意义完全相同。对于爱马的斯巴达来说，这是一个非常合适的意象。与马的繁殖、挑选和驯化相关的心理和意识形态都与斯巴达的优生学理念非常契合。很多斯巴达人在城邦（奥林匹亚）和地方性的体育赛会中凭借自己马厩中饲养的马赢得了比赛。例如，优阿格拉斯在三届奥林匹亚赛会上利用同一组母马摘得了胜利者的桂冠，这是一个非凡的，几乎是独一无二的壮举（见 Herodotus，6. 103）。斯巴达的一位女性，阿格西劳斯二世的妹妹辛尼斯卡公主（Princess Cynisca）是有史以来第一位赢得奥林匹亚赛会冠军的女性。当然，她不是作为参赛选手赢得的冠军，因为女性被禁止与男性比赛（甚至除了一名女祭司，还被禁止观看男性比赛），而是作为获胜的四马战车队的主人获得的冠军，第一次获得冠军是在公元前 396 年，第二次是在公元前 392 年。 225

在西蒙尼德斯的众多赞美诗中，最著名和最相关的是他在公元前 480 年和公元前 479 年为斯巴达创作的三首诗。第一首是为在温泉关战役中牺牲的所有希腊人而作，由管理着德尔斐（仅次于奥林匹亚的泛希腊赛会的第二大举办地，作为希腊宗教的精神家园，它的重要性甚至超过了奥林匹亚）事务的近邻同盟委员会的代表委托创作。斯巴达是近邻同盟的成员，但他们代表的是希腊民族的多利安人分支，而不是斯巴达公民。因此，这首赞美诗可能是为了在德尔斐吟唱而创作的，时间可能是在公元前 479 年普拉提亚战役后，著名的蛇柱（Serpent Column）胜利纪念碑竖立时。下面是这首赞美诗的全文，从希腊文意译而来，非常优美：

在温泉关牺牲的将士是伟大的，

他们高尚地结束了自己的生命，到达了崇高的目的地——
他们躺在祭坛而不是坟墓之下，
226 这里没有遗憾或悲痛，只有赞扬和怀念——
他们的光辉不会被锈迹掩盖，也不会随着时间消失。
这片土地是神圣的：勇士们在此安息，
希腊的荣耀在此守护着她选择的圣地。
这里也有一个值得人们见证的人——
斯巴达王室的列奥尼达，
他在此留下了宝贵的遗产，即勇气和名声，
他的名字将世代相传。

——T. F. 海厄姆译

特意提到列奥尼达和他留下的不朽的“勇气及名声的宝贵遗产”表明了斯巴达人特有的偏好。① 但是这一为在温泉关战役中牺牲的所有希腊人所作的赞美诗的措辞和篇幅显然不是斯巴达式的。这与由德尔斐近邻同盟委托创作的挽歌对句（一行六音步诗后接一行五音步诗）形成了对比。这一对句是专门为斯巴达人创作的，希罗多德等人引用过，但语言略有不同：

路过的行人，请告诉斯巴达人，
我们遵从他们的命令，在这里长眠。

---

① 这让人联想到后来的《帕拉廷诗选》（*Palatine Anthology*）（7.344）中收录的一首杰出的警句，这一文集可能也出自西蒙尼德斯之手。希罗多德曾记载道，希腊人为了纪念列奥尼达和他部下的事迹，在温泉关竖立了一座狮子形状的石碑（7.225.2）；这里涉及某种双关，因为狮子的希腊语是“*leòn*”。文集中收录的这首诗就像一头石狮子说出来的。

在此引用安娜·戴维斯的精彩评论，挽歌对句的“力量来自简单的句法、诗意的措辞和精湛的技艺的融合。音乐成了刻在石头上的语 227
言。情感的压力得到了控制并转化为两行诗，其中包含一种指令，它说明的既不是吹嘘也不是幻想的事物，因为他说明的是事实”（出自戴维斯 1981 年的作品）。详细而言，“他们的话语（their words）”翻译自希腊语 *rhêmasi*，是 *rhêma* 的复数与格形式。*rhêma* 与 *rhêtra*（一个尤其能在斯巴达找到共鸣的词）的词根相同。*rhêtra* 的意思是说出的任何东西，因此具有一系列应用意义，从法律到神谕都适用。西蒙尼德斯的听众可能会（从这个词中）领会到斯巴达人自己的伟大挽歌诗人提尔泰奥斯（他使用了短语 *eutheiais rhêtrais*，意思是“直言不讳”）的回应，以及这一词汇对所谓的“大”瑞特拉（“Great” Rhetra，归功于著名的，或者更可能是传说中斯巴达昔日的立法者来库古）的影射。对句的最后一个词是 *peithomenoi*，这是一个分词，意思是“服从（obeying）”。从某种意义上来说，斯巴达人的服从正是“驯服人的”的教育体系“阿高盖”（*agôgê*）的全部意义所在。

与这两首诗同样让人兴奋的是最近发现的西蒙尼德斯的另一首诗，它保存在莎草纸上但是不甚完整。这表明了西蒙尼德斯关于温泉关战役的两首诗在斯巴达多么受欢迎。因为他后来被斯巴达人委托或者至少是被一个斯巴达人委托写了一首关于公元前 479 年普拉提亚战役（最终决定了希波战争中希腊人在陆地上的胜利）的伟大史诗。这首诗的主题是将胜利的希腊人描绘成复活的荷马时代的英雄；并通过赞美诗这一媒介赋予胜利的希腊人荷马在特洛伊赋予阿喀琉斯和其他希腊英雄的不朽之名（例如，见片段 11.20－25）。这首诗的意外发现有助于我们更好地理解修昔底德反对历史中的“神话”的确切力量，尽管这可能会使他对希罗多德将神话与历史相结合的独特论述方式产生过度的偏见。

没有哪个斯巴达人比普拉提亚战役的希腊总指挥，摄政王波桑尼阿斯更希望自己受到这样的赞美和永垂不朽。我们从后来的柏拉图的作品（*Letter* 2. 311a）中了解到，波桑尼阿斯和西蒙尼德斯的交往被广

228 为谈论。这使得这首新诗被重新发现之前，西蒙尼德斯给波桑尼阿斯的忠告“记住你是凡人”显得尤其一针见血。然而，波桑尼阿斯最终似乎并没有听从这一忠告。①

总之，西蒙尼德斯受雇于人，用令人难忘的诗句为他的雇主和出钱人的事迹作尽可能最好的诠释。他们付的钱越多，西蒙尼德斯的赞美就越华丽（尽管不一定越有诗意）。但是西蒙尼德斯并不受制于历史学家需要具备的客观性和平衡性。

另外两个古代史料来源提供了有关温泉关战役的实质信息。② 其中一位比较合格的历史学家是一位来自西西里岛的希腊人狄奥多罗

---

① 波桑尼阿斯并不满足于在黑海入口处竖立一座自夸的碑文（Herodotus, 4. 81. 3；可以对比 Nymphis of Heraclea, *FGrHist*. 432F9 中的相关论述），他还让人在公元前 479 年在地球的“肚脐”德尔斐竖立的蛇柱底座上添加了一段铭文。蛇柱青铜线圈上的铭文只是写道“这些人参加了战争”，然后列出了希腊 31 个城邦的名单，其中拉栖第梦人当然位于开头，而波桑尼阿斯亲自委托撰写的警句（可参见 Herodotus, 1. 132. 2）几乎将希腊人的联合胜利归功于他一个人。任何对希罗多德稍有了解的读者都会从这种狂妄自大中预料到，波桑尼阿斯注定会得到报应，落得悲惨的下场。正如我们从修昔底德的记载中了解到的那样，他的下场确实很惨，即被饿死在斯巴达卫城上斯巴达人的守护神雅典娜的圣殿中。在希罗多德和许多其他传统的希腊人看来，这个结局本身就会抹去他之前作为波斯人征服者所获得的名声，尽管除了对波桑尼阿斯不太好的评价，还有其他原因。然而，异常虔诚的斯巴达人担心，由于波桑尼阿斯在圣地或圣地附近的死亡方式，他们可能会集体沾染上一些神赐的污点。因此，作为一种神圣的赎罪或补偿行为，当局委托人在斯巴达卫城竖立了两尊波桑尼阿斯的青铜雕像。

② 作为历史学家希罗多德的主要后继者修昔底德，从整体上提供了关于希波战争的史料和判断，但没有具体论述温泉关战役，可参考路德（Rood）1999 年的文章（见附录参考书目部分）。

斯，他在公元前1世纪下半叶撰写了一部篇幅巨大、简明扼要，并且
标题比较古怪的著作《历史集成》（*Library of History*）。另一位则不太 229
合格，他是来自小亚细亚西南部克尼多斯（Cnidos，希腊两大医学中
心之一，另一个是距离小亚细亚海岸不远、希波克拉底的家乡科斯
岛）的职业医生克特西亚斯。

克特西亚斯曾担任波斯大王阿塔薛西斯二世（公元前405年或前404—前359年或前358年）的宫廷医生，并随他出征和执行其他任务。他关于波斯宫廷生活的回忆录既生动又粗俗，吸引了人们的注意，得以保存下来。他对希腊—波斯历史的概括性叙述十分有趣或者说有启发性，以至于在8世纪被博学的拜占庭牧首佛提乌（Photius）摘录。正是他的摘录为我们提供了关于克特西亚斯明显过长和夸张的原作的概要版本。但可能是克特西亚斯原作中的错误而不仅是他的摘录者的省略导致了克特西亚斯在关于温泉关战役的叙述中完全遗漏了叛徒埃菲阿尔特斯。这样的失误使他的叙述比无用更糟糕，因为摘录中还有其他希罗多德没有记述的细节，而这些细节可能是准确的。

然而，狄奥多罗斯又是另一回事。他不会比自己选择追随、摘录和（在修辞学方面）改编的史料来源更好。他关于公元前5世纪的叙述基本上追随了埃弗鲁斯。埃弗鲁斯雄心勃勃地创作了一部30卷的希腊通史。这部著作从赫拉克勒斯的后裔返回伯罗奔尼撒半岛（根据我们的纪年体系，这是一个神话事件，可以追溯到公元前12世纪早期）开始叙述，一直叙述到埃弗鲁斯生活的年代，即公元前4世纪中期。埃弗鲁斯来自伊奥尼亚的库麦，在他一生中的部分时间，库麦曾经被并入波斯帝国；他可能是雅典著名演说家和小册子作者（pamphleteer）伊索克拉底（公元前436—前338年）修辞学校的学生。因此关于狄奥多罗斯叙述的真实性和可信性可以归结如下：如果不是希罗多德的

作品，那么埃弗鲁斯的史料来源是什么呢？需要解释的主要问题是我们应该以何种认真程度看待狄奥多罗斯叙述了但是希罗多德没有叙述的重要细节。

230 在狄奥多罗斯或埃弗鲁斯关于温泉关战役的叙述中，确实有一个可能具有关键意义、希罗多德未提及的细节。这一细节描述的是在温泉关战役中期，忠诚的希腊人对波斯军营发动的夜袭，目的是刺杀薛西斯大帝，从而至少消除希波战争存在的主要理由。我们该如何看待这部分叙述呢？我个人持完全怀疑的态度，关于这一问题的讨论请参阅第七章。

附录2　希罗多德记载的波斯军队部署表①

这些清单（即希罗多德记载的波斯军队部署表）的确切真实性和有效性都存在争议。但是除了希罗多德在自己的叙述中赋予它们的特定功能，它们还为我们提供了有关公元前480年薛西斯大帝统治下阿契美尼德波斯帝国各民族组成的彩虹联盟（rainbow coalition）的丰富多彩的描述。因此，在此我用自己的译文（旨在准确再现希腊文原文的技术内容和风格，而不是呈现优美的英文表述）全面呈现这些名单。 231

军队（7.61—88）

（61）波斯军队中参战的士兵如下所述。首先是波斯人，他们以这样的方式武装：头戴冕状头饰，这是一种触感很软的毡帽。身穿刺绣有袖上衣，（外面套）一件看上去像鱼鳞的护身铠甲，腿上穿着长裤（*anaxurides*）。他们携带着柳条编制的轻质盾牌，盾牌下方挂着箭筒；他们的矛很短，但是箭很长，箭杆是芦苇制成的；右侧大腿旁的腰带上挂着短剑。他们的将领是薛西斯妻子阿美斯提斯的父亲欧塔涅

① 附录2中的序号均与原书（即希罗多德《历史》）一致。——译者注

232 斯。旧时，波斯人被希腊人称作“凯培涅斯”（Cephenes），尽管波斯人也自称为“阿塔伊”（Artae），他们的邻居也如此称呼他们。但是当达那厄和宙斯的儿子珀尔修斯拜访拜鲁斯的儿子克普斯并娶了拜鲁斯的女儿安德罗美达后，他有了一个儿子，取名为珀尔塞斯。珀尔修斯把珀尔塞斯留在了那里，因为克普斯碰巧没有儿子。波斯人就是因珀尔塞斯而得名的。

（62）服役的米底人也是以这样的方式装备自己的，事实上，这种装备方式最初是米底人而不是波斯人发明的，米底人的将领是阿契美尼德家族的提格拉涅斯（Tigranes）。在过去，米底人普遍被称为“阿里安人”（Arians），但是当科尔奇斯的美狄亚从雅典来到阿里安人中时，这些人的名称也改变了。这是米底人讲述的关于他们自己的故事。军队中的奇西亚人在其他方面的装备与波斯人一样，但是他们戴的不是毡帽，而是缠绕的头巾。他们的将领是欧塔涅斯的儿子阿纳菲斯。赫卡尼亚人（Hyrcanians）的装备和波斯人一样，他们的将领是后来担任巴比伦总督的迈伽帕努斯。

（63）服役的亚述人戴的是青铜头盔或难以描述的外国式样的编织头盔，手持盾牌、长矛和短剑（像埃及人一样），以及镶有铁的木棍，穿着亚麻甲胄。希腊人将他们称为“叙利亚人”，但非希腊人称他们为“亚述人”。他们的将领是阿尔塔凯耶斯的儿子欧塔司佩斯。

（64）军队中的巴克特里亚人戴着与米底人几乎相同的头盔，拿着当地的芦苇弓和短矛。萨卡的斯基泰人头戴直立而坚挺的尖顶帽（*kurbasiai*），穿着长裤，手持当地生产的弓和短剑。此外，他们挥舞着被称为“撒加利斯”（*sagaris*）的战斧。这些人被称为“阿米尔基亚的萨卡人”，尽管他们实际上是斯基泰人。因为波斯人将所有的斯基泰人都称为“萨卡人”。大流士和居鲁士的女儿阿托莎的儿子叙司塔斯佩斯指挥着巴克特里亚人和萨卡人。

（65）印度人穿着棉质衣服，手持芦苇弓和铁头芦苇箭。印度人就是以这样的方式装备的，他们被分配给阿塔巴特斯的儿子法尔纳扎特列斯指挥。233

（66）阿里安人装备着米底式的弓，但是其他方面的装备与巴克特里亚人相同。海达尔涅斯的儿子西撒尼斯指挥着阿里安人。帕提亚人、花剌子模人，索格底亚那人（粟特人）、甘达拉人、达迪坎人的装备与巴克特里亚人的装备相同。法尔纳克斯的儿子阿尔塔巴佐斯指挥着帕提亚人和花剌子模人，阿尔泰奥斯之子阿扎涅斯指挥索格底亚那人，阿尔塔巴努斯之子阿提菲斯指挥着甘达拉人和达迪坎人。

（67）里海人（Caspians）身穿皮质外衣，装备着当地的芦苇弓和短剑。他们的将领是阿提菲斯的兄弟阿里奥玛尔多斯。萨兰吉人（Sarangians）因穿着鲜艳颜色的衣服而显得与众不同。他们穿着长及膝盖的靴子，手持宫殿和米底式的长矛。萨拉吉人的将领是迈伽巴祖斯的儿子培伦达特斯。帕克坦人（Pactyans）也穿着皮质外衣，手持当地的弓和短剑。他们将伊萨米特列斯的儿子阿塔翁特斯视为将领。

（68）乌提亚人（Utians）、迈坎人（Mycans）和帕里卡尼亚人（Paricanians）装备的方式与帕克坦人相同。乌提亚人和迈坎人由大流士之子阿尔萨美涅斯指挥，帕里卡尼亚人由欧约巴祖斯（Oeobazus）之子西洛米特列斯指挥。阿拉伯人穿着用腰带束起的宽松斗篷，右侧携带着一张长长的双曲弓。埃塞俄比亚人穿着豹皮和狮子皮做的衣服，拿着棕榈木条做成的弓，弓长不少于4肘尺，箭是小的芦苇箭，箭尖是由尖锐的石头（也是他们用来制作刻印的石头）而不是由铁制成的。此外，他们还带着长矛，矛尖是削尖的羚羊角，矛杆是有节的。当他们上战场时，身体一半涂抹泥浆，一半涂抹赭石。

（69）居住在埃及以外的阿拉伯人和埃塞俄比亚人由大流士和居鲁士的女儿阿尔塔斯托涅（Artystonê，在所有的妻子中，大流士最爱她，并用打制的金箔为她塑像）的儿子阿萨姆斯指挥。埃及以外的埃塞俄比亚人和阿拉伯人由阿萨姆斯指挥。

（70）住在日出方向的埃塞俄比亚人（因为有两组埃塞俄比亚人
234 在服役）与印度人列阵在一起。除了语言和头发，他们在外表上与其他埃塞俄比亚人没有任何区别。来自东方的埃塞俄比亚人的头发是非常顺直的，而来自利比亚的埃塞俄比亚人的头发是所有人中最浓密、最卷曲的。来自亚细亚的埃塞俄比亚人的装备大部分与印度人相似，只是他们头上戴着马前额的皮毛，以及马耳朵和鬃毛。他们将马耳朵竖起来，鬃毛当作顶饰。他们不使用盾牌，而是将鹤皮放在身体前面充当防御工具。

（71）利比亚人身穿皮甲，手持枪尖因淬过火而变得坚硬的标枪。他们将欧阿里祖斯的儿子马萨吉斯视作将领。

（72）帕夫拉戈尼亚人（Paphlagonians）头戴辫子头盔，携带着小盾牌、大小适中的长矛、轻质标枪和短剑。他们脚上穿着当地长达小腿中部的靴子。以同样方式装备自己的还有利格亚人（Ligyans）、马提尼亚人（Matienians）、马里安德尼亚人（Mariandynians）和叙利亚人。这四个民族的人被波斯人称为“卡帕多西亚人”（Cappadocians）。帕夫拉戈尼亚人和马提尼亚人的将领是美伽西多罗斯之子多特斯。利格亚人、马里安德尼亚人和叙利亚人的将领是大流士和阿尔塔斯托涅的儿子戈布里耶斯（Gobryes）。

（73）弗里吉亚人和帕夫拉戈尼亚人的装备非常相似，只是略有不同。根据马其顿人的说法，只要弗里吉亚人在欧罗巴与马其顿人毗邻而居，他们被称作布利吉人，但是当他们越过欧罗巴来到亚细亚时，他们的名称也会随着居住地而改变。作为弗里吉亚人的殖民者，亚美尼亚人（Armenians）的装备方式与弗里吉亚人相同。弗里吉亚人和亚美尼亚人的将领是大流士的女婿阿尔托克美斯。

（74）吕底亚人的武器和盔甲与希腊人的非常相似。吕底亚人古时被称作美伊奥尼亚人（Meionians），但是在阿提斯之子利杜斯统治时期获得了现在的新名称。密西亚人（Mysians）头戴当地头盔，携带着小盾牌和枪尖因淬过火而变得坚硬的标枪。吕底亚人的殖民者被称为“奥林匹亚人”（Olympienians），因奥林匹斯山得名。吕底亚人和密西亚人的将领是阿尔塔弗涅斯的儿子阿尔塔弗涅斯。他曾和达提斯联合入侵马拉松。 235

（75）服役的色雷斯人头戴狐皮帽，身穿长及膝盖的短袍，外披刺绣斗篷，脚上穿着长及小腿的鹿皮靴。他们携带着标枪，轻质柳条盾牌和小型短剑。当这些人越过边界来到亚细亚生活后，他们被称为“比提尼亚人”（Bithynians）。但是，在此之前，如他们自己所说，他们被称作“斯特里蒙尼亚人”（Strymonian），因为他们居住在斯特里蒙河河畔。他们声称自己是被特洛伊人和密西亚人赶出原来家园的。亚细亚的色雷斯人由阿尔塔巴努斯之子巴萨凯斯指挥。

（76）皮西迪亚人（Pisidians）携带着小型生牛皮盾牌，每人手持两支吕西亚人（Lycians）制作的猎矛。头上戴着青铜头盔，头盔顶端有一个顶饰，上面有牛的耳朵和牛角。他们将红色布条缠绕在腿上当作护胫甲。这些人拥有一座供奉阿瑞斯的神庙。

（77）美伊奥尼亚的卡布里亚人（Cabelians）被称作“拉瑟尼亚人”（Lasonians），他们的装备与西里西亚人相同，我将在按阵列顺序介绍西里西亚人时详细说明。米利安人（Milyans）带着短矛，穿着由胸针固定的衣服，他们中的一些人带着吕西亚式的弓，头上戴着狗皮制成的头盔。这些人由叙司塔涅斯之子巴达列斯指挥。

（78）莫斯科伊人（Moschians）头上戴着木质头盔，手持盾牌和矛尖很长的小型矛。提巴列诺伊人（Tibarenians）、玛克罗涅斯人（Macronians）和摩叙诺依科伊人（Mossynoecians）的装备与莫斯科伊人的相似。按照队形顺序，莫斯科伊人和提巴列诺伊人由大流士之子阿里奥玛尔多斯指挥，玛克罗涅斯人和摩叙诺依科伊人的将领是赫勒斯滂塞斯图斯的总督凯拉司米斯之子阿尔塔克特斯。

（79）马里亚人（Marians）戴着当地的编织头盔，手持小型的兽皮盾牌和标枪。科尔基亚人（Colchians）戴着木质头盔，手持小型生牛皮盾牌，短矛和刀。马里亚人和科尔基亚人的将领是提阿斯皮斯之子帕兰达特斯。阿拉罗迪亚人（Alarodians）和萨斯佩里亚人（Saspeirians）的装备与科尔基亚人相同。这些人由西洛米特列斯之子马西斯提乌斯指挥。

（80）接下来是来自红海的岛民，他们居住在岛上，被波斯大王称为“离开家园者”（Uprooted）。他们的服装，武器和盔甲与米底人
236 非常相似。这些岛民由巴加伊乌斯之子马尔东特斯指挥，他在第二年的米卡列战役中担任将军，并在这场战役中牺牲。

（81）上述这些民族是在陆战中服役的人，他们会被编入步兵中。我所提到的这些人是步兵的将领。他们负责安排和清点各师的人数，任命千人队和万人队的将领，万人队的将领任命百人队和10人队的将领。还有一些是各分遣队和各民族的首领。

（82）我提到的这些人都是将领，但是，作为总司令全面领导他们和整个军队的是戈布里亚斯的儿子马尔多尼乌斯，阿尔塔巴努斯（曾表示他们本不应该远征希腊）的儿子特里坦塔伊美克斯，欧塔涅

斯之子斯梅尔多美涅斯（特里坦塔伊美克斯和斯梅尔多美涅斯都是大流士兄弟的儿子，因此是薛西斯的堂兄弟），大流士和阿托莎之子玛西斯特斯，阿里阿祖斯之子格吉斯以及佐皮洛斯之子迈加比佐斯。

（83）这些人都是整个步兵部队的将军，除了1万人，精挑细选出来的这1万名波斯士兵的将军是海达尔涅斯的儿子海达尔涅斯。这1万人被称为“不死军”的原因如下：如果有人因意外或疾病死亡导致军队人数少于1万人，另一个人就会被选中加入，因此“不死军”的人数绝对不会超过或少于1万人。在波斯帝国的所有民族中，波斯人创造了最伟大的秩序，他们自己也是最优秀的。他们装备自己的方式如前所述，他们的与众不同之处还在于他们佩戴了大量黄金。此外，他们还带着有篷马车和妻妾，以及一大群精心装备过的随从。他们与其他士兵的不同之处在于，他们有特殊的额外补给，这些补给由被上轭的骆驼和驮畜驮着。

（84）这些民族都能作为骑兵服役，但是只有以下民族为远征提 237
供了骑兵。首先，是波斯人，除了有些人头戴打制的青铜和铁制的金属制品，波斯骑兵的装备方式与步兵相同。

（85）接下来是被称为“撒加提亚人”（Sagartians）的游牧民族，他们在种族和语言上是波斯民族，但是他们的装备介于波斯人和帕克坦人之间。这些人装备着8 000匹马，但除了短剑，他们没有携带青铜或铁制武器的习惯。相反，他们使用革纽编成的皮索，并且在上战场时非常信任这些皮索。这些人的战斗方式如下：当他们与敌人交战时，他们会抛出皮索，皮索的末端会套上绳套。无论用皮索套什么，不管是人还是马，他们都会将其拽向自己，被套住的“猎物”就会被摧毁。这就是他们的作战方式，他们被排列在波斯士兵旁边。

（86）米底人骑兵的装备与他们步兵的装备相同，奇西亚人也是如此。印度骑兵的装备与他们的步兵相同，他们既骑赛马，也使用马或驴拉的战车。巴克特里亚人和里海人骑兵的装备也与他们步兵的装备相同，利比亚人也是如此，这些民族也都会驾驶战车。同样的，……帕里卡尼亚人的装备也与他们步兵的装备相同。阿拉伯骑兵的装备与他们步兵的装备相同，但他们骑的是比赛骆驼，速度一点也不比马慢。

（87）只有这些民族提供了骑兵，除去骆驼和战车外，一共有 8 万匹马。其余的骑兵部队按队集结，但是阿拉伯人被安排在最后，在他们后面，以免使马队受惊，因为马不能看到骆驼。

（88）骑兵将领是哈尔玛米特列斯和提塔伊乌斯，两人都是达提斯的儿子。第三位联合将领是法尔努克列斯，但他因生病留在了萨迪斯。因为他们从萨迪斯启程时，他遭遇了一场意想不到的灾难。当他骑马离开时，一条狗从他马脚下跑了过去，马没有提前看到，受到了惊吓，后腿猛地站了起来，将法尔努克列斯甩了出去；他摔倒在地，
238 开始吐血。这种症状病变为肺痨。法尔努克列斯的仆人立即执行了他的命令，把马牵到他被甩出去的地方，从膝盖处砍断了马腿。就这样，法尔努克列斯被剥夺了指挥权。

海军（7.89—99）

（89）三列桨战船的总数是 1 207 艘，构成如下。腓尼基人和巴勒斯坦的叙利亚人一共提供了 300 艘，士兵以这样的方式装备：头戴与希腊风格非常类似的皮帽，身穿亚麻甲胄，手持无边框盾牌和标枪。

据腓尼基人自己所说，在古代他们居住在红海边，但是他们越过了红海，现在住在海边的叙利亚。叙利亚的这部分地区和靠近埃及的地区被称作“巴勒斯坦”。埃及人提供了200艘战船，他们头戴网状头盔，手持边缘较大的凸面盾牌、海上作战用的长矛和大斧头。他们中的大多数人都穿着胸甲，手持大刀。

（90）这些人就是这样装备的。塞浦路斯人提供了150艘战船，他们的装备如下：他们的国王头上缠着头巾，其他人穿着紧身衣（*tunics*），但在其他方面，他们的装备与希腊人相同。塞浦路斯人有着不同的种族起源，正如塞浦路斯人自己所说的那样，一些人来自萨拉米斯岛和雅典，一些人来自阿卡狄亚，一些人来自基特诺斯岛，一些人来自腓尼基，还有一些人来自埃塞俄比亚。西里西亚人提供了100艘战船。

（91）他们的头上也戴着当地的头盔，但他们拿的是生牛皮盾牌，而且他们穿的是羊毛紧身衣。每个人配备两支标枪和一把剑，剑的样式很像埃及人的刀。他们旧时被称为“希帕卡亚人”（Hypachaeans）但从腓尼基人阿格诺尔之子基利克斯统治时代开始，腓尼基人获得了现在的名称。潘菲利亚人（Pamphylians）提供了30艘战船并按照希 239
腊人的方式武装自己。这些潘菲利亚人是与安菲洛克斯和卡尔克斯一起从特洛伊流散出来的人的后裔。

（92）吕西亚人提供了50艘战船，他们穿着胸甲和护胫甲，携带着山茱萸木弓，没有羽毛的芦苇箭和标枪。他们肩上披着山羊皮，头上戴着帽顶插着羽毛的毡帽。吕西亚人以前被称为“特米莱人”（Termilae），因为他们来自克里特岛，但是现在的名称来自潘迪翁的儿子、雅典人利库斯。

（93）多利安人来自亚细亚，有伯罗奔尼撒人的血统，他们提供了30艘战船并以希腊人的方式装备自己。卡里亚人提供了70艘战船，其他方面的装备与希腊人相同，但也携带镰刀和短剑。我在叙述的第一部分介绍了这些人以前的名称（*Leleges*，1. 171）。

（94）伊奥尼亚人提供了100艘战船，他们也像希腊人一样装备自己。如希腊人所说，只要他们居住在伯罗奔尼撒半岛现在被称为“亚该亚”（Achaea）的地区，在达那乌斯和叙图斯到来之前，他们都被称为“沿海的佩拉斯吉人”（Coastal Pelasgians），但是在叙图斯的儿子伊翁之后他们被称为“伊奥尼亚人”。

（95）近海岛民提供了17艘船，他们也穿着希腊式的盔甲。起初他们在种族上属于佩拉斯吉人，但是后来出于与脱胎于雅典的12个城邦的伊奥尼亚人相同的理由被称为伊奥尼亚人。爱奥利斯人（Aeolians）提供了60艘船，他们的装备方式与希腊人的相同。根据希腊人的说法，他们以前被称为“佩拉斯吉人”。除了阿比杜斯人和其余来自黑海的人，赫勒斯滂人（Hellespontians）提供了100艘战船，装备方式与希腊人的相同。（阿比杜斯人受命于波斯大王，留在家乡守卫桥梁。）他们都是伊奥尼亚人和多利安人的殖民地居民。

（96）船上的所有海军陆战队队员都是波斯人、米底人和萨卡人。战船中最好的帆船是由腓尼基人以及腓尼基人中的西顿人（Sidonians）
240 提供的。在他们之上，就像军队中的步兵那样，每个民族都有地方将领。因为我不是被强迫这样做的，所以我写的历史中没有对他们进行任何记载。每个民族的将领都不是有名的人，任命的将领的数量也不像城邦那样多。此外，像其他战斗人员一样，他们不是以将军的身份，而是以奴隶的身份跟随军队。因为我之前提到过，波斯人对其他民族有绝对指挥权。

（97）舰队的最高将领如下：大流士之子阿里阿比涅斯，阿斯帕西涅斯之子普列克萨斯佩斯，迈伽巴特斯之子迈伽巴祖斯和大流士之子阿契美尼斯。具体来说，大流士和戈布里亚斯女儿之子阿里阿比涅斯指挥伊奥尼亚人和卡里亚人，阿契美尼斯（薛西斯同父同母的亲兄弟）指挥埃及人，其余两人指挥其他民族。此外，据了解，30桨和50桨的帆船，轻型船和小型马匹运输船（horse-transports）的总数达到了3 000艘。

（98）在船上航行的人中，除了总将领，最著名的是阿尼苏斯之子西顿人泰特拉姆尼斯图斯，西罗莫斯之子推罗人（Tyrian）马特恩，阿格巴鲁斯之子阿拉伯人莫巴鲁斯，奥洛米东之子西里西亚人西恩尼西斯，西卡斯之子吕西亚人西伯尼斯库斯，塞浦路斯人科尔西斯之子戈尔古斯、提玛戈列斯之子塞浦路斯人提莫纳克斯，卡里亚人提姆涅斯之子希斯提亚埃乌斯、叙塞尔多姆斯之子皮格列斯以及坎道列斯之子达玛斯提姆斯。

（99）其他分队的将领我就不提了，因为也不是必须提，但是，只有阿尔忒弥西亚是个例外，作为一个女性，她参加了对希腊的战争，这对我来说是一个最伟大的奇迹的例子。在她丈夫死后，尽管她有一个年轻的儿子，但她仍然获得了统治权。只是受自己冒险精神和男子气概的驱使，她进行了远征，尽管她不是必须这样做。她的名字是阿尔特弥西亚，是里格达米斯的女儿，父亲是哈利卡纳苏斯人，母亲是克里特人。她率领哈利卡纳苏斯、科斯、尼西罗斯、卡利德纳的军队作战，他们提供了5艘战船。在整个舰队中，她提供的战船质量 241
仅次于西顿人的战船。在所有盟国中，她向波斯大帝提出了最高明的建议。在我所提到的她所指挥的城邦中，我断言他们都是多利安种族，哈利卡纳苏斯人最初来自特洛伊西纳，其余的人来自埃皮达鲁斯。

附录3 希罗多德——宗教激进主义的“解毒剂”①

242

我相信，对他人的想象是狂热和仇恨的一剂良药。

——2005年8月25日阿摩司·奥兹获歌德奖时的演讲

当代伊朗与全球范围内两个最令人担忧和惊恐的问题相关联：一是可能制造出大规模杀伤性核武器的铀转化（uranium conversion），二是受革命和宗教意识形态驱使的国际恐怖主义。从1971年到现在，我们已经走了很长一段路，当时的“万王之王”（Shah-an-Sha）穆罕默德·礼萨·巴列维（Mohammed Reza Pahlavi）以近乎骇人听闻的夸张方式庆祝了假定的居鲁士大帝逝世2 500周年（之所以说是假定的，是因为居鲁士死于公元前529年，因此2 500周年纪念应该于1972年举行）。这个不那么强大的国家怎么会倒台呢？仅仅7年之后，即1979年，孔雀王座（Peacock Throne）不复存在，取而代之的是一个特殊的后古代（post-ancient）伊斯兰政权。然而，这绝不是古代波斯

① 本附录的最初版本是2005年5月在雅典大学博物馆发表的演讲，当时是为了推出由雅典大学En Kuklôi（“在一个圈子里”）团队出版的希罗多德文集（collective volume），这一团队由（古典学系）梅丽·约西博士（Dr Mairi Yossi）领导。我非常感谢约西博士及其合作者的友好邀请和盛情款待。

影响力的终结，至少就西方持续存在的文学想象和虚构的传统而言，并非如此。

首先，1996年，在罗辛顿·米斯特里以20世纪70年代中期英迪 243
拉·甘地“紧急”政权为背景的小说《微妙的平衡》（*A Fine Balance*）中，一个新的薛西斯诞生了，尽管他只是一个次要人物。更准确地说，这个薛西斯显然出生于孟买的一个拜火教教徒（Parsi）家庭，是小说中四个主人公之一的侄子。米斯特里本人就是拜火教教徒，也出生于孟买，但是在写这部小说之前移居加拿大。这一过程显然需要作者在空间和时间上（与他小说中的人物）保持距离，以实现重构和回顾分析的显著效果。薛西斯的父亲仍完全信奉拜火教，尤其是“寂静之塔”（towers of silence）中独特的埋葬（或非埋葬）方式，但他的姐妹不信奉这些。我们一下子被带回约3000年前，琐罗亚斯德教及其祭司（Magi）的世界。这些祭司是琐罗亚斯德教也就是今天的拜火教的最初信奉者，虽然他们散居四方，但是他们的名称（Parsis）本身就表明了他们的波斯血统，他们是琐罗亚斯德教的继承者和保存者。

随后，在2004年，一个新的列奥尼达诞生了，但不是在希腊，而是在现代土耳其的费特希耶，即古代希腊的泰尔米索斯，这是亚历山大大帝宠信的预言家和宗教领袖（guru）亚里斯坦德的家乡。这个新列奥尼达是“教师”列奥尼达（“Master” Leonidas）或者说“列奥尼达阁下”（Leonidas Effendi）。无论他的创造者路易斯·德·伯尼尔斯是否意识到这一点，他都与其古代同名者有几分相似，这位同名者是亚历山大大帝青少年时代的两位主要教师之一，亚历山大令人敬畏的母亲奥林匹娅斯的亲戚，伊庇鲁斯的列奥尼达。德·伯尼尔斯的《没有翅膀的鸟》（*Birds without Wings*）是一部精彩的小说，描写了另一场巨大的政治和种族动乱——20世纪20年代初希腊与土耳其的对峙以及随之产生的屠杀、人口迁移和流离失所。人们通过费特希耶（意为征服）的两位土耳其居民陶瓷工伊斯坎德尔（Iskander，土耳其语中亚历山大的意思）和写信人卡拉塔武克的眼睛冷漠无情地看到了列奥尼达。卡拉塔武克是梅赫梅特的学生，而梅赫梅特又是从教师列奥
244 尼达（Master Leonidas）那里习得希腊语的。因为列奥尼达就是古希腊人所称的文法教师（*grammatistes*），这种文法教师主要负责教授写作，使用的是最初由古希腊人发明的一种简单的、大约只有 25 个字母的字母文字，这种字母是公元前 8 世纪在腓尼基（闪米特西北部）文字的基础上修改而来的。这个列奥尼达（不仅与伊庇鲁斯的列奥尼达有几分相似，而且与我们这个时代标准的斯巴达教师角色相似）偏爱我们或许可以称为直接教学法的方法，有时为了灌输他的教学法不惜直接使用暴力。

米斯特里是定居在加拿大，原籍为孟买的拜火教教徒。德·伯尼尔斯是胡格诺教徒的英国人后裔，对异国情调和非常政治化的场景非常着迷。除了他的代表作《科莱利上尉的曼陀铃》（*Captain Corelli's Mandolin*），他还创作了一系列准魔幻现实主义小说，这些小说以在严重的右翼独裁统治下备受煎熬的不知名拉丁美洲国家为背景。我们时代的第三位主要的小说家最近也为我们活跃的希腊与波斯传统的故事贡献了自己的力量。这位小说家就是巴西人保罗·科埃略，他最著名的作品可能是《炼金术士》（*The Alchemist*）。科埃略在《恶魔与普利姆小姐》（*The Devil and Miss Prym*，2000 年出版，英译本于 2001 年出版，是一部道德寓言小说，故事发生在当代西班牙偏远山区的某个地方）的作者说明中写道："第一个关于对立的故事来自古代波斯。"他指的是两种意义上的对立和敌对：象征光明与真理的善神（Ormuzd）和象征黑暗与邪恶的恶神（Ahriman）之间的对立。德·伯尼尔斯的

小说也关注希腊基督徒和土耳其穆斯林之间的两极对立。米斯特里的两极是希望与绝望之间的平衡（确实是一种“微妙的”平衡）。对立与平衡也是希罗多德作品的核心，但他的主要修辞或隐喻（如果我们可以这么说的话）是为了强调限度。

在序言的结尾，希罗多德引人深思地指出，无序状态（entropy， 245
借用了现代科学的比喻）是国家生命周期的普遍现象：在他生活的时代，人类的小城市大多曾经是伟大的，反之亦然，他那个时代的伟大的城市或国家随着时间的推移，一定会变得渺小。因为，正如他富有哲理地指出的那样，“人类的繁荣从来不（注意：不仅是‘不常’）在同一个地方永久存在”。这种观点［运用了环形构图（ring-composition）的技巧］预示并令人期待着他久拖不决的结论，这一结论就在我们所认为的第9卷的结尾。① 在那里，我们可以发现，居鲁士（波斯大帝居鲁士二世，波斯帝国最初的缔造者，也是希罗多德非凡地记载下来的整个给予与获取、失去与得到、伤害与补偿机制的第一推动者）给了他的人民一些建议。希罗多德显然认为这些建议是睿智的，这些建议本质上是这样一个完全希腊式的教训：要清楚自己的适当限度并坚守住它。就居鲁士统治下的波斯人而言，这意味着决定继续生活在一片崎岖不平的土地上，这片土地能养育出优秀士兵，波斯人将统治其他人民和民族，而不是成为其他人的奴隶。

或者说，他们本就应该这样做。但事实上，早在帝国创立者居鲁士统治时期，他们就没有这样做，而且造成了恶果。居鲁士并非死在波斯帝国最初的首都帕萨尔加德的床上，而是死在遥远的中亚，也就

---

① 这实际上是后来博学的学者对他作品的划分，这些学者于后古典时期在埃及亚历山大里亚博物馆（缪斯神殿）附属的图书馆工作，他们将每一卷书都刻上9位缪斯之一的标志，以自娱自乐。

是他与里海部落马萨格泰人作战的地方。居鲁士的儿子冈比西斯征服了埃及，将其并入了波斯帝国，但他实际上在这一过程中疯了，结果不是被谋杀，就是自杀。即使是在非常坚固的基础上重建帝国，谨慎又精明的“地方零售商”（local retail tradesman）大流士在军事上也是先在斯基泰战败，又在希腊战败（他的军队在马拉松战役中失败），
246 还没来得及完成复仇（据说他每天都被提醒要复仇）就去世了。至于他的儿子和继任者薛西斯，下场也很糟糕，于公元前465年死于一场内部的后宫暗杀行动。希罗多德应该知道这一点，但他没有将它包含在他所记录的希波战争之后仅有的二十个左右的事件中。对希罗多德来说，只要详细叙述薛西斯将希腊大陆并入波斯版图这一野心勃勃、狂妄自大、亵渎神明企图的彻底失败就足够了。然而，最终的悖论是，薛西斯试图征服的希腊并不是一个富饶、柔软的奢华之地。在这片土地上，贫穷是自然化的，这片土地与波斯人的终极反面典型和对手斯巴达人的节俭最相匹配。斯巴达人是我们的故事中真正的英雄，但必须承认，他们并不完全是希罗多德故事中的英雄。

因此，我们又回到了自己创造的循环（*kuklos*）中，回到了起点，即关于温泉关战役的历史叙述，尤其是希罗多德的历史叙述。早些时候，我主要关注与希罗多德叙述的可靠性和可信性相关的技术问题。在此，我将尝试做一些更宽泛、或许也更大胆的事情，即评估将希罗多德的著作作为21世纪初生存指南的现实意义。尝试对公元前5世纪最伟大的创新性天才之一的思想家和作家做出适当的评价是一个沉重的责任，但仍有比这更重的责任。因为希罗多德同样是一门完整的知识学科或一项实践或技艺的创始人，我很荣幸能够亲自尝试这一名为“历史”（*historia*，与希罗多德的作品同名）的学科或实践。

因此，我将从一个非常希罗多德式的悖论开始谈起。一方面，就

他那个时代的希腊标准和规范而言，希罗多德是非常虔诚的。正如我们所看到的，他相信神（或他有时所说的“神性”，*to theion*）的存在，他也相信神有能力在他们认为恰当的时候在人类世界发挥强大和具有决定性的作用。最重要的是，他似乎相信受神启发和验证的预言的力量和真实性。如今，这种宗教观通常被视为与通常所称的宗教激进主义完全一致和相容，只不过，与今天虔诚的犹太教徒、穆斯林和基督徒不同，虔诚的古希腊人并没有权威的神圣经典以供诉诸，更不用说一部可以指导他们的至高无上的神圣经典（如《圣经》和《古兰经》）了。当然，他们信奉的也不只是唯一的“无所不能的神”，而 247
是多个神灵。因为，在古希腊人看来，正如世界上第一位思想家米利都的泰勒斯（大约生活在公元前6世纪）所说，“世上充满了神灵”（the world is full of gods）。

另一方面，尽管以古希腊的标准来看希罗多德非常虔诚（事实上，我倾向于说正是因为他这样虔诚），但是他在理智上能够看到、在道德上愿意看到“他者”（Others，非希腊人）在宗教领域的不同做法：他们所信奉的和所实践的宗教事务是截然不同的，甚至是互不相容、不可调和的。希罗多德也不仅仅将这种看法应用到宗教信仰和宗教习俗中。他在字面意义和隐喻意义两方面都看到“他者”对自己民族的礼法（*nomoi*，不仅仅是宗教习俗）中不容置疑的真理和价值的忠诚并不亚于希腊人。换句话说，希罗多德不仅是西方的第一位历史学家，他还是第一位比较主义的文化人类学家。我最终想要呈现的就是这样的希罗多德——方法上的相对主义者（relativist），道德立场上的多元主义者（pluralist）。我希望，希罗多德是我所认为的当代大多数形式的宗教激进主义的“解毒剂”，宗教激进主义的主要特征似乎是彻底的不宽容。

首先让我开诚布公。我并不反对所有的宗教信仰和习俗，尽管我自己恰好没有任何宗教信仰和习俗。作为一个知识分子，于我而言重要的是所有这些宗教活动和信仰在哲学世界观中的位置。声明一下我的立场，我坚定地支持公元前 5 世纪希腊多元论的知识分子普罗泰戈拉（来自希腊北部的阿布德拉），据说他曾写道，神这个主题是难以理解的，人的生命太短暂，无法完全理解它；同样地，（至少在这一点上）我坚定地支持苏格拉底的观点，根据他最杰出的弟子柏拉图的
248 叙述，苏格拉底曾说，“未经审视的人生是不值得过的”。在我看来，无论是苏格拉底式还是普罗泰戈拉式的智识考察或探究都与任何一种宗教激进主义不相容（事实上，如果被允许使用双关语，我会说从根本上说就是如此）。①

可以说，在理清了智识基础（intellectual ground）后，让我们来详细探讨希罗多德《历史》中的四个段落。

第一段（8.3.1）内容如下：“同一个民族内部的剧烈不和［希腊文原文只有两个词：*stasis*（字面意思是‘分立’）*emphulos*］比［一致对抗外敌（against a *foreign* enemy）］的战争（*polemos*）更可怕，就像战争比和平更可怕一样。”我认为，希罗多德本质上是一个热爱和平的人，尽管我不能证明这一点。无论如何，几乎可以确定的是，他几乎从未行使过军事或海军的指挥权。但这并不意味着，当他认为必须战斗时不去战斗，而且很重要的一点是，有记载表明，他在自己的家乡哈利卡纳苏斯参加过一场激烈的内乱（*stasis*）。我的意思是他

① 这一整句的原文为“Intellectual examination or enquiry, whether of a Socratic or of a Protagorean sort, is in my view incompatible with any brand of religious fundamentalism-indeed, if the pun may be pardoned, fundamentally so”，结合原文比较容易理解，尤其是括号里面这一句。——译者注

不是一个热衷于为了战争而战争的人。正如他在其他地方生动指出的那样，在和平时期，儿子埋葬父亲，而在战争时期，父亲埋葬儿子（这是自然秩序的颠倒）。这种态度可能使希罗多德成为一个非典型的希腊人。同样非典型的还有他的信念（在这一段话中体现得非常明显），即希腊人与其他希腊人作战是错误的。无论如何，在我看来，这是他所说的“*stasis emphulos*”的含义：不是或者说不仅是发生在个别城邦内部的那种“*stasis*”，即我们所说的内战。如果只是指这一点，那么只使用“*stasis*”这个词就足够了。他对希腊人之间或希腊人内部战争的这种反对态度通过他异常宽泛和强烈的泛希腊主义观念得到了强化。

对大多数希腊人而言，他们的父辈（*patris*）就是他们的城邦（*polis*）。因此可以说，在古代希腊，爱国主义通常是地方性的爱国主义（local patriotism）或公民性的爱国主义（civic patriotism），而不是“民族性”的爱国主义（‘national’patriotism）。事实上，如我们所见，古希腊人并没有或未形成任何强烈意义上的“民族”（nation）。我认 249
为希罗多德对此深表遗憾。证据就在我选择的第二段话中，这段话也出自第 8 卷（8. 144. 2）。

我们现在来到了公元前 480 年或前 479 年的冬天。希腊人数量很少，而且并不是非常团结，他们正在抵抗薛西斯大帝亲自率领的大规模波斯军队的入侵，虽然希腊人在温泉关战役中战败，但是在萨拉米斯赢得了一场伟大的海上胜利。然而，这次胜利并不是决定性的。薛西斯的确夹着尾巴回到了波斯，但是他让大流士的密友（bosom pal）戈布里亚斯之子马尔多尼乌斯留在希腊，带领大规模的军队和仍有助益的海军完成他（薛西斯）已经开始的征服事业。或许，马尔多尼乌斯与他的主人不同，是一个有些狡诈的人，有点像奥德修斯。为了让自己在一场决定性的陆战中取得最后胜利的任务变得更容易，马尔多尼乌斯试图贿赂雅典人，使他们放弃忠诚的希腊联盟。（有趣的是，他显然没考虑贿赂斯巴达人，而斯巴达人，至少在后来获得了容易被贿赂的名声……）马尔多尼乌斯将波斯的附庸国王（vassal king）马其顿国王亚历山大一世作为他与雅典人的中间人。当斯巴达人听说了马尔多尼乌斯的阴险举措后，他们（显然怀疑雅典人是可以被贿赂的）立即向雅典派出了一个代表团，以劝服雅典人忠于“希腊人”的事业。

亚历山大是希腊人吗？理论上是的，但这也仅限于理论层面。在希罗多德眼中，他的行为并不总是很像一个希腊人或者说像一个正统希腊人。这与公元前481—前479年斯巴达人以及（尤其是）雅典人的行为形成了鲜明对比。我之所以这样说，是因为希罗多德用这一段落来说明他认为的最重要的方面，即希腊人的最广泛含义。因此，希罗多德借雅典人之口发表了所谓的“希腊性”（Greekness）的著名宣言。以下内容是希罗多德记录或创作的“雅典人”向斯巴达人发表的演讲的相关引文：

250 阻止我们这样做（拿波斯人的钱并“站在米底人一方奴役希腊人”）的理由很多也很充分：首先且最重要的是，（被米底人）焚烧或烧毁的神像和神庙，我们必须竭尽全力为这些神像和神庙复仇而不是与那些做这些事的人达成协议。第二个原因是我们都具备希腊性——我们有共同的血统和语言，有共同的神庙，都进行动物血祭，而且所有人都有相同的生活方式。如果我们背叛了这一切，那就不好了。

我们再次注意到了希罗多德对宗教的高度重视。人们可能会认为，这也是为什么一贯虔诚的希罗多德可能对非希腊“蛮族”的宗教习俗和信仰持敌视和不宽容的态度。然而，事实上，他既没有持敌视态度，也没有不能容忍蛮族的宗教习俗和信仰。他以两种不同但相互补充和相互促进的方式承认，希腊人对宗教美德或智慧没有独特或排他性的主张。一方面，他第一个承认，事实上第一个声明，尽管蛮族人，尤其是埃及人，在许多事情上与希腊人的做法不同或完全相反，但是他们发明了希腊宗教的某些重要方面并将其传授给了希腊人。另一方面，即使是在蛮族人的宗教习俗与希腊人的（宗教习俗）相去甚远、格格不入甚至相互对立的情况下，希罗多德也愿意进行慈善性的解释，这几乎是一种感同身受的理解。

这就引出了我选择讨论的第三个段落（3. 38）。在人类社会习惯性的宗教观念和习俗中，可能没有比人类对死亡和埋葬的态度更能说明问题的了。同时，这也是个人和群体认同的一个重要标志和组成部分。告诉我你是如何死亡的，也就是说你是如何对待死亡和埋葬的过 251
程的，我就会告诉你你是谁。这就是希罗多德主要的解释性轶事或预言的巨大力量（magnum force）。在此，我们立即注意到了希罗多德论述方式的一个特点，这一特点会在我选择论述的第四个段落中反复出现，而且在他作品的其他关键时刻也会出现（最相关的是在第 3 卷关于政制理论的所谓“波斯辩论”中）。也就是说，他选择了一个非希腊的，更具体地说是波斯的背景，以便为他的道德或伦理讨论提供焦点，这种讨论实际上是关于并且只针对他的希腊听众的。

这是一个寓言。在薛西斯的父亲波斯大王大流士一世统治的某个日期，大流士一世在苏撒（波斯帝国主要的行政首都之一）召见了两个非波斯族群的代表。这两个族群正是我们所知的被这位波斯帝国最伟大的建设者雇用为一支庞大的多民族军队的众多族群中的两个。最先被召见的是希腊人，其次是被称为卡拉提亚人（Callatian）的印度人。大流士向希腊人提出了以下问题：他需要给他们多少钱，才能说服他们违背传统的埋葬习俗，吃掉而不是火葬他们死去的亲属。希腊人回答说，他们无论如何都不会这样做。大流士接着又问了卡拉提亚人：他需要给他们多少钱，才能说服他们违背传统的埋葬习俗，火葬而不是吃掉他们死去的亲属？据说他们听到这个提议后比希腊人还要愤怒，并要求大流士不要如此大声说出来。于是，希罗多德评论道，他同意品达“习俗为王［custom（*nomos*）is king（*basileus*）of all］”的观点。

换句话说，希罗多德重述这一轶事是为了举例说明并让他的读者明白所有人类社会群体的一个普遍规律：每个民族都认为自己民族的习俗是最好的（在所有的竞争中都是最好的）。这本身就是一个发人深省的看法：你可能想当然地认为自己民族的习俗是最好的，但是让我告诉你，实际上这只是你自己的看法，其他人的行事方式与你截然不同，而且他们对自己行事方式的看法与你对自己行事方式的看法相
252 同……这是相对主义者希罗多德的说法，但这也是多元主义者希罗多德的观点。因为，与真正的道德相对主义者（ethical relativist）不同，他实际上并不认为所有人的习俗都是平等的。例如，在希罗多德看来，像吃人的斯基泰人（来自黑海以北和以东地区）惯常做的那样吃人（为了吃人故意将人杀害）是完全错误的。因此，值得注意的是，希罗多德在介绍和评论这则轶事时，他并没有对印度人食人的丧葬习俗做出负面的道德判断。这无疑体现出了一种极度的宽容，也指出了正确尊重他者诚挚的信仰和习俗的方式，无论这些信仰和习俗在我们看来是多么“另类（other）”。

我将以希罗多德另一段非常有名的段落（1.207）作为结尾。与

上文中提到的很多事例一样，这段话也以波斯为背景，不过这次不是在苏撒，而是在遥远的北部和东部，在中亚马萨格泰人的领土上，也就是今天咸海①的东部。公元前529年，波斯大王居鲁士二世对一个由残暴的女王统治的民族进行了又一次惩罚性的征服远征。居鲁士二世召开了一次秘密会议（conclave，如果此处我可以借用这一罗马天主教会的术语的话），会议成员由主要的波斯官员和一些非波斯的特殊顾问组成，其中包括一个叫克洛伊索斯的人。他就是曾经非常富有的吕底亚前国王克洛伊索斯，据说，尽管他大约在公元前545年因错误理解了含糊不清的德尔斐神谕而犯下了典型的傲慢行为（act of *hubris*，无礼地突破既定边界），但是居鲁士还是宽恕了他。德尔斐预言的内容是：如果他越过哈里斯河，他就将摧毁一个伟大的帝国。在这一预言的鼓励下，克洛伊索斯跨过了哈里斯河，他满怀希望地认为可以摧毁居鲁士的帝国，结果却毁灭了自己的王国。

希罗多德也乐意让克洛伊索斯活着，但是原因有所不同：克洛伊 253
索斯活着就可以在他的叙述中充当波斯大王（克洛伊索斯的征服者和宽宏大量的救星）智慧的顾问或警告者的角色，就像他（克洛伊索斯）在我现在非常感兴趣的第1卷的情境中所做的那样。克洛伊索斯虔诚地对居鲁士展开了说教（homily），他说是宙斯将他和他的生命交给了居鲁士。（与希罗多德本人和他的读者相比，居鲁士会如何理解这种说法当然是另外一回事）接下来，克洛伊索斯继续提到了自己遭受的巨大苦难，他不仅是为了哀叹这些苦难，而且是为了表达一个更广泛意义上的观点。他坚称自己从苦难中学到了深刻的教训，而且居鲁士可以学到同样的教训，只要居鲁士不会犯将自己等同于不朽之神

① 咸海，位于今哈萨克斯坦和乌兹别克斯坦交界处。——译者注

(immortal gods）的错误。也就是说，居鲁士必须记住他是一个凡人，就像西蒙尼德斯在后世提醒斯巴达摄政王波桑尼阿斯的那样。克洛伊索斯学到的教训是：人类事务就像一个旋转的车轮，是一个循环（*kuklos*，英语中的“cycle”就源自这个词）。克洛伊索斯的意思是，同一个人不会被允许一直拥有好运。

我们可以忽略克洛伊索斯说的剩余内容，他接下来给居鲁士提出了非常糟糕的建议，居鲁士正是在这场对抗马萨格泰人的鲁莽战役中丧生的。然而，我感兴趣的是“循环”这一概念本身。因为这一隐喻很好地捕捉到了古代希腊人的思维方式和我们的思维方式的一个主要区别。古代希腊人对“进步”（Progress，科技进步、文化进步，有时甚至是道德进步）这一概念一点也不陌生，但这并不是他们文化的主导思想，更不用说是驱动力了。对他们来说，幸福的黄金时代通常被认为是过去的事情，是很久以前发生过的事情。因此这种幸福如意的状态被视为一种理想，最多只能恢复和效仿，但不一定能超越。这种本质上静态的世界观的表现形式是永恒的轮回，也就是克洛伊索斯所说的“循环”：命运之轮让人们回到起点，或者在他们抵达高峰之后又把他们拉回低谷。

254 希罗多德也选择以这种方式结束他的《历史》，他暗示人们，对一个民族来说，过度总是预示着灾难性的衰落，而相对贫乏的适度状态才是更可取的。如果我们也要注意希罗多德式的平衡和客观的必要性，那么最后一句发人深省的话可能应该出自伟大的现代诗人康斯坦丁·卡瓦菲，由埃德蒙·基利和菲利普·谢拉德翻译：

向那些在生活中
定义和守卫温泉关的人们致敬……

当他们预见（正如很多人预见的那样）
埃菲阿尔特斯最终会出现
米底人最终会突围时，
他们将获得更多荣誉。

希波战争的胜利确实是由希腊人赢得的，甚至是“希腊人”赢得的，即那些关键时刻联合在一起在斯巴达的领导下抵抗波斯入侵者的希腊人。但是卡瓦菲笔下的叛徒埃菲阿尔特也是希腊人，也是人，太像人了（all too human）。人们会从苦难中学到东西，这也是希腊悲剧（带给我们的）永恒的教训，无论是在剧院外，还是剧院内，无论是在正式舞台上，还是舞台下上演的悲剧。

历史学家修昔底德借他笔下的伯里克利之口表达了他的看法，伯里克利在他最后的演讲中意味深长地指出，一切美好的事物都有终结的一天，一切伟大的事物必将衰落。这并不是希罗多德继任者的作品中出现的唯一具有希罗多德风格的叙述，而是证明伯里克利先见之明（*pronoia*）的众多例子之一。因为一个眼光长远的斯巴达历史的观察者会明白，在温泉关战役之后不到一个世纪，人类命运不可抗拒的循环使斯巴达人陷入了低谷，而且是非常严重的低谷。他们将会再次崛起，但再也无法达到约公元前550—前450年这一黄金世纪的伟大高度。然而，正如我们在后记中看到的，人们对他们的记忆将从古代一 255
直延续到中世纪和近代早期（early modern），直到当代。最后，或许我们可以忽略那些阴暗面（有些方面的确非常阴暗），转而关注光明的一面——用钦佩的目光关注公元前480年（也就是温泉关战役发生的那一年）那些英勇的斯巴达人，无论是男性，还是女性。

术 语 表

256 阿契美尼德王朝（Achaemenid）：波斯国王居鲁士二世于大约公元前550年前后建立的王朝，以传说中的国王阿契美尼斯命名，一直持续到公元前330年。

卫城（acropolis）：高处的城市或城堡，许多希腊城市都有，包括斯巴达（与雅典卫城相比，斯巴达卫城不太引人注目）。

阿吉德家族（Agiads）和欧律庞提德家族（Eurypontids）：斯巴达的两个世袭王室，理论是从阿吉斯（Agis）和欧里庞（Eurypon）传下来的，每一个王室提供一个统治的国王；直系父子继承经常被打破，例如，欧律庞提德王室的国王列奥提西达斯（公元前490—前478年在位），他是他的前任国王德玛拉图斯的远亲。当直系继承人未成年时，需要其他人摄政，例如，公元前479年带领希腊人在普拉提亚战役中获胜的阿吉德王室摄政王波桑尼阿斯。

阿高盖（*agôgê*）：斯巴达城邦独特的教育制度，所有年龄在7—17岁的男性都必须接受这一教育，同一年龄段的女孩也需接受一种不太正式的教育，以便在18岁结婚。

竞赛，竞争（*agôn*）：希腊语中表示“竞赛”或“竞争”的词汇，既表示和平时期的竞争（如奥林匹亚赛会）也表示非和平时期的竞争（战争就是一种竞争）；这一概念是古希腊文化的核心，因此被描述为

“痛苦的”（agonal）或“竞争的”（agonistic）；英语单词“痛苦”（agony）就来自这一表示竞争的希腊语单词。

广场（*agora*）：最初是指任何聚集的场所，随着城邦（*polis*）的 257
兴起，成为专门的政治和商业空间，即市政中心（civic centre）。

阿胡拉·马兹达（Ahura Mazda）：琐罗亚斯德教唯一至高无上的神，他创造了万物，代表真理和光明，以火为象征。

希腊语中的字母表（alphabet）：是一种图形符号体系，可能在大约公元前8世纪从腓尼基语（西北闪米特语）借鉴而来，增加了表示元音的符号；地方变体从24到28个符号不等；*alpha*（来自腓尼基语的*aleph*）和*beta*（*beit*）是希腊语中的前两个字母，“alphabet”由此而来。

近邻同盟（Amphictyonic League）：主要的希腊共同体的代表组成的同盟委员会（Council of League），负责监督德尔斐神庙和每四年举行一次的皮提亚赛会（第一届在公元前582年举行）。

勇气（*andreia*）：字面意思是男性气质，作为一种道德价值引申为“男子气概”（masculinity），又进一步引申为“勇气”（courage），这是希腊战争所需的好战品质中最重要的品质。

贵族（aristocracy）：“最好的”人的权力（*kratos*），例如，最富有之人和那些拥有最显赫家世的人，他们通常声称自己是开国英雄和（或）神的直系后裔。

小亚细亚（Asia Minor）：亚洲大陆的一部分，由现在土耳其的西半部分组成，有时也被称作“安纳托利亚”，包括伊奥尼亚和其他许多地方。

公民大会（Assembly，*Ecclesia*）：所有希腊城邦都由公民组成，公民有权参加定期举行的公民大会，雅典和斯巴达的公民大会每个月至少举行一次，斯巴达的公民大会在纪念阿波罗的节日时举行，因此斯巴达的公民大会也被称作“阿佩拉伊”［Apellai，以阿波罗的多利安语形式 Apellon 命名］。可参见后面的术语德莫（*dêmos*）。

雅典-伯罗奔尼撒战争（Atheno-Peloponnesian War）：公元前 431—前 404 年（期间有休战期）雅典与斯巴达及其各自盟国之间进行的一场破坏性巨大的战争。

258 阿提卡（Attica）：雅典本土，面积约 2 400 平方千米。

大流士币（daric）：波斯帝国以大流士一世（约公元前 522—前 486 年在位）命名的金币，他在大流士币上的形象是一个弓箭手，他是已知历史上第一位形象被刻在钱币上的统治者。

提洛同盟（Delian League）：公元前 478—前 404 年由雅典建立并主导的反波斯同盟。公元前 478 年或前 477 年冬，各盟邦首次在阿波罗的圣地提洛岛（Delos）上宣誓建立永恒的同盟（标志是将铁块投入大海，这一同盟将持续到铁块浮出海面为止……）。约公元前 449 年，同盟可能与波斯达成和平，但是波斯帝国对希腊自由具有持续威胁。公元前 404 年，这一同盟最终被斯巴达解散，之后与波斯结盟。

民主制（democracy）：字面意思是德莫（*dêmos*，即人民）的权力（*kratos*）。公元前 508 或前 507 年通过克里斯提尼改革首次在雅典建立，在公元前 462 或前 461 年通过埃菲阿尔特和伯里克利的改革得到进一步发展；“*dêmokratia*”（democracy 的希腊语）一词最早见于公元前 5 世纪 20 年代，但肯定在更早的时候就存在了。

德莫（*dêmos*）：人民，整个公民群体，当局（municipality）或民众，大多数人，普通民众。

多利安人（Dorians）：希腊人的一个族群分支，与伊奥尼亚人一样，使用希腊语的口语和书面语方言（多利安语），有一些独特的习俗，例如，所有多利安人都要庆祝每年一度纪念阿波罗的宗教节日卡尼亚节。

监察官（ephor）：字面意思是“监督人”（supervisor）或“监督者”（overseer），是斯巴达五位主要的民选官员的头衔；任何斯巴达人都可以参选这一职位，虽然这一职位权力很大，但一年一任，一生只能担任一次。

欧律庞提德家族（Eurypontids）：参见阿吉德家族（Agiads）。

长老会（*Gerousia*）：字面意思是“元老院”（Senate）或“长老会议”（Council of Elders），斯巴达的最高议事会，一共有 30 人，包括两位在任的国王；通过民选产生，只有来自某些显贵家族且年龄在 60 岁及以上的成员才有资格参选，而且成员资格为终身制。

希腊性（Greekness，*to hellênikon*）：众所周知，古代希腊人很少能 259
被说服掩盖他们的种族或民族差异，他们更愿意忠诚于自己所在的城邦，但基于共同的“礼法”（*nomos*）概念，他们通常会就谁是希腊人和谁不是希腊人（谁是蛮族人）达成一致；另外可参见后面的术语“Hellas”。

领袖（*hêgemôn*）：字面意思是“领导者”（leader），尤其是指多城邦组成的军事同盟的领导者，例如，伯罗奔尼撒同盟的领导者是斯巴达。

希腊人（Hellas）：定居在地中海和黑海周围（主要集中在巴尔干半岛南部和爱琴海）的全体希腊人的统称；希腊人从未组成单一的“希腊”城邦，而且他们发现除了地方宗教联盟（如近邻同盟），他们很难永久维持一些联盟。

希腊化时代（Hellenistic age）：通常指的是从公元前 323 年马其顿的亚历山大大帝逝世到公元前 30 年托勒密王朝的最后一位统治者埃及

的克里奥佩特拉去世的这段时期。

黑劳士（Helots）：拉科尼亚和美塞尼亚的奴隶人口，总共大约 5 万—10 万人；与希腊大多数奴隶［例如，雅典有多达 10 万名动产奴隶（chattel-type slaves）］不同，黑劳士是被征服的希腊本土人。

希罗多德（Herodotus）："历史学之父"（西塞罗的说法），大约公元前 484 年出生于哈利卡纳苏斯，约公元前 425 年以口述和书面的形式出版了他以公元前 550—前 479 年希腊人与蛮族人关系为主题的著作《历史》，之后这部作品被分为九卷，每一卷都以一位缪斯（Muse）的名字命名。

《历史》（*historiê*）：字面意思为"探究"（enquiry），引申为对人类过去的探究的结果，因此就成了我们所说的"历史"（history）（词尾的 ê 是希罗多德使用的伊奥尼亚方言，在阿提卡希腊语中，这一词汇的形式是 *historia*）。

260 同龄人（*homoioi*）：字面意思是相同的，在某一方面相似或平等，但不是在所有方面；是一个形容斯巴达正式公民的专业术语，他们区别于各类"次等群体"（Inferiors，*sub-homoioi*），包括出于经济或其他原因被降级的前斯巴达人。

重装步兵（hoplite）：以厚重盔甲和武器装备自己的希腊步兵；可能得名于沉重的、基本上是木制的双柄盾牌（*hoplon*）；以 8 个或更多纵深的连锁方阵的形式进行战斗。

傲慢（*hubris*）：希腊语中的专业术语，指越过人与神之间的固定界线，或以犯罪手段侵犯他人的地位，尤其伴随着暴力；英语中的"hubris"有更宽泛的含义，指任何被认为过于有野心和过于自信的行为或态度。

不死军（Immortals）：1 万名波斯精锐步兵，既是波斯大王的护卫，也是一支精锐的突击队，就像在温泉关战役中的那支。希腊人错误地将他们称为“不死军”，因为他们认为，为了保持人数不变，波斯大王一直留有后备人员，每当1万名士兵中有人牺牲，后备人员就可以替代他们。

伊奥尼亚/伊奥尼亚人（Ionia/Ionians）：从地理意义上来说，伊奥尼亚是小亚细亚西部的核心地区，包括米利都和以弗所等城邦；从更广泛的意义上来看，伊奥尼亚人是希腊人的一个族群分支，（像多利安人一样）使用希腊语口语和书面语方言，有一些独特的礼法（*nomoi*），例如，每年一度的宗教节日阿帕图利亚节（Apaturia）。

拉栖第梦（Lacedaemon）：一是斯巴达城邦的官方称呼，二是斯巴达城邦的领土，包括美塞尼亚和拉科尼亚［拉科尼亚是罗马人和现代人对泰格图斯山（Mt Taygetus）以东伯罗奔尼撒半岛东南部地区的称呼］，面积约为8 000平方千米，无疑是希腊世界中面积最大的地区。源于这一名称，斯巴达人和庇里阿西人（*Perioeci*）都被称作“拉栖第梦人”（Lacedaemonians）。崇拜斯巴达和斯巴达事物的非斯巴达人都被称为“亲拉科尼亚者”（laconizer）。

古波斯祭司（Magi）：伊朗的、最初是米底的祭司，我们的“魔法”（magic）一词就来自这一词汇。

米底人（Medes）：伊朗北部说印欧语的人，与波斯人有亲缘关系 261
且经常（被希腊人）与波斯人混淆［“米底化”（medizing）一词由此而来］，他们的首府位于埃克巴坦那（哈马丹，Hamadan）。

米底化/米底主义（medizing/medism）：政治上站在波斯人一边，因此背叛了希腊人的某些观念；声名狼藉的米底主义者包括斯巴达前国王德玛拉图斯。

报应（*nemesis*）：凭神意进行的复仇，正义的愤怒。

礼法（*nomos*）：词根为“分配”（to distribute），用来表示“习俗”（custom）或“法律”（law）；是希腊人共有的，也是它让希腊人成为希腊人（可参见术语表中的“Greekness”“Ionia/Ionians”）。

家庭（*oikos*）：家庭，包括财产、家畜和家庭成员（既包括自由人，也包括非自由人）。

寡头制（oligarchy）：少数富人（*oligoi*）进行的统治（*archê*），是贵族制（aristocracy）的一种变体。

奥林匹亚（Olympia）：位于伯罗奔尼撒半岛西北部供奉奥林匹亚的宙斯（Zeus Olympios）的圣地（位于马其顿南部的奥林匹斯山，奥林匹斯山是希腊最高的山，据说诸神居住在这座山山顶），这里也是四年一次奥林匹亚赛会的举办地，由伊利斯（Elis）城邦管理。

奥林匹亚德（Olympiad）：按照从一届奥林匹亚赛会到下一届奥林匹亚赛会四年为一个周期的计时方法，第一届奥林匹亚赛会传统上可追溯到我们所说的公元前776年；公元前480年是奥林匹亚赛会之年，因此是第75个奥林匹亚德的第一年。

陶片放逐法（ostracism）：被强制从雅典流放10年，适用于主要的政治人物（例如，地米斯托克利在约公元前471年被流放），当雅典公民大会投票行使这一程序时，会通过计算由至少6 000名公民提交的陶片（*ostraka*）上刻的“候选人”的名字来决定人选。

伯罗奔尼撒半岛（Peloponnese）：“珀罗普斯岛”（Island of Pelops），由科林斯地峡与希腊中部相连的大陆；科林斯地峡的中心和重要位置解释了为什么公元前480年斯巴达领导的少数忠诚的希腊人在此集会，宣誓抵抗薛西斯。

262 伯罗奔尼撒同盟（Peloponnesian League）：由伯罗奔尼撒和希腊中部城邦组成的多民族联盟，由他们的军事领袖（*hêgemôn*）斯巴达领导，各盟邦宣誓与斯巴达同仇敌忾，不管斯巴达领导他们去哪里，他们都将追随斯巴达。

伯罗奔尼撒战争（Peloponnesian War）：参见前面的术语“Atheno-Peloponnesian War”。

庇里阿西人（Perioeci）：“外围居民”（outdwellers）或“周边居民”（dwellers around），是对斯巴达周围拉科尼亚和美塞尼亚 80 多个小城镇和乡村居民的正式描述，他们并不是（像黑劳士一样的）非自由人，也不是斯巴达城邦的正式公民，他们被要求或可能自愿参加战争，在参战时他们一般被称为“拉栖第梦人”。

波斯人（Persians）：伊朗中部和南部说印欧语的民族，与米底人有亲缘关系且经常被（希腊人）与米底人混淆，首府是帕萨尔加德、苏撒和波斯波利斯。

普拉提亚（Plataea）：位于比奥提亚与阿提卡交界处的小城镇，自公元前 519 年起成为雅典的盟邦，是公元前 479 年希波战争中的决定性陆战的发生地。

城邦（*polis*，复数为 *poleis*）：既是国家的政治实体，也是国家的城市中心，有时也是国家的卫城，最好翻译为“公民国家”（citizen-state）①；从西班牙到格鲁吉亚共分布着 1 000 多个城邦，他们共同构成了希腊。

政制（*politeia*）：公民身份，政制（constitution，例如，民主制）。

跪拜（*proskunêsis*）：颔首行礼，叩头，一种希腊人认为只适用于敬拜神的姿势，但是所有波斯人在国王（波斯人并不认为他是活着的神）面前都必须做出这种姿势。

---

① 这是卡特里奇的看法，国内学者通常将之翻译为“城邦”。——译者注

263 皮提亚（Pythia）：希腊中部德尔斐阿波罗神庙传达神谕的女祭司，在我们所说的时代是一位年长的女性。

神圣军团（Sacred Band）：有300名精锐的底比斯步兵，由150对同性恋者组成，成立于公元前378年。

总督（satrap）：波斯总督，行省（satrapy）的管辖者，通常是阿契美尼德王室家族成员，由波斯大王直接任命并对他负责。

行省（satrapy）：波斯帝国的一个行政省，大约有20多个，例如，小亚细亚西部赫勒斯滂的（Hellespontine）弗里吉亚［Phrygia，首府是达斯希勒姆（Dascyleum）］和吕底亚［Lydia，首府是萨迪斯（Sardis）］。

斯巴达（Sparta）：参见术语表中的“拉栖第梦（Lacedaemon）”。

内乱（*stasis*）：分立（stand apart）的过程或状态，指派系斗争（faction），内乱或内战。

底比斯（Thebes）：比奥提亚人的主要城邦和比奥提亚同盟（公元前447—前386年，公元前378—前338年）的领导者，因在公元前480—前479年米底化而声名狼藉。

三列桨战船（trireme）：有桨战船，是希腊人从腓尼基人那里借鉴的设计，但是在萨拉米斯海战中用它们重创腓尼基人；它之所以被称作三列桨战船（希腊语为*triêrês*）是因为有三列桨，三列叠加的桨上配备了170名桨手。

僭主（tyrant）：通过篡夺和（或）武力进行统治的非法的专制君主；波斯倾向于支持希腊僭主，以此间接统治赫勒斯滂的弗里吉亚和吕底亚行省中的希腊城邦。

264 好客（*xenia/xenos*）：通常是一种来自不同城邦和（或）文化的贵族或名流之间仪式化的友谊形式，它对外来者的本邦朋友施加了严格的、世袭的义务，例如，互惠的热情款待。

琐罗亚斯德教（Zoroastrianism）：信仰阿胡拉·马兹达为唯一至高无上的神的宗教，源自先知琐罗亚斯德（Zoroaster，“Zarathustra”的希腊语形式）的教义，琐罗亚斯德来自巴克特里亚（Bactria，即大夏），可能最早生活在公元前1000年。

参 考 书 目

265 以下参考书目是有选择性的，主要是我直接参考的英文著作，我有时也在正文或注释中引用它们。我所叙述的主题——斯巴达、希波战争、希罗多德——都是古希腊、近东和中东的专业历史学家研究得最多的主题，而阿契美尼德帝国正由于许多不同的、相互关联的因素而成为热门主题；其中比较显著的因素是原始文献和考古资料的不断增加，以及这一主题极具现实意义。不过，我也努力使所选作品对那些希望以学术方式进一步深入探究的人有所帮助。当然，有些作品不只适用于一个章节，但我通常只在自己认为最有帮助和最相关的地方列出它们。

第一章　公元前 6 世纪的古代世界：从印度到爱琴海

Several useful **general works** on ancient Greek history cover the period of the Graeco-Persian Wars：see esp. Bengtson et al. 1969（mainly written by Bengtson himself with the addition of chapters by specialists on particular topics or areas）; Cartledge 2001a（biographical）and Cartledge（ed.）1998（a richly illustrated history by divers hands，mainly that of the editor）; Fornara 1983（translated ‘documents’）; Freeman 1999; Grote 1846 – 1856：chs 39 – 40（outdated，clearly，but pioneering and still consultable with

profit); Kebric 1997: ch. 5 ('The Problem with Persia', a prosopographical/biographical approach via the lives of Polygnotus, Ephialtes, Artemisia and 266
Timarete); Osborne 1996 (expert up-to-date problematizing synthesis) and 2002 (special reference to Herodotus). For interactions between Greeks and non-Greeks, with special emphasis on the archaeological evidence, see Boardman 1999; for a selection of archaeological artefacts with illustrations, see Boardman 1988.

On the wars specifically, see Balcer 1989 and 1995; Burn 1984 (admirably written, originally published 1962, with updated addenda by D. Lewis); Cawkwell 2004 (masterly but argumentative and controversial); Green 1970/1996 (the best single relevant work, to be returned to often); Hignett 1963 (excessively nitpicking but indispensable for scholars). On Spartan history in particular, see Cartledge 1979/2001 and other general works cited under Chapter Four.

The relationship between, and antithesis of, Greeks and non-Greek 'barbarians', especially Persians, are explored in any number of publications, beginning with the landmark lectures of Momigliano 1975. See generally Coleman & Walz (eds) 1997; Georges 1994; Hall, J. M. 1997, 2002; Harrison 2000b; Harrison (ed.) 2002; Khan (ed.) 1993; Malkin (ed.) 2001; and Walser 1984. And for specific angles, see, e. g., Cartledge 2002 (an attempt to reconstruct the Greeks' worldview through negative selfdefinition); Drews 1973 (Greek historiography); Ehrenberg 1974a (East v. West), 1974b (freedom); Hall, E. 1989 and Hall, E. (ed.) 1996 (tragic drama, esp. Aeschylus's *Persians* of 472); Hornblower 2001 (war); Konstan 1987 (empire); Malkin 2004 (religion — e. g., p. 350 'So what

[Herodotus] means is, "Ammon is how you say 'Zeus' in Egyptian"'); Miller 1997 (stressing Athenian cultural borrowings from Persia); Pelling 1997 (deemphasizing the 'East v. West' dichotomy); Stronk 1990 – 1 (Sparta and Persia); and West 1997 (Greek cultural borrowings).

第二章 帝国的动态：公元前 485 年阿契美尼德王朝统治之下的波斯

Anything written by distinguished Collège de France professor Pierre Briant may safely be recommended with great enthusiasm: Briant 2002 is a behemoth, in English translation; 1999 is a snappier version, also in English; cf. 1989/2002, 1997 – 2001.

There are many good **general histories** of ancient Persia and the
267 Persian Empire: e.g., Cook 1983; Curtis 2000 (expert guide by British Museum curator); Frye 1963 and 1984; Gershevitch (ed.) 1985; Ghirshman 1971 (excellent pictures from the official commemorative volume of the then Shah's 2, 500th anniversary celebrations of the ancient Persian monarchy); Herzfeld 1968 (by the excavator of Persepolis); Laroche 1971/1974: pp. 84 – 116 (pictures better even than Ghirshman); Lockhart & Boyle 1978; Olmstead 1948 (e.g., ch. XX 'New Year's Day at Persepolis'); Wheeler 1968; and Wiesehöfer 1994/2001. The most recent, Allen 2005, deserves special praise: it is intelligently written, not loaded with prejudice, beautifully illustrated throughout, and includes an exemplary bibliography. It incidentally casts a strange light on the title (*Forgotten Empire*) of Curtis & Tallis (eds) 2005, the worthy catalogue of an intriguing small exhibition including artefacts never before seen outside

Iran, also published by the British Museum Press.

On **archaeology and iconography**, see Boardman 1999 and 2000; Loukonine & Ivanov 1996/2003; Moorey 1988; Nylander 1970 (Ionians in Pasargadae); Pope 1975/1999: ch. 4 (decipherment of Persian cuneiform); Root 1979; Root 1985; Schmandt-Bessarat (ed.) 1980; Stronach 1978 (Pasargadae, Cyrus's original capital).

On **administration**, see Abraham 2004 (Egibi business house); Briant & Herrenschmidt (eds) 1989 (tribute); Brosius (ed. and trans.) 2000 (documents) and 2003 (Persepolis archives); Cameron 1948 (Persepolis Treasury Texts); Cardascia 1951 (Murashu banking house); French 1998 (Royal Road); Graf 1994 (roads); Hallock 1969, 1972 (Persepolis archives); Herrenschmidt 1996/2000 (Old Persian); Kent 1953 (Old Persian); Lewis 1994 and 1997: pp. 325 – 331 (Persepolis fortification texts); Petit 1990 (satraps); Stolper 1985 (Murashu banking house); Tuplin 1987 (general) and 1998 (seasonal migration of kings).

On **military matters**, see Sekunda & Chew 1992.

On **historiography**, see Burkert 2004; Drews 1973; Robinson 1995; Sancisi-Weerdenburg 1983, 1989/2002, 1999; Sancisi-Weerdenburg & Kuhrt (eds) 1987 – 91 (6 vols); and Sancisi-Weerdenburg, Kuhrt & Root (eds) 1991.

On the **Medes**, see Cuyler Young 1988; Flusin 1999; Lewis 1980 and 1997 (Datis).

On **Zoroastrian religion**, see Boyce 1975/1982/1991; and Godrej & Punthakey Mistree (eds) 2002.

On **women** and **society**, see Brosius 1996. 268

For **other particular aspects**, see Badian 1998 (Indians in royal service); Balcer 1993 (prosopography); Cook 1985 (rise of Achaemenids); Curtis (ed.) 1997 (Mesopotamia and Iran); Dandamaev 1994 (Media and Iran); Dusinberre 2003 (Sardis); Frye 1964 (kingship); Harmatta (ed.) 1994 (central Asia); Kuhrt 1995 (within the context of Near Eastern history generally); Kuhrt 1988 and Sealey 1976 ('earth and water'); Lewis 1977 (Sparta); Llewellyn-Jones 2002 (eunuchs); Pope 1975/1999 and Robinson 1995 (decipherment of Persian cuneiform); Potts 1999 (Elam, of which Susa was the principal city); Romey & Rose 2001 (an archaeological 'fake', purporting to be the tomb and corpse of an Achaemenid princess); Root 1985 (kingship); Sancisi-Weerdenburg 1999 (Kings and historiography); Sekunda & Warry 1998 (Alexander the Great's campaign against Darius III); Sherwin-White 1978 (diplomacy).

第三章　希腊：公元前485年的希腊世界

See suggestions for Chapter One. Also Austin 1990 (tyrants); Badian 1994 (Macedonians); Brunt 1953/1993 ('Hellenic League'); Ellinger 2002 (Pan); Evans 1976, Georges 2000, and Murray 1988 (Ionian Revolt).

第四章　公元前485年的斯巴达：独特的文化和社会

Among **general works** see Cartledge 1979/2001 (based originally on 1975 archaeological-historical doctoral dissertation, updated in new edition); Cartledge 1987 (mainly on the period 445 – 360 but with earlier relevance); Cartledge 2001b (selected essays, both reprinted in updated

form and original); Cartledge 2003 (history aimed at the general reader covering esp. the last seven centuries BCE); Cartledge 2004 (the basis of the Epilogue, p. 119 - 213); Christ 1986/1996 (admirable introductory essay to Christ (ed.) 1986, a fine collection of reprinted essays in German or German translation with excellent bibliography); Clauss 1983 (useful mainly for bibliography); Ducat 1999b (Spartan society and war, one of a series of articles by a leading French expert on ancient Sparta); Ehrenberg 1946: ch. 4 (essay controversially debates whether Sparta was 'totalitarian' or merely authoritarian, still relevant despite heavy overdetermination by 269
original context of publication and miserable personal experience); Fitzhardinge 1980 (a useful and handsomely illustrated survey of Spartan archaeology in the 'Archaic' period, *c*. 700 - 500); Forrest 1968/1980 ('This account of Spartan history has not shown much sympathy with Sparta; sympathy is killed by the narrow-minded jealousy she showed for so long to anyone whose power looked like becoming greater than her own and by the utter inhumanity of her behaviour when her own power was supreme [after 404]', p. 152, written in 1967/8); Hooker 1980 (thematically organized, very good on religion); Lazenby 1985 (army, ch. 4 on Thermopylae, an essential preliminary to Lazenby 1993); Lendon 2005: p. 352 n. 20 (Spartan drill); Lewis 1977 (esp. relations with Persia); Ollier 1933 - 43, Powell & Hodkinson (eds) 1994, Rawson 1969/1991 and Tigerstedt 1965, 1974 (all variously addressed to the Spartan 'myth'); Powell (ed.) 1989 and Powell & Hodkinson (eds) 2002 (two excellent collections of essays, edited by two of the leading British scholars of Sparta); Welwei 2004 (the latest general survey of Spartan history by a well respected senior scholar); and

Whitby (ed.) 2001 (imaginatively edited selection of reprinted essays, sometimes abridged and/or translated into English).

Three of the major **Spartan personalities** are the half-brothers King Cleomenes I and his successor Leonidas, and Pausanias the Regent, all from the Agiad royal house: on **Cleomenes**, see Ste Croix 2004 (pp. 438 – 440 are an editorial Afterword, with bibliography); on **Leonidas**, Baltrusch 1999; Connor 1979 (reburial of remains decades after 480); Grant 1961: pp. 20 – 24; and Harvey 1979 (was L. somehow implicated in the death of Cleomenes?); on **Pausanias**, there is a huge and growing literature, most recently Ellinger 2005 (the 'other' Pausanias is the 2nd-century CE religious travel writer); see also above, Appendix 1 (Simonides). For possible visual representations, see Krumeich 1997: pp. 151 – 178.

No proper history of Sparta can be written without due attention to the troublesome economic basis of Spartan society and power, the **Helots**: see esp. Ducat 1990 (the first modern general study); Hunt 1997 (part of an immensely original and persuasive attack on the failure of the major Greek historians to give due attention to the role of the unfree in warfare) and 1998 (more controversial attempt to find a major role for Helots at the Battle of Plataea); and Luraghi & Alcock (eds) 2003 (published version of the first
270 major international conference ever dedicated specifically to Helot issues).

No proper history of Sparta can be written, either, without due attention to Spartan **religion**: Parker 1989 is an exemplary account.

Various aspects of **Spartan society and mores** are expertly addressed in the following: David 1992 (hair-dressing and maintenance) and 2004 (suicide, two essays by the leading Israeli scholar of Sparta); Figueira (ed.) 2004 (an admirable collection edited by the leading American scholar of Sparta); Hammond, M. 1980 ('with your shield — or on it!' explained); Hodkinson 2000 (major study of property power); Hornblower 2000 (violence) and Rankin 1993: p. 187 (Sparta a 'society dedicated to the infliction of terror and violence'); Kennell 1995 (history of the timing of introduction of the full-blown educational system, dated rather too late to my mind); Loraux 1995: esp. pp. 70–73, and Piccirilli 1995 (attitudes to death); Miller, W. I. 2000: ch. 2 (the behaviour and fate of Aristodamus, who though one of the 300 did not die at Thermopylae); Richer 1994 and Toher 1999 (burial of kings).

One of the great peculiarities of Sparta was the high status and profile of Spartan **women**, variously accounted for or elaborated on in Blundell 1995: pp. 150 – 158; Cartledge 1981/2001; Ducat 1998 and 1999a; Hodkinson 2000; Millender 2002 (brilliant study of role played by Athenian ideology); Powell 1999 (political role) and 2004.

第五章　温泉关战役I：动员

第六章　温泉关战役II：战役准备

第七章　温泉关战役III：战役经过

I have run together here reading suggestions relating to all stages of the evolution of the Thermopylae scenario. (See also Chapter One, pp. 15–28, for the Graeco-Persian Wars in general.)

For military aspects of the **Graeco-Persian Wars** generally, see De Souza 2003: pp. 54–58; Grundy 1901; Hammond, N. 1988; Hanson 1998 (perhaps our best military historian of Greek antiquity, claims to identify a specifically 'Western' way of warfare, brilliantly exemplified by the Greeks 271 in 480 – 479), 1999 and 2001 (the first of his nine 'landmark' battles is Salamis); Hignett 1963; Holland 2005 (imaginatively conceived and brilliantly written account by an amateur historian of genius); Lazenby 1993 (with Green 1970/1996, the indispensable basic account); Ober 1990 and Starr 1962/1979 (why did Persia lose?); Pritchett 1971 – 1991 (essays of immense learning and range); Sekunda & Hook 1998 (sound narrative with interestingly colourful artistic recreations); Strauss 2004a (Salamis).

For the **Thermopylae campaign** specifically, see Burn 1968: pp. 88 – 92, with fig. on p. 89 (eastern arrowheads); Cawkwell 2004; Clarke 2003 (claims unpersuasively that Sparta pushed the warrior ethos beyond the limits of sanity); Dascalakis 1956; Dillery 1996, Flower 1998, Hammond, N. 1996 and Van Wees 2004: pp. 180 – 183 (historiography — see also Appendix I); Evans 1964 and 1969; Grant 1961; Hodkinson 2000: pp. 157, 158 (Dieneces); Hope Simpson 1972; Strauss 2004b; Thomson 1921; Tuplin 2003 (Xerxes's march from Doriscus to Therme); Whatley 1964 (focused on Marathon but of immensely wider historiographical application, emphasizing just how much — or rather how little — we can ever hope to know about *any* ancient battle).

One of the major issues of scholarly debate concerns the **topography**: Burn 1977: pp. 98 – 103; Grundy 1929; Kraft et al. 1987 and Szemler, Cherf & Kraft 1996 (sufficiently refuted by Cawkwell 2004: Appendix 5; compare Lazenby *Classical Review* n. s. 48 (1998), 522: 'it will take far better arguments than these to convince me that Leonidas died fighting in a pass that did not exist'); Marinatos 1951 (pp. 61 – 69, results of 1939 excavation); Pritchett 1958, 1965 (on the battle of 191 BCE; 'It is quite apparent that most of those who write about the battles have never left the carriage roads', p. 71) and 1982 (summation); Wallace 1980 (Anopaea pass). Another major issue is whether Leonidas dismissed the allies before the final battle or they dismissed themselves (i. e. fled or melted away): see, e. g., Dascalakis 1957; Grant 1961 (one of the few to take account of Leonidas's personal and familial situation, though far from entirely persuasively).

A side issue but an engaging one is the alleged medism of **Caryae**, a Perioecic city on the northern border of Laconia: Huxley 1967. 'Caryatids', support columns in the form of women, most famously used in the Erechtheum temple on the Athenian Acropolis, are named after the women of Caryae.

第八章 温泉关传奇I：古代 272

On the Spartan legend (etc.) in antiquity generally, see Ollier 1933–1943, the earlier chapters of Rawson 1969, and Tigerstedt 1965, 1974, 1978; in brief, Christ 1986/1996. Also Ehrenberg 1974a (West v. East) and 1974b (freedom). Hölkeskamp 2001 is a comparable study of the legend of Marathon.

第九章 温泉关传奇II：从古代到现代

The post-Antique reception of ancient Sparta, and of the Thermopylae legend in particular, is richly varied. Barzano et al. (eds) 2003 is a collection of essays looking at the transmission of heroic models from antiquity to modernity; Clough 2004 is a useful overview of the legend from a Western perspective; Rebenich 2004 is an acute account specifically of the German reception, especially historiographical. The later chapters of Rawson 1969 are the best attempt yet at covering the entire post-Antique reception of Sparta within the European, and by extension North American, cultural tradition.

What follows are just some illustrations that I have been able to use in this book: de Botton 2004: pp. 187 – 188 (brief discussion of Sparta in a chapter entitled 'Ideal Human Types'); Buchan 1912 (short fictional story about a man from the island of Lemnos who gets caught up in the Thermopylae-Artemisium conflict); Byron 1981 (1937) (not Lord Byron, but the twentieth-century Robert Byron, debunker of classicizing pieties and champion of Iranian and Islamic art and culture: 'There are still things to be said about Persepolis', p. 165); Golding 1965 (an occasional piece prompted by a visit to the 'Hot Gates'); Hall & Macintosh (eds) 2005 (Persians and Greeks on the British stage); Hughes (ed.) 1944 (a brave tribute to the brave Greeks of the Second World War, published while Greece was still occupied); Keeley 1999 (reminiscences of literary Greece during the 1930s and 40s, much talk of C. P. Cavafy); Losemann 1977 (Nazi misappropriations); Macgregor Morris 2000a, 2000b, 2004 (eighteenth-century handling of the Thermopylae tradition, especially by Richard Glover); Manfredi 2002 (historical novel by a professional classical archaeologist and historian set in the early fifth century BCE world of Sparta; starts badly, from the manifestly unhistorical premise that the apparently deformed infant son of a noble Spartan family would be exposed in such a

manner as to be rescuable by an extreme nationalist Helot family that raises 273
him as a nationalist Helot — to fight, eventually, against his own brother, in the manner of Polynices and Eteocles of ancient Greek myth, and more recently the brothers in Theo Angelopoulos's tragic film *The Weeping Meadow*); Miller, Frank 1998, 1999 (the 'graphic novels' that will be the basis of the movie *300*; cf. Winkler 2000 for a discussion of the Hollywood war-movie genre in its relation to Classical models and inspirations); Montaigne 1991 (his late-sixteenth-century *essais* include 'On the Cannibals' in which, rather surprisingly perhaps, his acute judgement of Thermopylae is to be found, pp. 238 - 239 of Screech's Penguin Classics edition: 'True victory lies in your role in the conflict, not in coming safely through'); Pinelli 2005 (David's *Léonidas*); and, last but by no means least, Pressfield 1999 (an 'epic' novel is just right; the author has done extensive homework, writes boldly and evocatively, and his imaginative supplements are usually soundly based).

结语 温泉关战役：世界历史的转折点

Cartledge 2004 provides full annotation. Most references are of course to be found elsewhere in this book anyway.

Those who wish to pursue the analogy I have tried to develop between the Spartan way of death at Thermopylae and Japanese patriotic suicides at the end of the Second World War may wish to consult a remarkable collection of testimonies by students enlisted in the various Special Attack Units which came to be labelled kamikaze ('divine wind'): *Listen to the Voices from the Sea: Writings of the Fallen Japanese Students* (*Kike Wadatsumi no Koe*), compiled by Nihon Senbotsu Gakusei Kinen-Kai; trans. Midori Yamanouchi and Joseph L. Quinn SJ (Scranton: University of Scranton Press, 2000). For example, Hachiro Sasaki writes on 11 June 1943: 'I wish to die beautifully as a person in the midst of a supreme effort' (cf. Loraux 1995 on the Spartans' 'beautiful death'); but whereas the Spartan 300 were elite soldiers, Sasaki continues, 'As an unknown member of society, my only option is to live and die while remaining faithful to my duties and responsibilities' (both quotations, p. 122). He was killed in action on 14 April 1945 over the Okinawa Sea.

274

附录 1 和附录 3—— 希罗多德

The most accessible and usable **English translation** for non-specialists is probably Herodotus 1996, as corrected and updated by John Marincola. See also Herodotus 2004, revised throughout by Donald Lateiner. Romm ed. 2003 is a good selection in translation with the editor's running commentary. In their excellent recent scholarly commentary on Herodotus Book 9 Flower and Marincola (eds) 2002 deal fully with his account of Plataea, which sealed the Greeks' victory over the invading Persians; see also their Introduction, 20ff., and Appendixes A and D. A commentary of similar quality on Book 7, the Thermopylae book, would be well received.

It is a good index of Herodotus's current 'popularity' among scholars that he has been the subject of no fewer than five major **collective volumes** within the past five years alone: Bakker et al. (eds) 2002; Derow & Parker (eds) 2003; Karageorghis & Taifacos (eds) 2004; Luraghi (ed.) 2001; and Greenwood & Irwin (eds) forthcoming. Major **general works** to be highly recommended include: Gould 1989; Hartog 1988; Lateiner 1989; Munson 2001; and Thomas 2000. Other smaller general studies include: Marincola 2001; Momigliano 1966; Osborne 2002; and Romm 1998. Fehling 1989 should be read only as the curiosity that it is.

The following analyse in close detail, from the point of view of source criticism among others, Herodotus's account of **Thermopylae**: Dillery 1996; Flower 1998; Flower & Marincola (eds) 2002; and Van Wees 2004: p. 180 – 183.

The following selection will also give some small inkling of the immense range of Herodotus's interests and of the topics on which he has something eminently worth reading: Boedeker 1987a (invention of history) and 1987b (Demaratus); Cartledge 1995 (Greek identity); Dewald 1981 (women); Forrest 1979 (Ionian Revolt); Forsdyke 2001: pp. 341 – 354, and 2002 (Spartan despotism); Georges 1986 (oracles and credibility); Harrison 2000a (religion); Lévy 1999 (Sparta); Lewis 1997: pp. 345 – 361 (Persians); Mikalson 2003 (religion); Millender 2002a and 2002b (Spartan despotism); Moles 2002 (H. and Athens); Moyer 2002 (reliability of H. on Egypt defended); Munson 1988 (Artemisia) and 1993 (Spartan kingship); Murray 1987 (oral historiography); Raaflaub 1987 (historiography) and 2002 (H. as intellectual); Redfield 1985 (H. as ethnographer); Stahl, H. -P. 1975 (Croesus's conversations); Waters 1971 (tyrants and despots).

Simonides, the texts are easily accessible in D. A. Campbell's excellent 275
Loeb Classical Library edition and translation. The major event in Simonides studies recently has been the partial recovery on papyrus of his post-epic

poem on Plataea, apparently commissioned by the Spartans and for performance at Sparta: Boedeker 1995, 1998a, 1998b: p. 190, 2001a, 2001b; Boedeker & Sider (eds) 2001. For a fine pre-discovery account, see Davies, A. 1981 (in a chapter on 'Lyric and Other Poetry'); compare Davies, M. 2004: p. 278 (the story of Simonides's remembering where all the guests had been sitting at a banquet in Thessaly, after the banqueting hall was wrecked by an earthquake and all the guests killed — while Simonides himself was said to have escaped through divine intervention). On the 480 Spartan poems specifically, see Molyneux 1992: pp. 186 - 187; and Podlecki 1968.

On **Ctesias**, see Auberger 1991; Lenfant 2004 (texts, translation); and Bigwood 1978.

On **Diodorus** (Book XI), see Green 2006 (translation and commentary).

Other sources are Bowen ed. 1992 (Plutarch on the malice of Herodotus); Rood 1999 (Thucydides on the Greco-Persian Wars; cf. Cawkwell 2004); Talbert (ed. and trans.) 2005 (Plutarch and Xenophon on Spartan lives, sayings and society).

书籍、文章、评论、版本

Abraham, K. 2004 *Business and Politics under the Persian Empire: The Financial Dealings of Marduk-nasir-apli of the House of Egibi (521 - 487 BCE)* (Bethesda, Md.: Occasional Publications of the Department of Near Eastern Studies and the Program of Jewish Studies, Cornell University)

Allen, L. 2005 *The Persian Empire. A History* (London: British

Museum Press)

Auberger, J. 1991 *Ctésias. Histoires de l'Orient* (Paris: Les Belles Lettres)

Austin, M. M. 1990 'Greek tyrants and the Persians, 546 – 479 BCE' *Classical Quarterly* n. s. 40: 289 – 306

Badian, E. 1994 'Herodotus on Alexander I of Macedon: a study in some subtle silences' in S. Hornblower (ed.) *Greek Historiography* (Oxford: Oxford University Press) 107 – 130

1998 'The King's Indians' in W. Will (ed.) *Alexander der Grosse. Eine Welteroberung und ihr Hintergrund* (Bonn: Habelt) 205 – 224 276

Bakker, E. J., de Jong, I. J. F. & van Wees, H. 2002 (eds) *Brill's Companion to Herodotus* (Leiden: Brill)

Balcer, J. M. 1989 'The Persian Wars against Greece: a reassessment' *Historia* 38: 127 – 143

—— 1993 *A Prosopographical Study of the Ancient Persians Royal and Noble c. 550 – 450 BC* (Lewiston, New York)

—— 1995 *The Persian Conquest of the Greeks* 545 – *450 BC* (Konstanz: Universitäts-Verlag)

Baltrusch, E. 1999 'Leonidas und Pausanias' in K. Brodersen (ed.) *GrosseGestalten der griechischen Antike* (Munich: Beck) 310 – 318

Barzano, A. et al. 2003 (eds) *Modelli eroici dell' antichità alla cultura europea* (Rome: L'Erma di Bretschneider)

Bengtson, H. et al. 1969 *The Greeks and the Persians. From the Sixth to the Fourth Centuries* (London: Weidenfeld & Nicolson) (German original 1965)

Bigwood, J. M. 1978 'Ctesias as historian of the Persian Wars' *Phoenix* 32: 19－41

Blundell, S. 1995 *Women in Ancient Greece* (London: British Museum Press)

Boardman, J. 1988 'The Greek World' *Cambridge Ancient History* plates to vol. IV: 95－178 (Cambridge: Cambridge U. P.)

—— 1999 *The Greeks Overseas*, 4th edn (London: Thames & Hudson)

—— 2000. *Persia and the West. An Archaeological Investigation of the Genesis of Achaemenid Art* (London: Thames & Hudson)

Boedeker, D. 1987a 'Herodotus and the invention of history' *Arethusa* 20: 5－8

1987b 'The two faces of Demaratus' *Arethusa* 20: 185－201

1995 'Simonides on Plataea: narrative elegy, mythodic history' *Zeitschrift für Papyrologie und Epigraphik* 107: 217－229

—— 1998a 'The New Simonides and heroization at Plataea' in N. Fisher & H. Van Wees (eds) *Archaic Greece: New Approaches and New Evidence* (London: Duckworth) 231－249

277 —— 1998b 'Presenting the past in fifth-century Athens' in D. Boedeker & K. A. Raaflaub (eds) *Democracy, Empire, and the Arts in Fifth-Century Athens* (Cambridge, Mass., & London: Harvard U. P.) 185－202

—— 2001a 'Heroic historiography: Simonides and Herodotus on Plataea' in Boedeker & Sider (eds) 2001: 120－134

—— 2001b 'Paths to heroization at Plataea' in Boedeker & Sider (eds) 2001: 148－163

—— & Sider, D. 2001 (eds) *The New Simonides: Contexts of Praise and Desire* (Oxford: Oxford U. P.)

de Botton, A. 2004 *Status Anxiety* (London: Hamish Hamilton)

Bowen, A. J. 1992 (ed.) *Plutarch: The Malice of Herodotus* (Warminster: Aris & Phillips)

Boyce, M. 1975/1982/1991 *A History of Zoroastrianism*, 3 vols (Leiden: Brill)

Briant, P. 1989/2002 'History and ideology: the Greeks and Persian "decadence" ' in Harrison (ed.) 2002: 193 – 210

—— 1997 – 2001 *Bulletin d'histoire achéménide* (I-II) (*TOPOI* suppls 1, 2)

—— 1999 'The Achaemenid Empire' in K. Raaflaub & N. Rosenstein (eds) *War and Society in the Ancient and Medieval Worlds. Asia, the Mediterranean, Europe, and Mesoamerica* (Washington, DC: Center for Hellenic Studies) 105 – 128

—— 2002 *From Cyrus to Alexander. A History of the Persian Empire* (Eisenbrauns: Winona Lake) (French original 1996)

—— & Herrenschmidt, C. 1989 (eds) *Le Tribut dans l'empire perse* (Paris & Louvain: Peeters)

Brosius, M. 1996. *Women in Ancient Persia (559 – 331 BCE)* (Oxford: Oxford U. P.)

—— 2000 (ed. and trans.) *The Persian Empire from Cyrus II to Artaxerxes I* (LACTOR 16) (London: London Association of Classical Teachers)

—— 2003 'Reconstructing an archive: account and journal texts from

Persepolis' in Brosius (ed.) *Ancient Archives and Archival Traditions. Concepts of Record-Keeping in the Ancient World* (Oxford: Oxford U. P.) 264 – 283

278 Brunt, P. A. 1953/1993 'The Hellenic League against Persia', repr. in *Studies in Greek History and Thought* (Oxford: Oxford U. P.) 47 – 74, with addenda 75 – 83

Buchan, John 1912 'The Lemnian' in *The Moon Endureth* (London: Hodder & Stoughton) ch. III

Burkert, W. 2004 *Babylon, Memphis, Persepolis: Eastern Contexts of GreekCulture* (Cambridge, Mass.: Harvard U. P.)

Burn, A. R. 1968 *The Warring States of Greece* (London: Thames & Hudson) 88 – 92

—— 1977 'Thermopylai revisited and some topographical notes on Marathon and Plataiai' in K. H. Kinzl (ed.) *Greece and the Eastern Mediterranean in Ancient History and Prehistory. Studies Presented to Fritz Schachermeyr on his Eightieth Birthday* (Berlin & New York: W. de Gruyter) 89 – 105, at 98 – 103

—— 1984 *Persia and the Greeks. The Defence of the West 546 – 478 BC*, rev. edn (London: Duckworth) (original edn 1962)

Byron, R. 1981 *The Road to Oxiana* (repr. London: Picador) (original edn 1937)

Cambridge Ancient History [*CAH*] 1988 vol. IV, 2nd edn *Persia, Greece and the Western Mediterranean c. 525 – 479 BC* (Cambridge: Cambridge U. P.) esp. pt I 'The Persian Empire'

Cameron, G. G. 1948 *Persepolis Treasury Tablets* (Chicago: Oriental Institute)

Cardascia, G. 1951 *Les archives de Murashu* (Paris: ??)

Cartledge, P. A. 1979/2001 *Sparta and Lakonia. A Regional History1300 - 362 BC*, 2nd edn (Routledge: London & New York)

—— 1981/2001 'Spartan wives: liberation or licence?' *Classical Quarterly* 31: 84 - 105, updated repr. in Cartledge 2001b: ch. 9

—— 1987 *Agesilaos and the Crisis of Sparta* (London: Duckworth, & Baltimore: Johns Hopkins University Press) (pb repr. 2000)

—— 1995 "We are all Greeks"? Ancient (especially Herodotean) and modern contestations of Hellenism' *Bulletin of the Institute of Classical Studies* 40: 75 - 82

—— 1998 (ed.) *The Cambridge Illustrated History of Ancient Greece* 279 (Cambridge: Cambridge U. P.) (corrected pb repr. 2002)

—— 2001a *The Greeks. Crucible of Civilization* (London: BBC Books)

—— 2001b *Spartan Reflections* (London: Duckworth, & Berkeley & Los Angeles: University of California Press)

—— 2002 *The Greeks. A Portrait of Self and Others*, 2nd edn (Oxford: Oxford U. P.)

—— 2003 *The Spartans. An Epic History*, 2nd edn (London: Pan Macmillan, & New York: Overlook Press)

—— 2004 'What have the Spartans done for us? Sparta's contribution to Western civilization' *Greece & Rome* 2nd ser., 52. 2: 164 - 179

Cawkwell, G. L. 2004 *The Greek Wars. The Failure of Persia* (Oxford: Oxford U. P.)

Christ, K. 1986/1996 'Sparta Forschung und Spartabild. Eine Einleitung' in Christ (ed.) 1986: 1 - 72, repr. in Christ 1996: 9 - 57, with addenda 219 – 221

—— 1996 *Griechische Geschichte und deutsche Geschichtswissenschaft* (Munich: Beck)

—— 1986 (ed.) *Sparta* (Darmstadt: Wissenschaftliches Buchgesellschaft) Clarke, M. 2003 'Spartan Atê at Thermopylae? Semantics and Ideology at Herodotus, *Histories* 7. 223. 4' in Powell & Hodkinson (eds) 2002: 63 – 84

Clauss, M. 1983 *Sparta. Eine Einführung in seine Geschichte und Zivilisation* (Munich: Beck)

Clough, E. 2004 'Loyalty and liberty: Thermopylae in the Western imagination' in Figueira (ed.) 2004: 363 – 381

Coleman, J. E. & Walz, C. A. 1997 (eds) *Greeks and Barbarians. Essays on the Interactions between Greeks and Non-Greeks in Antiquity and the Consequences for Eurocentrism* (Bethesda, Md.: Occasional Publications of the Department of Near Eastern Studies and the Program of Jewish Studies, Cornell University)

Connor, W. R. 1979 'Pausanias 3. 14. 1: a sidelight on Spartan history' *Transactions and Proceedings of the American Philological Association* 109: 21 – 28

280 Cook, J. M. 1983 *The Persian Empire* (London: Dent)

—— 1985 'The rise of the Achaemenids and establishment of their empire' in *Cambridge History of Iran* vol. 2 (Cambridge: Cambridge U. P.) 200 – 291

Curtis, J. 2000 *Ancient Persia*, 2nd edn (London: British Museum Press)

—— 1997 (ed.) *Mesopotamia and Iran in the Persian Period: Conquest andImperialism* (London: British Museum Press)

—— and N. Tallis 2005 (eds) *Forgotten Empire: The World of Ancient Persia* (London: British Museum Press)

Cuyler Young, T., Jr 1980 '480/79 BC — a Persian perspective' *Iranica Antiqua* 15: 213 - 239

—— 1988 'The early history of the Medes and the Persians and the Achaemenid Empire to the death of Cambyses' and 'The consolidation of the Empire and its limits of growth under Darius and Xerxes' in *Cambridge Ancient History* vol. IV, 2nd edn (Cambridge: Cambridge U. P.) 1 - 52, 53 - 111

Dandamaev, M. A. 1989 *A Political History of the Achaemenid Empire* (Leiden: Brill)

—— 1994 'Media and Achaemenid Iran' in Harmatta (ed.) 1994: ch. 2 Dascalakis, A. V. 1956 'Ho agôn tôn Thermopulôn: Hai Dunameis tôn Hellênôn kai hê efthunê tês Spartês' *Athena* 60: 17 - 68

—— 1957 'Peri ton agôa tô Thermopylô. Hê apokhôêis tô summakhô kai hê thusia tou Leôida' *Platon* 9: 7 - 46

David, E. 1992 'Sparta's social hair' *Eranos* 90: 11 - 21

—— 2004 'Suicide in Spartan society' in Figueira (ed.) 2004: 25 - 46

Davies, Anna 1981 'Lyric and Other Poetry' in M. I. Finley (ed.) *The Legacy of Greece. A New Appraisal* (Oxford: Oxford U. P.) 93 - 119

Davies, M. 2004 'Simonides and the "Grateful Dead" *Prometheus* 30. 3: 275 - 281

De Souza, P. 2003 *The Greek and Persian Wars 499 – 386* BC (Wellingborough: Osprey)

Derow, P. & Parker, R. 2003 (eds) *Herodotus and his World* (Oxford: Oxford U. P.)

281 Dewald, C. 1981 'Women and culture in Herodotus' *Histories*' in H. Foley (ed.) *Reflections of Women in Antiquity* (New York: Gordon & Breach) 91 – 125

Dillery, J. 1996 'Reconfiguring the past: Thyrea, Thermopylae and narrative patterns in Herodotus' *American Journal of Philology* 117: 17 – 54

Drews, R. 1973 *The Greek Accounts of Eastern History* (Washington, DC: Center for Hellenic Studies)

Ducat, J. 1990 *Les hilotes* (*Bulletin de Correspondance Hellénique* suppl. XX) (Paris: Les Belles Lettres)

—— 1998 'La femme de Sparte et la cité' *Ktema* 23: 385 – 406

—— 1999a 'La femme de Sparte et la guerre' *Pallas* 51: 159 – 171

—— 1999b 'La société spartiate et la guerre' in F. Prost (ed.) *Armées et sociétés de la Grèce antique. Aspects sociaux et politiques de la guerre aux Ve et IVe siècles avant J. -C.*, 35 – 50 (Paris: Errance)

Dusinberre, E. R. M. 2003 *Aspects of Empire in Achaemenid Sardis* (Cambridge & New York: Cambridge U. P.)

Ehrenberg, V. 1946 *Aspects of Antiquity* (Oxford: Oxford U. P.)

—— 1974a 'East and West in Antiquity' in Ehrenberg *Man, State and Deity. Essays in Ancient History* (London: Methuen) 1 – 18

—— 1974b 'Freedom — ideal and reality' in Ehrenberg *Man, State and Deity. Essays in Ancient History* (London: Methuen) 19 – 34

Ellinger, P. 2002 'Artémis, Pan et Marathon. Mythe, polythéisme et événement historique' in S. des Bouvrie (ed.) *Myth and Symbol* I. *Symbolic Phenomena in Ancient Greek Culture* (Bergen: Norwegian Institute at Athens) 313 – 332

—— 2005 *La Fin des Maux d'un Pausanias à l'Autre. Essai de mythologie et d'histoire* (Paris: Les Belles Lettres)

Evans, J. A. S. 1964 'The "final problem" at Thermopylae' *Greek, Roman and Byzantine Studies* 5: 231 – 237

—— 1969 'Notes on Thermopylae and Artemision' *Historia* 18: 389 – 406

—— 1976 'Herodotus and the Ionian Revolt' *Historia* 25: 31 – 37

Fehling, D. 1989 *Herodotus and His 'Sources'. Citation, Invention and Narrative Art*, ed. and trans. J. G. Howie (Leeds: Leeds Latin Seminar) 282
(German original 1971)

Figueira, T. J. 2004 (ed.) *Spartan Society* (Swansea: Classical Press of Wales)

Fisher, N. R. E. 1992 *Hybris. A study in the Values of Honour and Shame* (Warminster: Aris & Phillips)

Fitzhardinge, L. F. 1980 *The Spartans* (London: Thames & Hudson)

Flower, M. A. 1998 'Simonides, Ephorus and Herodotus on the Battle of Thermopylae' *Classical Quarterly* 48: 365 – 379

—— & Marincola, J. (eds) 2002 *Herodotus Histories: Book IX* (Cambridge: Cambridge U. P.)

Flusin, M. 1999 'Comment les Mèdes ont raconté leur histoire: l'épopée d'Arbacès et le Medikos Logos d'Hérodote' *Ktema* 24: 135 – 146

Fornara, C. W. 1983 *Archaic Times to the End of the Peloponnesian War*, 2nd edn (Cambridge: Cambridge U. P.)

Forrest, W. G. 1968 *A History of Sparta 950 – 192 BC* (London: Hutchinson) (repr. Duckworth, 1980, with a new introduction)

—— 1979 'Motivation in Herodotus: the case of the Ionian Revolt' *International History Review* 1: 311 – 322

Forsdyke, S. 2001 'Athenian democratic ideology and Herodotus' Histories' *American Journal of Philology* 122: 333 – 362

—— 2002 'Herodotus on Greek history, *c.* 525 – 480 BC' in *Brill's Companion to Herodotus*, ed. E. J. Bakker et al. (Leiden) 521 – 549

Frankfort, H. 1970 'The art of Ancient Persia' in *The Art and Architecture of the Ancient Orient*, 4th impr. (Harmondsworth: Penguin) ch. 12

Freeman, C. 1999 *The Greek Achievement* (Oxford: Oxford U. P.)

French, D. H. 1998 'Pre- and early-Roman roads of Asia Minor' *Iran* 36: 15 – 43

Frye, R. N. 1963 *The Heritage of Persia* (New York: World Publishing Co.)

—— 1964 'The charisma of kingship in ancient Iran' *Iranica Antiqua* 4: 36 – 54

—— 1984 *History of Ancient Iran* (Munich: Beck)

Georges, P. 1986 'Saving Herodotus's phenomena. The oracles and events of 480 BC' *Classical Antiquity* 5: 14 – 59

283 —— 1994 *Barbarian Asia and the Greek Experience. From the Archaic Period to the Age of Xenophon* (Baltimore & London: Johns Hopkins U. P.)

—— 2000 'Persian Ionia under Darius: the Revolt reconsidered' *Historia* *49*: 1 – 39

Gershevitch, I. 1985 (ed.) *The Cambridge History of Iran: The Median and Achaemenian Periods* (Cambridge: Cambridge U. P.)

Ghirshman, R. 1971 'The classical age' in Ghirshman, R., Minorsky, V. & Sanghvi, W. *Persia. The Immortal Kingdom* (London: Orient Commerce Establishment) 20 – 97

Godrej, P. J. & Punthakey Mistree, F. 2002 (eds) *A Zoroastrian Tapestry* (Ahmedabad: Mapin)

Golding, William 1965 'The Hot Gates' in *The Hot Gates and Other Occasional Pieces* (New York: Harcourt Brace Jovanovich) 13 – 20

Gould, J. 1989 *Herodotus* (London: Weidenfeld & Nicolson)

Graf, D. F. 1994 'The Persian Royal Road system' *Achaemenid History* 8: 167 – 189

Grant, J. R. 1961 'Leonidas' last stand' *Phoenix* 15: 14 – 27

Green, P. 1970/1996 *The Greco-Persian Wars*, new edn (California & London: University of California Press)

—— 1970/1996 *The Year of Salamis 480 – 479 BC* (London: Weidenfeld & Nicolson) = *The Greco-Persian Wars* (Berkeley, Los Angeles & London: University of California Press)

—— 2006 *Diodorus Siculus, Book 11 – 12. 37. 1 Greek History, 480 – 431 BC — the Alternative Version* (Austin, Tex.: University of Texas P.)

Greenwood, E. & Irwin, E. forthcoming (eds) *Reading Herodotus: The Logoi of Book V* (Cambridge: Cambridge U. P.)

Grote, G. 1846 – 56 *History of Greece*, 12 vols (London: John Murray)

Grundy, G. B. 1901 *The Great Persian War and Its Preliminaries: A Study* of the Evidence, Literary and Topographical (London: John Murray)

—— 1929 'Thermopylae' (lecture, 12 April 1912) in H. Lunn (ed.) *Aegean Civilizations* (London: Epworth Press) 201 – 217

284 Hall, E. 1989 *Inventing the Barbarian. Greek Self-definition Through Tragedy* (Oxford: Oxford U. P.)

—— 1996 (ed.) *Aeschylus: Persians* (Warminster: Aris & Phillips)

—— & Macintosh, F. 2005 *Greek Tragedy and the British Theatre 1660 – 1914* (Oxford: Oxford U. P.)

Hall, J. M. 1997 *Ethnic Identity in Greek Antiquity* (Cambridge: Cambridge U. P.)

—— 2002 *Hellenicity: Between Ethnicity and Culture* (Chicago: University of Chicago Press)

Hallock, R. T. 1969 *Persepolis Fortification Tablets* (Chicago: University of Chicago Press)

—— 1972 *The Evidence of the Persepolis Tablets* (Cambridge: Cambridge U. P.)

Hammond, M. 1980 'A famous exemplum of Spartan toughness' *Classical Journal* 75: 97 – 109

Hammond, N. 1988 'The Expedition of Xerxes' *Cambridge Ancient History* [*CAH*] vol. IV, 2nd edn, *Persia, Greece and the Western Mediterranean c. 525 – 479 BC* (Cambridge: Cambridge U. P.) ch. 10, at 546 – 563, with map at 556, fig. 46

—— 1996 'Sparta at Thermopylae' *Historia* 45: 1 – 20

Hanson, V. D. 1998 *The Western Way of War. Infantry Battle in Classical*

Greece, new edn (California & London: University of California Press)

—— 1999 *The Wars of the Ancient Greeks and Their Invention of Western Military Culture* (London: Cassell)

—— 2001 *Carnage and Culture. Landmark Battles in the Rise of Western Power* (New York: Doubleday)

Harmatta, J. (ed.) 1994 *History of Civilizations of Central Asia* II. *The Development of Sedentary and Nomadic Civilizations: 700 BC to AD 250* (Paris: UNESCO)

Harrison, T. 2000a *Divinity and History: The Religion of Herodotus* (Oxford: Oxford U. P.)

—— 2000b *The Emptiness of Asia. Aeschylus' Persians and the History of the Fifth Century* (London: Duckworth)

—— 2002 'The Persian Invasions' in *Brill's Companion to Herodotus*, 285
ed. E. J. Bakker et al. (eds) (Leiden) 551 – 578

—— 2002 (ed.) *Greeks and Barbarians* (Edinburgh: Edinburgh U. P.)

Hartog, F. 1988 *The Mirror of Herodotus. An Essay on the Interpretation of the Other* (Berkeley: University of California Press) (original French edn 1980, rev. 1991)

Harvey, F. D. 1979 'Leonidas the regicide? Speculations on the death of Kleomenes I' in *Arktouros*. Fest. B. M. W. Knox (Berlin & New York: W. de Gruyter) 253 – 260

Herodotus 1996 *The Histories*, trans. A. de Sélincourt, rev. edn J. Marincola (London: Penguin)

—— 2004 *The Histories*, trans. G. C. Macaulay, rev. edn by

D. Lateiner (New York: Barnes & Noble)

Herrenschmidt, C. 1996/2000 'Old Persian cuneiform: writing as cosmological ritual and text' in J. Bottéro, C. Herrenschmidt, & J. -P. Vernant *Ancestor of the West: Writing, Reasoning and Religion in Mesopotamia, Elam and Greece* (Chicago & London: University of Chicago Press) 108 – 125

Herzfeld, E. 1968 *The Persian Empire. Studies in Geography and Ethnography of the Ancient Near East* (Wiesbaden: Franz Steiner)

Hignett, C. 1963 *Xerxes' Invasion of Greece* (Oxford: Oxford U. P.)

Hodkinson, S. 2000 *Property and Wealth in Classical Sparta* (London: Duckworth & Classical Press of Wales)

Hölkeskamp, K. -J. 2001 'Marathon — vom Monument zum Mythos' in D. Papenfuss and V. M. Strocka (eds) *Gab es das Griechischer Wunder? Griechenland zwischen dem Ende des 6. und der mitte des 5. Jahrhunderts v. Chr.* (Mainz: Philupp von Zabern) 329 – 353

Holland, Tom 2005 *Persian Fire. The First World Empire and the Battle for the West* (London: Little, Brown)

Hooker, J. T. 1980 *The Ancient Spartans* (London: Dent)

Hope Simpson, R. 1972 'Leonidas' decision' *Phoenix* 26: 1 – 11

Hornblower, S. 2000 'Sticks, stones and Spartans: the sociology of
286 Spartan violence' in H. van Wees (ed.) *War and Violence in Ancient Greece* (London: Duckworth & Classical Press of Wales) 57 – 82

—— 2001 'Greeks and Persians. West against East' in A. V. Hartmann & B. Heuser (eds) *War, Peace and World Orders in European History* (London & New York: Routledge) 48 – 61

Hughes B. 2005 *Helen of Troy: Goddess, Princess, Whore* (London: Cape)

Hughes, H. 1944 (ed.) *The Glory That Is Greece* (London: Hutchinson)

Hunt, P. 1997 'Helots at the battle of Plataea' *Historia* 46: 129 – 144

—— 1998 *Slaves, Warfare and Ideology in the Greek Historians* (Cambridge: Cambridge U. P.)

Huxley, G. L. 1967 'The medism of Caryae' *Greek, Roman and Byzantine Studies* 8: 29 – 32

Karageorghis, V. & Taifacos, I. 2004 (eds) *The World of Herodotus* (Nicosia: A. G. Leventis Foundation)

Kebric, R. B. 1997 *Greek People*, 2nd edn (Mountainview, Calif.: Mayfield)

Keeley, E. 1999 *Inventing Paradise. The Greek Journey 1937 – 1947* (Farrar, Straus, Giroux: New York)

Kennell, N. M. 1995 *The Gymnasium of Virtue. Education and Culture in Ancient Sparta* (Chapel Hill & London: University of North Carolina Press)

Kent, R. G. 1953 *Old Persian. Grammar, Texts, Lexicon, 2nd edn* (New Haven: Yale U. P.)

Khan, H. A. 1993 (ed.) *The Birth of the European Identity* (Nottingham: Nottingham Classical Literature Studies 2)

Konstan, D. 1987 'Persians, Greeks and empire' *Arethusa* 20: 59 – 73

Kraft, J. C., Rapp, G. R., Szemler, G. J., Tziavos, C., and Kase, E. W. 1987 'The pass at Thermopylae' *Journal of Field Archaeology* 14: 181 – 198

Krumeich, R. 1997 *Bildnisse Griechischer Herrscher und Staatsmänner im 5. Jahrhundert v. Chr.* (Munich: Biering & Brinkmann)

Kuhrt, A. 1988 'Earth and Water' *Achaemenid History* 3: 87 – 99

—— 1995 *The Ancient Near East, c. 3000 – 330 BC*, 2 vols (London & New York: Routledge)

287 Laroche, L. 1971/1974 *Monuments of Civilization. The Middle East* (London: Cassell)

Lateiner, D. 1989 *The Historical Method of Herodotus* (Toronto: University of Toronto Press)

Lazenby, J. F. 1985 *The Spartan Army* (Warminster: Aris & Phillips)

—— 1993 *The Defence of Greece, 490 – 479 BC* (Warminster: Aris & Phillips) 130 – 148

Lendon, J. E. 2005 *Soldiers and Ghosts. A History of Battle in Classical Antiquity* (New Haven & London: Yale U. P.)

Lenfant, D. 2004 Ctésias de Cnide, La Perse, L'Inde, Autres Fragments (Paris: Les Belles Lettres)

Lévy, E. 1999 'La Sparte d'Hérodote' *Ktema* 24: 125 – 134

Lewis, D. M. 1977 *Sparta and Persia* (Leiden: Brill)

—— 1980 'Datis the Mede' *Journal of Hellenic Studies* 100: 194 – 195 (repr. in Lewis 1997: 342 – 344)

—— 1994 'The Persepolis tablets: speech, seal and script' in A. K. Bowman & G. Woolf (eds) *Literacy and Power in the Ancient World* (Cambridge: Cambridge U. P.) 17 – 32

—— 1997 *Selected Papers in Greek and Near Eastern History*, ed. P. J. Rhodes (Cambridge: Cambridge U. P.) chs 31 'The Persepolis

Fortification Texts' (325 – 331) and 34 'Persians in Herodotus' (345 – 361)

Llewellyn-Jones, L. 2002 'Eunuchs and the royal harem in Achaemenid Persia' in S. Tougher (ed.) *Eunuchs in Antiquity and Beyond* (London: Duckworth) 19 – 49

Lockhart, L. & Boyle, J. A. 1978 'The beginnings: the Achaemenids' in Boyle (ed.) *Persia: History and Heritage* (London: Henry Melland) 17 – 23

Loraux, N. 1995 'The Spartans' "beautiful death" ' (1977) in *The Experiences of Tiresias. The Feminine and the Greek Man* (Princeton & Chichester: Princeton University Press) 63 – 74

Losemann, V. 1977 *Nationalsozialismus und Antike. Studien zur Entwicklung des Faches Alte Geschichte 1933 – 1945* (Hamburg: Hoffmann & Campe)

Loukonine, V. and Ivanov, A. 1996/2003 *Persian Art* (Sirocco: London)

Luraghi, N. 2001 (ed.) *The Historian's Craft in the Age of Herodotus* 288
(Oxford: Oxford U. P.)

—— & Alcock, S. E. 2003 (eds) *Helots and Their Masters in Laconia and Messenia* (Cambridge, Mass.: Harvard U. P.)

Macgregor Morris, I. 2000a 'The Age of Leonidas' (unpublished PhD dissertation, University of Manchester)

—— 2000b ' "To make a new Thermopylae": Hellenism, Greek liberation and the Battle of Thermopylae' *Greece & Rome* 47. 2: 211 – 230

—— 2004 'The paradigm of democracy: Sparta in Enlightenment thought' in Figueira (ed.) 2004: 339 – 362

Malkin, I. 2004 'Postcolonial concepts and ancient Greek colonization' *Modern Language Quarterly* 65. 3: 341 – 364

—— 2001 (ed.) *Ancient Perceptions of Greek Ethnicity* (Cambridge, Mass.: Harvard U. P.)

Manfredi, V. M. 2002 *Spartan* (London: Macmillan) (Italian original 1988)

Marinatos, Sp. 1951 *Thermopylae. An Historical and Archaeological Guide* (Athens: Greek Archaeological Service)

Marincola, J. 2001 'Herodotus' in *Greek Historians* (*Greece & Rome* New Surveys in the Classics 31: Oxford) 19 – 60

Mikalson, J. D. 2003 *Herodotus and Religion in the Persian Wars* (Durham, NC: University of North Carolina Press)

Millender, E. G. 2002 'Athenian ideology and the empowered Spartan woman' in S. Hodkinson & A. Powell (eds) *Sparta. New Perspectives* (London: Duckworth & Classical Press of Wales) 355 – 391

—— 2002a 'Herodotus and Spartan despotism' in A. Powell and S. Hodkinson (eds) *Sparta beyond the Mirage* (London: Duckworth & Classical Press of Wales 1 – 62

—— 2002b 'Nomos Despotes: Spartan obedience and Athenian lawfulness in fifth-century Greek thought', in E. Robinson and V. Gorman (eds) *Oikistes: Studies in Constitutions, Colonies, and Military Power in the Ancient World Offered in Honor of A. J. Graham* (Leiden: Brill) 33 – 59

289 Miller, Frank with Lynn Varley 1998, 1999 *300* (Milwaukie, Ore.: Dark Horse Books)

Miller, M. C. 1997 *Athens and Persia in the Fifth Century BC. A Study in Receptivity* (Cambridge: Cambridge U. P.)

Miller, W. I. 2000 *The Mystery of Courage* (Cambridge, Mass.: Harvard U. P.)

Moles, J. L. 2002 'Herodotus and Athens' in *Brill's Companion to Herodotus*, ed. E. J. Bakker et al. (Leiden: Brill) 33 – 52

Molyneux, J. H. 1992 *Simonides. A Historical Study* (Wauconda, Ill.: Bolchazy-Carducci)

Momigliano, A. D. 1966 'The place of Herodotus in the history of historiography' (1958) repr. in his *Studies in Historiography* (London: Weidenfeld & Nicolson) 127 – 142

—— 1975. *Alien Wisdom. The Limits of Hellenization* (Cambridge: Cambridge U. P.)

Montaigne, M. de 1991 *The Complete Essays*, ed. M. A. Screech (Harmondsworth: Penguin)

Moorey, P. R. S. 1988 'The Persian Empire' *Cambridge Ancient History* plates to vol. IV: 1 – 94 (Cambridge: Cambridge U. P.)

Moyer, I. S. 2002 'Herodotus and an Egyptian mirage: the genealogies of the Theban priests' *Journal of Hellenic Studies* 122: 70 – 90

Munson, R. V. 1988 'Artemisia in Herodotus' *Classical Antiquity* 7: 91 – 106

—— 1993 'Three aspects of Spartan kingship in Herodotus' in R. Rosen & J. Farrell (eds) *NOMODEIKTES. Fest. M. Ostwald* (Ann Arbor: University of Michigan Press) 39 – 54

—— 2001 *Telling Wonders. Ethnographic and Political Discourse in the Work of Herodotus* (Ann Arbor: University of Michigan Press)

Murray, O. 1987 'Herodotus and oral history' in Sancisi-Weerdenburg & Kuhrt (eds) vol. 2: 93 – 115 (repr. in Luraghi ed. 2001: 314 – 325)

—— 1988 'The Ionian Revolt' in *Cambridge Ancient History* vol. IV, 2nd edn: 461 – 490

Nylander, C. 1970 *Ionians in Pasargadae. Studies in Old Persian Architecture* (Uppsala: Acta Universitatis Upsaliensis)

290 Ober, J. 1990 'Xerxes of Persia and the Greek Wars: why the big battalions lost' in B. S. Strauss & J. Ober *The Anatomy of Error. Ancient Military Disasters and Their Lessons for Modern Strategists* (New York: St Martin's) 17 – 43

Ollier, F. 1933 – 43 *Le mirage spartiate. étude sur l'idéalisation de Sparte dans l'antiquité grecque*, 2 vols (Paris: de Boccard) (repr. in 1 vol., Chicago: Ares Press, 1973)

Olmstead, A. T. 1948 *History of the Persian Empire* (Chicago: University of Chicago Press)

Osborne, R. G. 1996 *Greece in the Making 1200 – 479 BCE* (London: Methuen)

—— 2002 'Archaic Greek history' in *Brill's Companion to Herodotus*, E. J. Bakker et al. (eds) (Leiden: Brill) 497 – 509

Parker, R. 1989 'Spartan religion' in A. Powell (ed.) *Classical Sparta: Techniques behind Her Success* (London: Routledge) 142 – 172

Pelling, C. B. R. 1997 'East is east and west is west — or are they? National stereotypes in Herodotus' *Histos* 1 (March) http: //www. dur. ac. uk/Classics/histos/1997/pelling. html

Petit, T. 1990 *Satrapes et satrapies dans l'empire Achéménide de Cyrus le*

Grand à Xerxès Ier (Paris: Les Belles Lettres)

Piccirilli, L. 1995 'L'ideale Spartano della morte eroica: crisi e trasformazione' *Annali della Scuola Normale di Pisa* 115: 525 – 541

Pinelli, A. 2005 *David* (Milan: 5 Continents Editions)

Podlecki, A. J. 1968 'Simonides: 480' *Historia* 17: 257 – 275

Pope, M. 1975/1999 *The Story of Decipherment. From Egyptian Hieroglyphic to Linear B*, rev. edn (London: Thames & Hudson)

Potts, D. T. 1999 *The Archaeology of Elam. Formation and Transformation of an Ancient Iranian State* (Cambridge: Cambridge U. P.)

Powell, A. 1999 'Spartan women assertive in politics? Plutarch's Lives of Agis and Kleomenes' in S. Hodkinson & A. Powell (eds) *Sparta. New Perspectives* (London: Duckworth & Classical Press of Wales) 393 – 419

—— 2004 'The women of Sparta — and of other Greek cities — at war' in Figueira (ed.) 2004: 137 – 150

—— 1989 (ed.) *Classical Sparta: Techniques behind Her Success* 291
(London: Routledge)

—— & Hodkinson, S. 1994 (eds) *The Shadow of Sparta* (Swansea: Classical Press of Wales)

—— & Hodkinson, S. 2002 (eds) *Sparta: Beyond the Mirage* (Swansea: Classical Press of Wales)

Pressfield, Steven 1999 *Gates of Fire. An Epic Novel on the Battle of Thermopylae* (London: Doubleday) (original US edn 1998)

Pritchett, W. K. 1958 'New light on Thermopylae' *American Journal of Archaeology* 62: 203 – 213

—— 1965 'The Battle of Thermopylae in 191 BC' *Studies in Ancient*

Greek Topography vol. 1 (Berkeley, Los Angeles & London: University of California Press) 71 – 82

—— 1971 – 91 *The Greek State at War*, 5 vols (California & London: University of California Press)

—— 1982 'Herodotos and his critics on Thermopylae' *Studies in Ancient Greek Topography* vol. 4 (Berkeley, Los Angeles & London: University of California Press) 176 – 210

Raaflaub, K. A. 1987 'Herodotus, political thought, and the meaning of history' *Arethusa* 20: 221 – 248

—— 2002 'Philosophy, science, politics: Herodotus and the intellectual trends of his time' in Bakker et al. (eds) 2002: 149 – 186

Rankin, H. D. 1993 'Achilles and the Terrorist' *Multarum Artium Scientia. Fest. R. Godfrey Tanner* (*Prudentia* suppl. vol.) 182 – 189

Rawson, E. 1969 *The Spartan Tradition in European Thought* (Oxford: Oxford U. P.) (pb repr. with preface by K. Thomas 1991)

Ray, J. D. 2001 *Reflections of Osiris* (London: Profile)

Rebenich, S. 2004 'From Thermopylae to Stalingrad: the myth of Leonidas in German historiography' in Figueira (ed.) 2004: 323 – 349

Redfield, J. M. 1985 'Herodotus the tourist' *Classical Philology* 80: 97 – 118 Richer, N. 1994 'Aspects des funérailles à Sparte' *Cahiers du Centre Glotz* 5: 51 – 96

292 Robinson, A. 1995 *The Story of Writing* (London: Thames & Hudson)

Romey, K. M. & Rose, M. 2001 'Saga of the Persian Princess' *Archaeology* (Jan. -Feb.): 24 – 25

Romm, J. S. 1998 *Herodotus* (New Haven: Yale U. P.)

—— 2003 (ed.) *Herodotus on the War for Greek Freedom. Selections from the Histories*, trans. S. Shirley (Indianapolis, Ind.: Hackett)

Rood, T. 1999 'Thucydides' Persian Wars' in C. S. Kraus (ed.) *The Limits of Historiography. Genre and Narrative in Ancient Historical Texts* (Leiden: Brill) 141 - 168

Root, M. C. 1979 *The King and Kingship in Achaemenid Art. Essays on the Creation of an Iconography of Empire* (Leiden: Brill)

—— 1985 'The Parthenon frieze and the Apadana reliefs at Persepolis: reassessing a programmatic relationship' *American Journal of Archaeology* 89: 103 - 120

Ste Croix, G. E. M. de 2004 'Herodotus and King Cleomenes I of Sparta' in his *Athenian Democratic Origins and Other Essays*, ed. D. Harvey & R. Parker (Oxford: Oxford U. P.) 421 - 440

Sancisi-Weerdenburg, H. 1983 'Exit Atossa: images of women in Greek historiography on Persia' in A. Cameron & A. Kuhrt (eds) *Images of Women in Antiquity* (Routledge: London & New York) 20 - 33 (new edn 1993)

—— 1989/2002 'The personality of Xerxes, King of Kings' 1989 repr. in E. J. Bakker et al. (eds) *Brill's Companion to Herodotus* (Brill: Leiden) 579 - 590

—— 1999 'The Persian kings and history' in C. S. Kraus (ed.) *The Limits of Historiography. Genre and Narrative in Ancient Historical Texts* (Leiden: Brill) 91 - 112

—— & Kuhrt, A. 1987 - 91 (eds) *Achaemenid History*, 6 vols (Brill: Leiden)

—— Kuhrt, A. & Root, M. C. 1991 (eds) *Achaemenid History*, vol. 8 (Leiden: Brill)

Schmandt-Bessarat, D. 1980 (ed.) *Ancient Persia. The Art of an Empire* (Malibu, Calif.: Getty Center)

Sealey, R. 1976 'The pit and the well: the Persian heralds of 491 BC' *Classical Journal* 72: 13 – 20

293 Sekunda, N. & Chew, S. 1992 *The Persian Army 560 – 330 BC* (Wellingborough: Osprey)

—— & Hook, R. 1998 *The Spartan Army* (Wellingborough: Osprey)

—— & Warry, J. 1998 *Alexander the Great. His Armies and Campaigns 334 – 323 BC* (Wellingborough: Osprey)

Sherwin-White, S. M. 1978 'Hand-tokens and Achaemenid practice' *Iran* 16: 183

Stahl, H. -P. 1975 'Learning through suffering? Croesus' conversations in the History of Herodotus' *Yale Classical Studies* 24: 1 – 36

Starr, C. G. 1962/1979 'Why did the Greeks defeat the Persians?' repr. in *Essays on Ancient History*, ed. A. Ferrill and T. Kelly (Leiden: Brill) 193 – 204

Stolper, M. W. 1985 *Entrepreneurs and Empire: the Murashu Archive, the Murashu Firm and Persian Rule in Babylonia* (Istanbul: Netherlands Historical-Archaeological Institute)

Strauss, B. S. 2004a *Salamis. The Greatest Naval Battle of the Ancient World, 480 BC* (New York: Simon & Schuster)

—— 2004b 'Thermopylae. Death of a king, birth of a legend' *Military History Quarterly* (autumn): 17 – 25

Stronach, D. 1978 *Pasargadae* (Oxford: Oxford U. P.)

Stronk, J. 1990 – 1 'Sparta and Persia' *Talanta* 22 – 23: 117 – 136

Szemler, G., Cherf, W. & Kraft, J. 1996 *Thermopylai. Myth and Reality in 480 BC* (Chicago: Ares)

Talbert, R. 2005 (ed. and trans.) *Plutarch on Sparta*, 2nd edn (London: Penguin)

Thomas, R. 2000 *Herodotus in Context. Ethnography, Science and the Art of Persuasion* (Cambridge: Cambridge U. P.)

Thomson, J. A. K. 1921 'Keeping the pass' in *Greeks and Barbarians* (London: Allen & Unwin) 32 – 44

Tigerstedt, E. N. 1965, 1974, 1978 *The Legend of Sparta in Classical Antiquity*, 2 vols + index vol. (Stockholm etc: Almqvist & Wiksell)

Tod, M. N. 1944 'Retrospect' in H. Hughes (ed.) *The Glory That Is Greece* (London: Hutchinson) 146 – 150

Toher, M. 1999 'On the *Eidolon* of a Spartan king' *Rheinisches* 294
Museum für Philologie 142: 113 – 127

Tuplin, C. J. 1987 'The administration of the Achaemenid Empire' in I. Carradice (ed.) *Coinage and Administration in the Athenian and Persian Empires* (Oxford: British Archaeological Reports 334) 109 – 166

—— 1998 'The seasonal migration of Achaemenid kings: a report on old and new evidence' in M. Brosius and A. Kuhrt (eds) *Achaemenid History* XI. *Studies in Persian History. Essays in Memory of David M. Lewis* (Leiden: Brill) 63 – 114

—— 2003 'Xerxes' march from Doriscus to Therme' *Historia 52:* 385 – 409

Van Wees H. 2004 *Greek Warfare. Myths and Realities* (London: Duckworth)

Wallace, P. W. 1980 'The Anopaia path at Thermopylae' *American Journal of Archaeology* 84: 115 – 123

Walser, G. 1984 *Hellas und Iran: Studien zu den griechisch-persischen Beziehungen vor Alexander* (Darmstadt: Wissenschaftliches Buchgesellschaft)

Waters, K. H. 1971 *Herodotus on Tyrants and Despots: A Study in Objectivity* (Wiesbaden: Steiner)

Welwei, K. -W. 2004 *Sparta. Aufstieg und Niedergang einer antiken Grossmacht* (Stuttgart: Klett-Cotta)

West, M. L. 1997 *The East Face of Helicon* (Oxford: Oxford U. P.)

Whatley, N. 1964 'On the possibility of reconstructing Marathon and other ancient battles' *Journal of Hellenic Studies* 84: 119 – 139

Wheeler, Mortimer 1968 *Flames over Persepolis. Turning-point in History* (New York: Reynal & Co.)

Whitby, M. 2001 (ed.) *Sparta* (Edinburgh: Edinburgh U. P.)

Wiesehöfer, J. 1994/2001 *Das antike Persien. Von 550 v. Chr. bis 650 n. Chr.* (Munich & Zurich: Artemis), Eng. trans. *Ancient Persia from 550 BC to AD 650* (London & New York: I. B. Tauris)

Winkler, M. 2000 '*Dulce et decorum est pro patria mori*? Classical literature in the war film' *International Journal of the Classical Tradition* 7. 2: 177 – 214

295 视频和网站

The Greek and Persian Wars, Cromwell Productions Ltd,

www. cromwelledu. com

'Decisive Battles' — *Thermopylae*, Paradine Productions

http：//uts. cc. utexas. edu/sparta/topics/300. htm

http：//www. aint-it-cool. com/display. cgi?id=4969

http：//www. night-flight. com/fmiller300. html (comic strip version of the battle)

http：//www. encyclopedia. com/html/T/Thermopy. asp

http：//www. rhul. ac. uk/Classics/NJL/novels. html (Dr N. J. Lowe's listing of 'Ancient Greece in Fiction') pp. 6－7 for novels and short stories on the Graeco-Persian Wars

http：//www. csun. edu/hcfll004/sparta. html (Prof. J. P. Adams)

http：//playlab. uconn. edu/pylae22k. htm (Prof. A. Yiannakis's expedition to determine Anopaea route)

参 考 文 献

296 ## 序言

1. Pindar fragment 110.

第一章

1. Herodotus 1. 152－153.

第二章

1. Herodotus 8. 126.

2. Herodotus 7. 66.

3. Chs 89ff.

4. Brosius 2000：no. 46.

5. Esther 1：5－7.

6. Herodotus 3. 89.

7. Herodotus 5. 52.

8. Herodotus 8. 98.

9. Brosius 2000：no. 198，after Fornara 1983：no. 35，slightly modified.

10. Brosius 2000：no. 91.

第三章

1. Herodotus 5. 97.
2. Herodotus 6. 89.
3. Herodotus 6. 43.
4. Herodotus 8. 30.
5. Herodotus 8. 144. 2.
6. Herodotus 3. 38.

第四章 297

1. Herodotus 5. 49.
2. Herodotus 6. 82.
3. Herodotus 9. 7; compare 5. 63.
4. Tyrtaeus fragment 12. 11 – 14.

第五章

1. Herodotus 7. 102.
2. Herodotus 7. 133.
3. Herodotus 1. 151.
4. Herodotus 7. 61.
5. Herodotus 7. 74.
6. Herodotus 8. 3. 3.
7. Herodotus 7. 49.

第七章

1. Trans. A. de Sélincourt.

第八章

1. Herodotus 7. 139.

2. Tusculan Disputations 1. 01.

3. Odes 3. 2. 13.

4. Lines 97 – 98.

第九章

1. Trans. M. A. Screech.

2. From Dialogue XL, in my translation.

3. Trans. Rebenich.

4. Trans. Rebenich.

后记

1. Herodotus 8. 27. 1.

索　　引[①]

雅典的阿布罗尼库斯（Abronychus）：第 142 页脚注 299
阿契美尼斯（Achaemenes）：第 118、242 页
阿契美尼德王朝（Achaemenid dynasty）：XXV，第 6、19、20、30—31、112 页脚注，第 113、203 页
阿克拉加斯（Acragas）：第 107 页
雅典卫城（Acropolis，Athens）：第 3、74、168、187 页
波斯的海军指挥官（admirals，Persian）：第 118、242 页
埃吉纳岛（Aegina）：第 57、73、83、86、97、98、99、104、105、107 页
爱奥利斯（Aeolians/Aeolis）：第 21、51、117、239 页
埃斯库罗斯（Aeschylus）：第 3、89、165 页脚注
斯巴达国王阿格西劳斯二世（Agesilaus II，King of Sparta）：第 70、72、128、162 页脚注，第 171、177、224 页
凯乌斯·尤利乌斯·阿格西劳斯（Agesilaus，Caius Iulius）：第 170、171 页
阿吉德王朝（Agiad dynasty）：第 67、94、174 页

① 本部分所列页码均对应英文原著页码，请参考本书边码，边码不连续之处，原书为图片。

斯巴达国王阿吉斯二世（Agis Ⅱ, King of Sparta）：第 162 页
斯巴达国王阿吉斯三世（Agis Ⅲ, King of Sparta）：第 167 页
阿高盖（*agôgê*）：第 69—70、206、227 页
广场（*agora*）：第 25、26、172、205 页
阿胡拉·马兹达（Ahura Mazda）：第 31、35、40、44—5、46、48—49 页
“基地”组织（Al-Qaeda）：第 130 页
阿留阿德家族（Aleuad dynasty）：第 102、121、139 页
马其顿的亚历山大一世（Alexander I of Macedon）：第 59、62、90—91、250 页
亚历山大大帝（Alexander the Great）：xi，xii，第 17 页脚注，第 19、90—91 页，第 93 页脚注，第 114、167—168 页
阿尔菲乌斯（Alpheus）：第 152 页
埃及法老阿赫摩斯（Amasis, Pharaoh of Egypt）：第 220 页
美国革命（American Revolution）：第 180 页
阿莫姆帕勒托斯（Amompharetus）：第 159 页
近邻同盟（Amphictyonic League）：第 102、127、159、225、226 页
安纳托利亚（Anatolia）：第 21、51、114、117 页
斯巴达国王阿那克桑德雷达斯二世（Anaxandridas Ⅱ, King of Sparta）：第 67 页
祖先崇拜（ancestor worship）：第 126 页脚注
安德罗斯（Andros）：第 91 页脚注
阿诺佩亚小路（Anopaea path）：第 140、146—147 页
马其顿摄政王安提帕特（Antipater, regent of Macedon）：第 167 页
马库斯·安东尼（Antony, Mark）：第 170 页

阿拉伯人（Arabians）：第 115、117、233、237 页
阿拉伯学者（Arabic scholars）：第 198 页
阿拉姆语（Aramaic）：第 38、216 页
阿卡狄亚（Arcadia）：第 73、76—77 页
马其顿国王阿基劳斯（Archelaus，King of Macedon）：第 60 页脚注
波斯弓箭手（archers，Persian）：第 110—111、142、149、150、233 页
阿契美尼德王朝的建筑（architecture，Achaemenid）：第 35—36 页
斯巴达国王阿里乌斯（Areus I，King of Sparta）：第 174 页
（马其顿）阿吉德王朝（Argeadae dynasty）：第 59—60 页
阿尔戈斯（Argos）：第 24—25、60、73、77—78、107—108、160 页
阿里阿比涅斯（Ariabignes）：第 240 页
阿里阿佐斯（Ariazus）：第 116 页
阿里奥玛尔多斯（Ariomardus）：第 235、233 页
米利都的阿里斯塔格拉斯（Aristagoras of Miletus）：第 52、66—67、76、171 页
阿里斯托达穆斯（Aristodamus）：第 156—159 页
阿里斯托芬（Aristophanes）：第 4、114 页脚注，第 224 页
亚里士多德（Aristotle）：第 72、80、154、198 页
亚美尼亚人（Armenians）：第 234 页 300
盔甲（armour）
　　波斯人的盔甲（Persian）：第 142—143、321 页
　　斯巴达人的盔甲（Spartan）：第 143—145 页
军队（army）
　　希腊联盟的军队（Greek coalition）：第 132、138 页
　　波斯人的军队（Persian）：第 95—96、109—117、231—238 页

斯巴达人的军队（Spartan）：第 65、67—69、129 页
托马斯·阿诺德（Arnold, Thomas）：第 202 页
艺术（art）
阿契美尼德王朝的艺术（Achaemenid）：第 35—36 页
受斯巴达或温泉关战役启发的艺术（inspired by Sparta/Thermopylae）：第 176、180—183 页
阿尔塔巴努斯（Artabanus）：第 57、87、88—89、95、116、120、233、236 页
阿尔塔巴佐斯（Artabazus）：第 33、114、233 页
阿尔塔佛涅斯（Artaphernes）：第 55、57、97、234 页
波斯国王阿塔薛西斯二世（Artaxerxes II, King of Persia）：第 229 页
阿尔塔克特斯（Artayctes）：第 114、235 页
阿塔翁特斯（Artayntes）：第 233 页
阿尔忒弥西亚（Artemisia）：第 119—120、240—241 页
阿尔特弥西昂战役（Artemisium, Battle of）：第 7、9、136、148、152、166 页
希腊人的海军驻地阿尔特弥西昂（Artemisium, Greeks' naval station at）：第 142 页
阿尔托克美斯（Artochmes）：第 234 页
阿育王皇帝（Ashoka, Emperor）：第 17 页脚注
希腊的亚洲定居点和殖民地（Asia, Greek settlement and colonization）：第 16 页，第 29 页脚注
亚述人（Assyrians）：第 34、117、232、238 页
雅典革命（Athenian Revolution）：第 52 页
伯罗奔尼撒战争（Atheno-Peloponnesian War）：第 26、29、54、90、

118、165 页脚注，第 166、189 页
雅典（Athens）
雅典的成就（achievements of）：第 11 页
每四年中就有三年处于战争状态（at war three years in four）：第 6 页
马拉松战役（Battle of Marathon）：第 57、91、97、98、199 页
萨拉米斯战役（Battle of Salamis）：第 165—166 页脚注
温泉关战役（Battle of Thermopylae）：第 7、138、167 页
雅典的民主制（democracy in）：第 11、28、52—53、75、86、195、206 页
舰队（fleet）：第 97—98、104 页
希腊联盟（Hellenic League）：第 60、61—63、249—250 页
希罗多德称雅典为希腊的救星（Herodotus calls saviour of Greece）：第 164—166 页
伊奥尼亚起义（Ionian Revolt）：第 54、55、67 页脚注，第 96 页
海上帝国（maritime empire）：第 10、11、41 页脚注，第 165 页
与波斯的关系（relations with Persia）：第 29 页脚注，第 54、56—58、98 页
自我批评（self-criticism）：第 205 页
斯巴达对雅典的远征（Spartan expeditions against）：第 28、74—76、104 页
三十僭主（Thirty Tyrants）：第 154、160 页脚注，第 166、192 页
同样可参见克里斯提尼（Cleisthenes）；克里提亚斯（Critias）；希庇阿斯（Hippias）；伯里克利（Pericles）；梭伦（Solon）；地米斯托克利（Themistocles）

阿托斯山（Athos，Mt）：第 96 页
阿托莎（Atossa）：第 31、34、87、232 页
W. H. 奥登（Auden，W. H.）：第 189—190 页
奥古斯都皇帝（Augustus，Emperor）：第 170 页
阿扎涅斯（Azanes）：第 233 页

巴比伦/巴比伦王国（Babylon/Babylonia）：第 8、19、35、46、57、113、232 页
巴基利德斯（Bacchylides）：第 222 页
单身羞耻（bachelors，humiliation of）：第 208 页
巴克特里亚/巴克特里亚人（Bactria/Bactrians）：第 19、114、232、237 页
巴达列斯（Badres）：第 235 页
波斯人的辎重车（baggage trains，Persian）：第 111、121 页
巴格达（Baghdad）：第 198 页
巴萨凯斯（Bassaces）：第 235 页
1936 年柏林奥林匹克运动会（Berlin Olympics，1936）：第 191 页
路易斯·德·伯尼尔斯（Bernières，Louis de）：第 243—244 页
贝希斯敦铭文（Bisitun inscription）：第 19、44—46、48、113 页
301 阿尔格农·布莱克伍德（Blackwood，Algernon）：第 177 页
比奥提亚/比奥提亚人（Boeotia/Boeotians）：第 7—8、58、75、138、139、207、214 页
海因里希·伯尔（Böll，Heinrich）：第 169 页
马丁·鲍曼（Bormann，Martin）：第 192 页
赫勒斯滂/博斯普鲁斯的希腊人（Bosporan greeks Hellespontire）：第

117、241 页
博斯普鲁斯海峡（Bosporus）：第 23、49、90 页
布利斯（Boulis）：第 93、128 页
安东尼·鲍文（Bowen，Anthony）：第 179 页脚注
英国驻雅典学院（British School at Athens）：xiv，第 187 页
约翰·巴肯（Buchan，John）：第 185 页
乔治·布坎南（Buchanan，George）：第 177 页
罗宾·伯恩（Burn，Robin）：第 190 页
乔治·布什（Bush，George W.）：第 195 页
拜伦勋爵乔治·戈登（Byron，George Gordon，Lord）：第 175、183—184 页

卡布里亚人（Cabelians）：第 235 页
尤利乌斯·恺撒（Caesar，Julius）：第 56、170 页
卡里德罗穆斯山（Callidromus，Mt）：第 138、141 页
卡利斯提尼（Callisthenes）：第 93 页脚注
卡林达（Calynda）：第 119、241 页
冈比西斯（Cambyses）：第 6、23、31、46、49、220、245 页
诺曼·卡梅伦（Cameron，J. Norman）：第 188—189 页
波斯的“随军者”（camp-followers，Persian）：第 111 页
卡帕多西亚人（Cappadocians）：第 234 页
卡里亚/卡里亚人（Caria/Carians）：第 24、34、51、117、118、239、240 页
卡尼亚节（Carneia festival）：第 126 页
迦太基（Carthage）：第 106—107 页

卡里埃（Caryae）：第 132 页
里海人（Caspians）：第 233、237 页
卡斯托尔和波鲁克斯（Castor and Pollux）：第 93、222 页
康斯坦丁·卡瓦菲（Cavafy, Constantine）：第 1、186、255 页
波斯骑兵（cavalry, Persian）：第 117、237 页
塞尔苏斯（Celsus）：第 173 页
雅典的科拉梅库斯墓地（Cerameicus cemetery, Athens）：第 160 页脚注，第 191 页
卡尔基斯人/卡尔基斯（Chalcidians/Chalcids）：第 75 页
战车（chariots）：第 155 页
夏多布里昂（Chateaubriand）：第 197 页
塞斯图斯总督凯拉司米斯（Cherasmis, governor of Sestus）：第 114、235 页
开俄斯（Chios）：第 15—16、21 页
花剌子模人（Chorasmians）：第 33、34、114、233 页
早期基督徒（Christians, early）：第 173—174 页
温斯顿·丘吉尔（Churchill, Winston）：第 190 页
西塞罗（Cicero）：第 169、213 页
西里西亚人（Cilicians）：第 117、118、235、238—239 页
奇西亚人（Cissians）：第 113、232、237 页
公民身份（citizenship）：第 5—6、206 页
内战（civil war）：第 54、118、130、248 页
爱德华·丹尼尔·克拉克（Clarke, Edward Daniel）：第 179 页脚注
克里斯提尼（Cleisthenes）：第 28、52、74 页
斯巴达国王克里奥美涅斯一世（Cleomenes I, King of Sparta）：第 56、

66—67、94、103、177 页
对埃吉纳的战争（campaign against Aegina）：第 83—84 页
对阿尔戈斯的战争（campaign against Argos）：第 74 页
对雅典的战争（campaigns against Athens）：第 28、73—76、104 页
他的自杀（suicide of）：第 84—86、128、221 页
斯巴达国王克里奥美涅斯三世（Cleomenes Ⅲ，King of Sparta）：第 172、177 页
威廉·杰斐逊·克林顿（Clinton，William J.）：第 4 页
希腊联盟（coalition，Greek）：见希腊/希腊人（Greece/Greeks）
保罗·科埃略（Coelho，Paulo）：第 244 页
波斯的货币（coinage，Persian）：第 39 页，第 111 页脚注
科尔基亚人（Colchians）：第 235 页
冷战（Cold War）：第 195—196 页
希腊的殖民（colonization，Greek）：第 15—16、58、61 页
希腊人对竞争的热爱（competition，Greek love of）：第 205—207 页
科林斯（Corinth）：第 28、73、75、104、105、106 页
科林斯地峡（Corinth，Isthmus of）：第 7、99、102—105、138 页，也可见希腊同盟（Hellenic League）
科斯（Cos）：第 119、240 页 302
斯巴达的罪犯（criminals，Spartan）：第 80 页
雅典的克里提亚斯（Critias of Athens）：第 15、154、160 页脚注，第 192、207 页
克里奥斯（Crius）：第 81、82 页
吕底亚国王克洛伊索斯（Croesus，King of Lydia）：第 21—22、24、25、26、28、68、213、219、252—253 页

克特西亚斯（Ctesias）：第 229 页

斯巴达的胸甲（cuirasses, Spartan）：第 144 页

文化误解（cultural misunderstanding）：第 93—94、135—136、209 页

楔形文字（cuneiform script）：第 19 页脚注，第 33、44 页脚注

西伯尼斯库斯（Cyberniscus）：第 240 页

辛尼斯卡公主（Cynisca, Princess）：第 225 页

塞浦路斯/塞浦路斯人（Cyprus/Cypriots）：第 8、23、51、54、117、118、238 页

昔兰尼（Cyrene）：第 173 页

安科纳的奇里亚科（Cyriac of Ancona）：第 176 页

波斯国王居鲁士二世（Cyrus Ⅱ the Great, King of Persia）

居鲁士二世之死（death of）：第 6、19、242、245 页

居鲁士二世的扩张主义（expansionism）：第 8、19、21、23、24、221 页

居鲁士二世建立了阿契美尼德波斯帝国（founds Achaemenid Persian Empire）：第 6、31、113、199、245 页

希罗多德对居鲁士二世的叙述（Herodotus on）：第 246、252—253 页

居鲁士二世与斯巴达（and Sparta）：第 25—26、199 页

达迪坎人（Dadicans）：第 233 页

薛西斯“魔鬼铭文”（Daiva-Inscription）：第 31、49 页

达玛斯提姆斯（Damasithymus）：第 240 页

波斯大王大流士一世（Darius I, Great King of Persia）：第 17、31、34—35、46—49、83、118、251 页

登上王位（ascends throne）：第 6 页

关于他的贝希斯敦铭文（Bisitun inscription）：第 19、44、46、48、113 页
货币制度（coinage）：第 39、111 页脚注
巩固帝国（consolidates empire）：第 31、245 页
大流士一世之死（death of）：第 6、57 页
与欧洲色雷斯的关系（and European Thrace）：第 23、49、90 页
扩张主义（expansionism）：第 49、55、55—57、91 页
与马尔多尼乌斯（and Mardonius）：第 87—88、96 页
向斯巴达派传令官（sends heralds to Sparta）：第 209 页
波斯大王大流士三世（Darius Ⅲ, Great King of Persia）：第 167 页
达斯希勒姆（Dascyleum）：xiv，第 92、95 页
达提斯（Datis）：第 55、57、97、117、234 页
雅克·路易·大卫（David, Jacques-Louis）：第 181—182 页
安娜·戴维斯（Davies, Anna）：第 226—227 页
托马斯·戴维斯（Davis, Thomas）：第 184 页
科尼利厄斯·德·波乌（de Pauw, Cornelius）：第 180 页
斯巴达人对待死亡的态度（death, Spartan attitude to）：第 25、79—83、130—132、149、159—162 页；同样可参见“葬礼习俗”（funerary customs）
埃德加·德加（Degas, Edgar）：第 71 页脚注
E. 德莱克吕泽（Delécluze, E.）：第 182 页
提洛同盟（Delian League）：第 10 页
提洛岛（Delos）：第 101 页
德尔斐（Delphi）：第 3、24、84、102、105、127、135 页脚注，第 149、225、252 页

斯巴达前国王德玛拉图斯（Demaratus，ex-King of Sparta）
泛雅典娜节上的德玛拉图斯（at Panathenaic Games）：第 155 页
被废黜和流放（deposed and exiled）：第 84、205 页
希罗多德对他的叙述（Herodotus on）：第 88 页脚注，第 91、94、132—134、135—136、178、210、218 页
与克里奥美涅斯的分歧（rift with Cleomenes）：第 67、75—76、83—84、104 页
民主制的发展（democracy，development of）：第 11、13、28、52—53、55、86、195、205 页
德摩斯梯尼（Demosthenes）：第 205 页
查尔斯·狄更斯（Dickens，Charles）：第 186 页
狄埃涅凯斯（Dieneces）：第 149、152 页
狄奥多罗斯（Diodorus）：第 147 页脚注，第 229—230 页
公共耻辱（disgrace，public）：第 156—159 页
酒神颂歌（Dithyrambus）：第 152 页
多里乌斯（Dorieus）：第 67 页
多利安人（Dôrians/Doris）：第 117、126、127、134、200、239 页
303 多里斯库斯（Doriscus）：第 109、121、123 页
多特斯（Dotus）：第 234 页
斯巴达的双王制（dyarchy，Spartan）：第 16、67、85、126 页

温泉关东关口（East Gate，Thermopylae）：第 140 页
东方与西方的冲突（East versus West conflict）：xi—xii，xv，第 15、89、193—194、197—199 页
埃克巴坦那（Ecbatana）：xiv，第 21、34 页

斯巴达的教育（education，Spartan）：第69—71、124、128、185、206、208、224页
理查德·伊根（Egan，Richard）：第193页
埃及/埃及人（Egypt/Egyptians）：第23、35、46、57、96、108、117、118、238、240页
维克托·埃伦伯格（Ehrenberg，Victor）：第192页
厄瑞涅（Eirene）：第4页
伊利斯（Elis）：第5、61、103—104页
启蒙运动（Enlightenment，The）：第178—180页
以弗所（Ephesus）：第22、43页
埃菲阿尔特斯（Ephialtes）：第146—147、186、229、254页
监察官（ephors）：第69、78、128页
埃弗鲁斯（Ephorus）：第147页脚注，第229—230页
埃皮达鲁斯人（Epidaurians）：第105页
奥尔科梅努斯人（Erchomenians）：第105页
埃瑞特里亚（Eretria）：第55、96页
《以斯帖记》（Esther，Book of）：第40页
埃塞俄比亚/埃塞俄比亚人（Ethiopia/Ethiopians）：第35、115、233—234页
优阿格拉斯（Euagoras）：第227页
欧伊内图斯（Euainetus）：第121页
优卑亚（Euboea）：第41、55、75、123页
优生（eugenics）：第71、79—80、227页
杰弗里·尤金尼德斯（Eugenides，Jeffrey）：第189页
宦官（eunuchs）：第41页

欧律比亚德斯（Eurybiadas）：第 9、10、128、155、172 页
欧律庞提德王朝（Eurypontid dynasty）：第 67、70、83 页脚注，第 94、174 页
欧律斯提尼（Eurysthenes）：第 174 页
欧律托斯（Eurytus）：第 158 页
遗弃婴儿（exposure of infants）：第 80、206、213 页

法西斯主义（fascism）：第 190、203 页
弗朗索瓦·费奈隆（Fénelon，François de Salignac de la Mothe-）：第 182 页
亚当·弗格森（Ferguson，Adam）：第 178 页
电影中的斯巴达（film，Sparta in）：第 193—194 页
饮食习惯（food habits）：第 63 页
防御工事碑（Fortification Tablets）：第 33、42 页
自由（freedom）：xii，第 2、8、12、13、52、135、192、205、207 页
法国革命（French Revolution）：第 180 页
雅典的葬礼演说（Funeral Speeches，Athenian）：第 166—177、188—189、205 页
葬礼习俗（funerary customs）：第 63、79、81—82、159—162、250—252 页

加达塔斯（Gadatas）：第 47 页
甘达拉人（Gandarans）：第 233 页
加沙地带（Gaza）：第 199 页
叙拉古的格隆（Gelon of Syracuse）：第 61、105—106 页

波斯统帅（generals，Persian）：第 116、236 页
格吉斯（Gergis）：第 116、236 页
德国考古研究所（German Archaeological Institute）：第 191 页
长老会（*Gerousia*）：第 66、78、128 页
爱德华·吉本（Gibbon，Edward）：第 1、213 页
斯巴达的女孩（girls，Spartan）：第 70—72 页
理查德·格洛弗（Glover，Richard）：第 179、184 页
戈布里亚斯（Gobryas）：第 88、96、116、118 页
戈布里耶斯（Gobryes）：第 234 页
赫尔曼·戈林（Göring，Hermann）：第 192 页
黄金（gold）：第 111 页
威廉·戈尔丁（Golding，William）：第 211 页
戈尔戈（Gorgo）：第 66、103、128、129、133、186 页
戈尔戈斯（Gorgos）：第 103 页
戈尔古斯（Gorgus）：第 240 页
希波战争（Graeco-Persian Wars）：第 1、8—11、59 页 304
战争的起因（cause of）：第 17、90—91、214—215、219 页
东方与西方的冲突（East vs West conflict）：xi—xii，第 15、90 页
战争动员（mobilization）：第 87—122 页
斯巴达对战争的纪念（Spartan memorials to）：第 100—102、164、171—172 页；同样可参见阿尔特弥西昂战役（Artemisium）；米卡列战役（Mycale）；普拉提亚战役（Plataea）；萨拉米斯战役（Salamis）；温泉关战役（Thermopylae）
格拉尼库斯河战役（Granicus River，Battle of）：第 167 页
斯巴达的墓葬习俗（grave goods）：第 79、81 页

希腊/希腊人（Greece/Greeks）
温泉关战役（Battle of Thermopylae）：第141—152页
阵地（battle position）：第141—142页
被埃菲阿尔特斯背叛并被包抄（betrayed by Ephialtes and outflanked）：第146—147页
考虑撤退之前的情况（consider retreat before）：第139页
兵力情况（forces at）：第1、7、132、138页
战术（tactics）：第145—147页
殖民（colonization）：第15—16、58、61页
希腊人的分化（divisions among）：第6—7、58—59、107页
希腊联盟的形成（formation of Hellenic League）：第7、60、63、100、102—106、107、108页
希波战争之前的希腊世界（Hellenic world before Graeco-Persian Wars）：第50—63页
对西方文明的影响（influence on Western civilization）：xii—xiii，第195、202、203页
亲波斯人现象（pro-Persian）：xiii—xiv，第7—8、27—28、74、83、84、88、107、114—115、118、121、132、138—139、146页
第二次世界大战时期的希腊（in Second World War）：第190—191页
对抗波斯人的策略（strategy against Persians）：第121—122、123—124、127、139—140页
同样可参见阿尔特弥西昂（Artemisium）；雅典（Athens）；希波战争（Graeco-Persian Wars）；马拉松战役（Marathon）；米卡列

战役（Mycale）;；普拉提亚战役（Plataea）；萨拉米斯战役（Salamis）；斯巴达（Sparta）；温泉关战役（Thermopylae）
希腊性（Greekness）：第6—7、59—63、102、104、152、219、249—250页
本杰明·列奥尼达·亚瑟·拉姆利·格里菲斯（Griffiths, Benjamin Leonidas Arthur Lumley）：第185页
乔治·格罗特（Grote, George）：第199页
操练（gymnastics）：第137页
裸体歌舞节（Gymnopaediae festival）：第171页

库尔特·哈恩（Hahn, Kurt）：第185页
毛发（hair）
斯巴达人的面部毛发（Spartan facial）：第194页脚注
斯巴达人的长头发（Spartan long）：第137、209页
哈利卡纳苏斯（Halicarnassus）：第119、240页
哈利亚人（Halieians）：第105页
乔治·弗里德里希·亨德尔（Handel, George Frideric）：第178页
后宫（harems）：第41页
哈尔玛米特列斯（Harmamithres）：第237页
格奥尔格·威廉·弗里德里希·黑格尔（Hegel, Georg Wilhelm Friedrich）：第xii页
特洛伊的海伦（Helen of Troy）：第222页
希腊世界/希腊主义（Hellas/Hellenism）：第58、59—63、225、249—250页
希腊联盟（Hellenic League）：第7、60、63、100、102—106、107、108页

海列尼昂［Hellenion（Sparta）］：第 100、164 页
赫勒斯滂海峡（达达尼尔海峡）［Hellespont（Dardanelles）］：第 90、95、96、108 页
斯巴达人的头盔（helmets，Spartan）：第 143—144 页
黑劳士（Helots）：第 12、65、69、71、73、77、84、143、160、164 页脚注，第 170、192—193、202—203、207 页
温泉关的黑劳士（at Thermopylae）：第 132、147 页
“黑劳士”这一术语的起源（‘helot’，origin of term）：第 202—203 页
爱尔维修（Helvétius）：第 178 页
赫拉克勒斯（Heracles）：第 126、187、229 页
大流士的传令官被杀（heralds，murder of Darius’s）：第 92、209 页
赫尔弥俄涅人（Hermionians）：第 105 页
希罗多德（Herodotus）
关于阿里斯托达穆斯的叙述（on Aristodamus）：第 157—159 页
关于雅典和希腊联盟的叙述（on Athens and Hellenic League）：第 62—63 页
305 关于雅典是希腊救星的叙述（on Athens as saviour of Greece）：第 164—165 页
关于马拉松战役的叙述（on Battle of Marathon）：第 57—58 页
关于普拉提亚战役的叙述（on Battle of Plataea）：第 156 页，第 166 页脚注
关于温泉关战役的叙述（on Battle of Thermopylae）：第 139、142、152 页
关于生命循环的叙述（on circle of life）：第 234、246、253 页

关于克里奥美涅斯的叙述（on Cleomenes）：第 66—67、76—77、84—85 页
关于希腊联军的叙述（on coalition forces）：第 138—139 页
关于克洛伊索斯的叙述（on Croesus）：第 22 页
关于居鲁士二世的叙述（on Cyrus II the Great）：第 245、252—253 页
关于德玛拉图斯的叙述（on Demaratus）：第 88 页脚注，第 94、123、133—135、218—219 页
关于希腊性的叙述（on Greekness）：第 6—7、59、104 页
关于希腊联盟的叙述（on Hellenic League）：第 62—63、104 页
希罗多德的《历史》（*Histories*）：ix，第 3、15、32—33、209 页
关于伊奥尼亚起义的叙述（on Ionian Revolt）：第 51—52、54—55 页
关于马尔多尼乌斯的叙述（on Mardonius）：第 88—90 页
希罗多德的泛希腊主义（panhellenism of）：第 219、248 页
关于波斯帝国的叙述（on Persian Empire）：第 19、31—33、40—42 页
关于波斯兵力的叙述（on Persian forces）：第 109—121、231—241 页
关于波斯与希腊关系的叙述（on Perso-Greek relations）：第 31、54、219—220 页
作为史料来源（as a source）：第 141、215—224、223、229—230、246 页
关于斯巴达的叙述（on Sparta）：第 24、25—26、65—67、74、76、78—79、83—84、160—161、171、209、210 页

希罗多德的战略意识（strategic sense of）：第 122 页
希罗多德的神学解释（theological interpretations of）：第 221、246—247 页
关于薛西斯的叙述（on Xerxes）：第 57—58、87、88—89、108、142、218 页
赫西俄德（Hesiod）：第 4 页
希耶隆（Hieron）：第 106 页
总指挥（High Command）
希腊人的总指挥（Greek）：第 121—122 页
波斯人的总指挥（Persian）：第 116、118—119、236 页
希梅拉战役（Himera, Battle of）：第 107 页，第 177 页脚注
骑兵（*hippeis*）：第 129 页
雅典的希庇阿斯（Hippias of Athens）：第 28、29、74、76 页
伊利斯的希庇阿斯（Hippias of Elis）：第 108 页
希斯提亚埃乌斯（Histiaeus）：第 51—52、66、240 页
史学史（historiography）：第 213—230、246 页
阿道夫·希特勒（Hitler, Adolf）：第 191、192、203 页
荷马（Homer）：第 214、223、227 页
《伊利亚特》（*Iliad*）：第 3、4、15、109 页
《奥德赛》（*Odyssey*）：第 149、214 页
同性恋（homosexuality）：第 70 页，第 128 页脚注
荣誉准则（honour code）：第 130 页
重装步兵（hoplites）：第 68、72、81、111、115、133、142、143—145、158、189 页
贺拉斯（Horace）：第 169 页

斯巴达人的马（horses，Spartan）：第 225 页
A. E. 豪斯曼（Housman，A. E.）：第 186 页
大卫·休谟（Hume，David）：第 179 页
不死军的指挥官海达尔涅斯（Hydarnes，commander of the Immortals）：第 116、145、236 页
萨迪斯总督海达尔涅斯（Hydarnes，Satrap of Sardis）：第 93、116 页
希佩里德斯（Hyperides）：第 166、167 页
赫卡尼亚人（Hyrcanians）：第 112、232 页
叙司塔斯佩斯（Hystaspes）：第 34、35、114、232 页

伊本·哈尔顿（Ibn Khaldun）：第 150 页脚注
伊利昂（Ilium）：第 15 页
伊蒙霍特普（Imhotep）：第 35 页
不死军（Immortals）：第 116、145—146、148、236 页
印度/印度人（India/Indians）：第 17—18、35、114、232、237 页
杀害婴儿（infanticide）：第 80、206、213 页
步兵（infantry）
　　希腊的步兵（Greek）：第 142—143、160 页
　　波斯的步兵（Persian）：第 111—115、142—143、231—236 页
　　也可参见重装步兵（hoplites）
伊奥尼亚/伊奥尼亚人（Ionia/Ionians）：第 21、25、35、49、51、53、117、118、239、240 页
伊奥尼亚起义（Ionian Revolt）：第 49、51—52、53—55、68、96、118 306
页脚注
伊朗（Iran）：xi，第 20、110、111、114、242 页

西方对伊拉克的干预（Iraq, Western intervention in）：第 194—195 页
爱尔兰的民族主义者（Irish nationalists）：第 184 页
阿萨姆斯［Irsama（Arsames）］：第 34、233 页
伊萨格拉斯（Isagoras）：第 75 页
伊斯兰教（Islam）
伊斯兰教的贡献（contribution of）：第 198 页
宗教激进主义（fundamentalism）：第 242 页
伊索克拉底（Isocrates）：第 231 页
科林斯地峡（Isthmia）：第 7、99、102、103—104 页
犹太人（Jews）
声称与斯巴达人有共同的血统（claim shared descent with Spartans）：第 174 页
居鲁士二世将他们从巴比伦解救出来（Cyrus Ⅱ liberates from Babylon）：第 8、46 页脚注
犹大（Judah）：第 40、46 页脚注

神风队飞行员（kamikaze pilots）：第 131 页
埃德蒙·基利（Keeley, Edmund）：第 183 页
开伯尔山口（Khyber Pass）：第 17 页

拉栖第梦（Lacedaemon）：第 73、105 页
拉科尼亚（Laconia）：第 2 页脚注，第 65、68、72、132、160 页
"简洁的"一词的来源（'laconic', origin of term）：第 202 页
拉克林斯（Lacrines）：第 25 页
莱德战役（Lade, Battle of）：第 54、56、118 页脚注

老路易·让·弗朗索瓦·拉格雷尼（Lagrenée, Louis-Jean-François the Elder）：第 181 页
拉米亚（Lamia）：第 167 页
拉彭（Lampon）：第 151 页
语言（language）：第 60—61、63 页
斯巴达的语言遗产（legacy of Sparta）：第 200—203 页
拉里萨（Larissa）：第 88、102、121、139 页
劳里昂（Laureum）：第 97 页
1931 年的洛桑条约（Lausanne, Treaty of）（1923）：第 11 页
列奥尼达节（Leonidaea festival）：第 163、168、170 页
斯巴达的列奥尼达翁（Leonidaion, Sparta）：第 163、168 页
斯巴达国王列奥尼达（Leonidas, King of Sparta）：第 12、66、122、177 页
即位（accession of）：第 85、128 页
所谓的卫城雕塑（alleged Acropolis statue of）：第 187—188 页
温泉关的列奥尼达（at Thermopylae）：第 142、145—152 页
被埃菲阿尔特斯背叛（betrayed by Ephialtes）：第 146 页
列奥尼达的遗体（body of）：第 160—162 页
指挥联军军队（commands coalition force）：第 1、7、13、127—129、132、137—138、204 页
做出的贡献（contribution of）：第 152 页
列奥尼达的死亡（death of）：第 150 页
与德尔斐神谕（and Delphic oracle）：第 127—128 页
列奥尼达的英雄化（heroization of）：第 162、172、173、174、176—185、189 页

利奥斯提尼（Leosthenes）：第 167 页
斯巴达国王列奥提西达斯（Leotychidas，King of Sparta）：第 10、83、94、127 页
莱普雷翁人（Lepreans）：第 105 页
莱斯博斯岛（Lesbos）：第 16、21、200 页
留克特拉战役（Leuctra，Battle of）：第 72、82、132 页脚注，第 207 页
黎凡特（Levant）：第 23、51 页
利比亚人（Libyans）：第 115、234、237 页
利格亚人（Ligyans）：第 234 页
文学作品中的斯巴达或温泉关战役（literature，Sparta/Thermopylae in）：第 183—190、191、194 页
洛克里斯/洛克里斯人（Locris/Locrians）：第 8、139 页
琉善（Lucian）：第 172、178、215 页脚注
吕西亚（Lycia）：第 51、118、235、239、240 页
吕底亚/吕底亚人（Lydia/Lydians）：第 21、34、92、95、115、234 页
莱山德（Lysander）：第 70 页脚注，第 156、177 页
吕西阿斯（Lysias）：第 166—167 页
爱德华·布尔沃·利顿（Lytton，Edward Bulwer）：第 185 页

马布利（Mably，abbé de）：第 178—179 页
307 马其顿/马其顿人（Macedonia/Macedonians）：第 7、11、23、49、51、55、60—61、116 页脚注，第 117、121、168、234 页
玛克罗涅斯人（Macrones）：第 114、235 页
马格尼西亚（Magnesia）：第 46 页
马里湾（Malis/Gulf of Malis）：第 140、141、142 页脚注，第 146 页

瓦莱里奥·马西莫·曼弗雷迪（Manfred, Valerio Massimo）：第185页
奥利维亚·曼宁（Manning, Olivia）：第185页
曼提尼亚（Mantinea）：第77页
马拉松战役（Marathon, Battle of）：第1、6、57、85、91、97、98、108、117、126、195、199、224、245页
马尔多尼乌斯（Mardonius）：第55页脚注，第91、96、116、236页
　马尔多尼乌斯的任命（appointment of）：第87—88页
　参加普拉提亚战役（Battle of Plataea）：第87、100、117、166页脚注，第203页
　征服欧洲的色雷斯（conquest of European Thrace）：第90页
　杀害列奥尼达（and decapitation of Leonidas）：第151、162页
　萨拉米斯战役后留在希腊的兵力（remains in Greece after Salamis）：第59、166页脚注，第249页
马尔东特斯（Mardontes）：第236页
马里安德尼亚人（Mariandynians）：第234页
马里亚人（Marians）：第235页
马隆（Maron）：第152页
自愿殉道（martyrdom, voluntary）：第130—132、199、209、211页
玛西斯特斯（Masistes）：第116、236页
马西斯提乌斯（Masistius）：第236页
马萨吉斯（Massages）：第234页
马提尼亚人（Matienians）：第234页
马特恩（Mattên）：第240页
米底人（Medes/Medians）：第35、36—37、111—112、142—143、145、232、237、239页

米底主义（medism）：参见希腊/希腊人（Greece/Greeks），亲波斯人（pro-Persian）
波斯舰队将领迈伽巴祖斯（Megabazus，commander of Persian fleet）：第240页
迈加比佐斯（Megabyzus）：第116、236页
迈伽帕努斯（Megapanus）：第232页
麦加拉/麦加拉人（Megara/Megarians）：第7、73、105、138页
麦吉斯提亚斯（Megistias）：第148—149页
苏丹穆罕默德二世（Mehmet Ⅱ，Sultan）：第176页
米洛斯岛（Melos）：第105页
莫巴鲁斯（Merbalus）：第240页
美索不达米亚（Mesopotamia）：第19页
美塞尼亚/美塞尼亚人（Messenia/Messenians）：第2页脚注，第65、68、76、160、170、207页
温泉关中关口（Middle Gate，Thermopylae）：第141、146、148页
米利都（Miletus）：第51、53、66页
约翰·斯图亚特·密尔（Mill，John Stuart）：第199页
弗兰克·米勒（Miller，Frank）：第194页
米提亚德（Miltiades）：第57页
米利安人（Milyans）：第235页
克里特国王米诺斯（Minos，King of Crete）：第220页
米斯特拉（Mistra）：第2页脚注，第176页
罗辛顿·米斯特里（Mistry，Rohinton）：第242—243、244页
君主制（monarchy）：第46、59—60、177页
蒙田（Montaigne，Michel Eyquem de）：第154、177—178页

摩尔人统治时期的西班牙（Moorish Spain）：第 198 页
托马斯·莫尔（More, Thomas）：第 210 页
莫斯科伊人（Moschians）：第 235 页
摩叙诺依科伊人（Mossynoecians）：第 114、235 页
米卡列战役（Mycale, Battle of）：第 10、177、236 页
迈锡尼人（Mycenaeans）：第 105 页
密西亚人（Mysians）：第 234—235 页

拿破仑皇帝（Napoleon, Emperor）：第 182、199 页
纳克什-伊·鲁斯塔姆（Naqsh-i-Rustam）：第 21、45 页
民族意识（nation, sense of）：第 248—249 页
海军（navy）
    雅典的海军（Athenian）：第 97—99、103、152 页
    波斯的海军（Persian）：第 109、117—120、142、152、238—241 页
纳克索斯岛（Naxos）：第 55 页 308
纳粹德国（Nazi Germany）：第 190、187、190—192、203 页
巴比伦国王尼布甲尼撒（Nebuchadnezzar, King of Babylon）：第 19 页
9·11 暴行（9/11 atrocity）：第 130、198—199 页
尼西亚（Nisyra）：第 119、240 页
礼法（nomos）：第 60、63、135、247、251 页
努比亚人（Nubians）：第 115 页
核武器（nuclear weapons）：第 242 页
裸体（nudity）：第 137、208 页

屋大维（Octavian）：第 170 页

弗朗索瓦·奥利耶（Ollier，François）：第 154、203 页
奥林匹亚（Olympia）：第 101—102 页
奥林匹亚赛会、奥林匹克运动会（Olympic Games）：第 5、61、102—103、124—125、138、155、191、206、225 页
神谕（oracles）：第 24、79、84、127、150、221、252 页
口述传统（oral tradition）：第 219—220 页
奥利金（Origen）：第 173 页
陶片放逐法（ostracism）：第 86、99 页
欧塔涅斯（Otanes）：第 110、116 页
欧塔司佩斯（Otaspes）：第 232 页
欧特律亚德斯（Othryades）：第 24—25 页
阿摩司·奥兹（Oz，Amos）：第 242 页

帕克坦人（Pactyans）：第 233 页
伊朗国王穆罕默德·礼萨·巴列维（Pahlavi，Mohammed Reza，Shah of Iran）：第 242 页
托马斯·潘恩（Paine，Thomas）：第 128 页脚注
巴勒斯坦（Palestine）：第 117、238 页
潘菲利亚人（Pamphylians）：第 239 页
山神潘（Pan）：第 223—234 页
泛雅典娜赛会（Panathenaic Games）：第 155 页
泛希腊地点（panhellenic sites）：第 100—104、225 页
泛希腊主义（panhellenism）：第 58、168、219、248 页
潘提特斯（Pantites）：第 156—157 页
帕夫拉戈尼亚人（Paphlagonians）：第 112、234 页

帕里卡尼亚人（Paricanians）：第 233、237 页
拜火教（Parsi religion）：第 243 页
帕提亚人（Parthians）：第 33、114、170、233 页
爱国主义（patriotism）：第 248 页
斯巴达摄政王波桑尼阿斯（Pausanias, Regent of Sparta）：第 10、12、151—152、163、163—164 页脚注，第 172、177、200、204、227—228、253 页
旅行作家波桑尼阿斯（Pausanias the Periegete）：第 99、159、171—172、173、176 页
孔雀王座（Peacock Throne）：第 242 页
娈童（pederasty）：第 70、129 页脚注，第 208 页
比雷埃夫斯（Peiraeus）：第 97 页
庇西特拉图（Peisistratids）：第 28、66、73、88 页
伯罗奔尼撒同盟（Peloponnesian League）：第 76—77、96—97、103、105、140 页
伯罗奔尼撒战争（Peloponnesian War）：见伯罗奔尼撒战争（Atheno-Peloponnesian War）
伯里克利（Pericles）：第 58、83、98、189、205、254 页
庇里阿西人（perioeci）：第 68、73、132、143、147、160 页
波斯波利斯［Persepolis（Persai）］：xiii，第 20、33、34、35、36、42 页
波斯帝国（Persian Empire）
　　艺术和建筑（art and architecture）：第 31、35—37 页
　　官僚制度（bureaucracy）：第 31—32、42—43
　　波斯帝国的复杂性（complexity of）：第 31 页

征服“印度”（conquest of ‘India’）：第 17—19、114 页
种族多样性（ethnic diversity of）：第 32、34—35、35—39 页
希波战争时的兵力（forces in Graeco-Persian Wars）：第 109—120、231—241 页
帝国的发展和范围（growth and extent of）：第 6、7—8、16—23 页
说真话的理想（ideal of truth）：第 47—48、133—134 页
军事义务（military obligations）：第 41—42 页
帝国的本质（nature of）：xiii，第 8—9、13、31—49 页
行省［provinces（satrapies）］：第 40—42、95 页
与希腊人的关系（relations with Greeks）：第 8—9、31—32、46—49、53—54、219—220 页
帝国的宗教（religion in）：第 43—49 页
社会与政治制度（society and political system）：第 44—45 页
309 也可参见阿尔特弥西昂（Artemisium）；居鲁士二世（Cyrus Ⅱ the Great）；大流士一世（Darius Ⅰ）；希波战争（Graeco-Persian Wars）；马拉松战役（Marathon）；米卡列战役（Mycale）；普拉提亚战役（Plataea）；萨拉米斯战役（Salamis）；温泉关战役（Thermopylae）；薛西斯（Xerxes）
斯巴达的波斯斯多亚（Persian Stoa，Sparta）：第 99、164、172 页
佩鲁基诺（Perugino）：第 176 页
帕兰达特斯（Pharandates）：第 235 页
法尔纳塞斯［Pharnaces（Parnaka）］：第 33、34、42、114 页
法尔纳扎特列斯（Pharnazathres）：第 233 页
法尔努克列斯（Pharnouches）：第 237—238 页
培伦达特斯（Pherendates）：第 233 页

马其顿的腓力二世（Philip II of Macedon）：第 59、60 页脚注，第 90、167 页
菲利皮德斯（Philippides）：第 56、223—224 页
菲洛西翁（Philocyôn）：第 159 页
普勒阿得斯人（Phleiasians）：第 105 页
弗基斯人/弗基斯（Phocians/Phocis）：第 8、59、139、140、141 页脚注，第 145、146 页
腓尼基人（Phoenicians）：第 23、54、55、96、106—107、108、117、118、238、239 页
佛提乌（Photius）：第 229 页
弗里吉亚/弗里吉亚人（Phrygia/Phrygians）：第 92、234 页
米歇尔·皮查特（Pichat, Michel）：第 182 页
皮格列斯（Pigres）：第 240 页
品达（Pindar）：第 3、208、222 页
皮西迪亚人（Pisidians）：第 235 页
安科纳的奇里亚科（Pizzicolli, Ciriaco dei）：参见安科纳的奇里亚科（Cyriac of Ancona）
薛西斯的梧桐树（plane tree, Xerxes's）：第 179 页
普拉提亚（Plataea）：第 8、57、91、139、199 页
普拉提亚战役（Plataea, Battle of）：第 9—10、33、68、88、100、117、151、152、158、163、165—166 页脚注，第 177、195、200、225、227 页
柏拉图（Plato）：第 77、80、154、197、204、207、249 页
普列斯塔库斯（Pleistarchus）：第 129、163 页脚注
普鲁塔克（Plutarch）：第 39、79、81、133、139、147 页脚注，第 154、

160、172—173、216、226 页
受斯巴达或温泉关战役启发的诗歌作品（poetry, inspired by Sparta/Thermopylae）：第 182—184、188—190、191 页
城邦（*polis*）：第 16、20、60、224、244—245、248 页
一妻多夫（polyandry）：第 208 页
萨摩斯的波利克拉特斯（Polycrates of Samos）：第 26—28、60、219 页脚注，第 220 页
波塞冬尼乌斯（Poseidonius）：第 159 页
史蒂文·普雷斯菲尔德（Pressfield, Steven）：第 133、185、193 页
普列克萨斯佩斯（Prexaspes）：第 240 页
跪拜（*proskunêsis*）：第 45、93 页
普罗泰戈拉（Protagoras）：第 247 页
英国的公立学校（public schools, British）：第 185 页

亨利·罗林森（Rawlinson, Henry）：第 33、44 页脚注
斯蒂芬·雷贝尼希（Rebenich, Stefan）：第 191 页
宗教（religion）
宗教激进主义（fundamentalism）：第 246—247、248 页
希腊的宗教（in Hellas）：第 62—63、219、247、251 页
波斯帝国的宗教（in Persian Empire）：第 43—48 页
斯巴达的宗教（in Sparta）：第 79、81—82、92—93、124、126—127、128、148、209、223 页
文艺复兴（Renaissance, the）：第 175—176 页
斯巴达的生育（reproduction, Spartan）：第 71、79—80 页
佯装撤退（retreats, feigned）：第 145 页

康斯坦丁诺斯·里加斯（Rhigas，Constantinos）：第 183 页
拉尔夫·理查德森（Richardson，Ralph）：第 193 页
欧律墨冬河战役（River Eurymedon，Battle of the）：第 10 页
查尔斯·罗林（Rollin，Charles）：第 178 页
罗马帝国（Roman Empire）：第 169—170、171 页
阿尔弗雷德·罗森伯格（Rosenberg，Alfred）：第 203 页
让·雅克·卢梭（Rousseau，Jean-Jacques）：第 154、178、203—204 页
王室大道（Royal Road）：第 43、93、121 页

萨卡（Sacae）：第 113、232、239 页
底比斯圣团（Sacred Band of Thebes）：第 129 页脚注
（献祭用的）牺牲（sacrifices） 310
动物献祭（animal）：第 79、148—149 页
活人献祭（human）：第 92—93、212 页
撒加提亚人（Sagartians）：第 117、237 页
法国圣马塞林镇（Saint-Marcellin，France）：第 179 页
萨拉米斯战役（Salamis，Battle of）：第 9、10、33、59、107、120、152、155、165—166 页脚注，第 177、249 页
萨摩斯（Samos）：第 16、21、26、55、67、118、219 页脚注，第 220 页
武士（Samurai）：第 131、194 页
萨兰吉人（Sarangians）：第 233 页
萨迪斯（Sardis）：xiv，第 21、25、35、43、66、92、95、108 页
萨斯佩里亚人（Saspeirians）：第 235 页
行省（satrapies）：第 40—42、95 页

弗里德里希·席勒（Schiller，Friedrich）：第 169 页
大流士的斯基泰远征（Scythian expedition，Darius's）：第 23、246 页
斯基泰人（Scythians）：第 19、113、232、252 页
第二诡辩派（Second Sophistic）：第 172 页，215 页脚注
第二次世界大战（Second World War）：第 185、190—191 页
塞琉古王朝（Seleucid dynasty）：第 174 页
自我批评（self-criticism）：第 205 页
塞佩亚战役（Sepeia，Battle of）：第 77 页
塞皮亚斯岬角（Sepias，Cape）：第 142 页
德尔斐的蛇柱（Serpent Column，Delphi）：第 105、225—226、228 页脚注
性态度（sexual attitudes）：第 63 页
雪莱（Shelley，Percy Bysshe）：第 149 页
盾牌（shields）
　　波斯人的盾牌（Persian）：第 142—143、231 页
　　斯巴达人的盾牌（Spartan）：第 132、143—145 页
泛希腊宗教圣地（shrines，panhellenic）：第 100—104、225 页
西西里（Sicily）：第 61、73、106—107 页
西锡安/西锡安人（Sicyon/Sicyonians）：第 105 页，第 144 页脚注
西顿/西顿人（Sidon/Sidonians）：第 120、240—241 页
雅典的银矿（silver，Athenian）：第 11、97—98 页
西蒙尼德斯（Simonides）：xi，第 3、135 页脚注，第 148、153、159、169、192、210、253 页
　　作为史料来源（as a source）：第 213、222—228 页
西洛米特列斯（Siromitres）：第 233 页

西撒尼斯（Sisamnes）：第 233 页
斯昆哈（Skunkha）：第 19 页
奴隶制（slavery）
雅典的奴隶制（Athenian）：第 11—13 页，第 114 页脚注
波斯人与奴隶制的关系（Persians associated with）：xii，第 58、108、134、135 页
斯巴达的奴隶制（Spartan）：第 195、202—203、207 页
斯梅尔多美涅斯（Smerdomenes）：第 116、236 页
亚当·斯密（Smith, Adam）：第 179 页
卡洛琳·黛尔·斯内德克（Snedeker, Caroline Dale）：第 185 页
苏格拉底（Socrates）：第 154、197、199、248 页
索格底亚那/索格底亚那人（Sogdiana/Sogdians）：第 19、34、233 页
梭伦（Solon）：第 22、51、213 页
索福克勒斯（Sophocles）：第 3 页
史料来源（sources）：第 213—230 页

斯巴达（Sparta）
公元前 485 年的斯巴达（in 485 BCE）：第 65—86 页
斯巴达与留克特拉战役（and Battle of Leuctra）：第 72、82、209 页
斯巴达与马拉松战役（and Battle of Marathon）：第 57、85、126、224 页
斯巴达与普拉提亚战役（and Battle of Plataea）：第 165—166 页脚注，第 200 页
斯巴达与温泉关战役（and Battle of Thermopylae）
斯巴达的贡献（contribution at）：xiv，第 152、204 页

精锐特遣部队/300勇士［elite taskforce（the 300）］：x，第3、7、124、126、129—132、148页脚注，第152、156、159、194、209页
对希腊联盟的领导（leadership of coalition）：x，第104—106、121—122、126、204页
接力战（relays，fighting in）：第145页
幸存者（survivors）：第157—160页
对外政策与同盟（foreign policy and alliances）：第73、75—77、83—84、86、96—97、103、204页
311 有争议的对中希腊的保卫（commitment to defence of central Greece questioned）：第100、139页
对伯罗奔尼撒半岛的控制（domination of Peloponnese）：第24—25、73—76页
远征雅典（expeditions against Athens）：第28—29、74—75、104页
希腊联盟（Hellenic League）：第63、102—106、249页
伊奥尼亚起义（Ionian Revolt）：第53—55、68页
对萨摩斯和雅典的海上远征（naval expedition against Samos and Athens）：第26—29、67、73—74页
对波斯威胁的反应（reaction to Persian threat）：第91—94、209页
与亚历山大大帝的关系（relations with Alexander the Great）：第167—168页
与阿尔戈斯的关系（relations with Argos）：第24—25、73、77—78页
与吕底亚国王克洛伊索斯的关系（relations with Croesus of Lydia）：

第 24、25、68 页
与马其顿的关系（relations with Macedon）：第 167 页
与罗马的关系（relations with Rome）：第 169—170 页
军事机器（military machine）：第 65、67—69、73、104、123、129、134—135、204 页
武器和盔甲（arms and armour）：第 143—145 页
对战争的态度（attitude to war）：第 5—6、65 页
常备军（standing army）：第 66 页
斯巴达神话/传统（myth-tradition of）：第 2、154—155、168—174、176—195、200、254—255 页
声称与斯巴达存在亲属关系（claims of kinship with）：第 173—174 页
对古希腊文化的贡献（contribution to ancient Greek culture）：第 200、204—208 页
以斯巴达命名的地点（places named after）：第 180—181 页
斯巴达的遗产（Spartan legacy）：第 200—211 页
政治制度（political system）：第 11—12、66—67、205 页
双王制（dyarchy）：第 16、67、85、126 页
极权主义国家（totalitarian state）：第 195、203 页
斯巴达社会（society）：第 11—12、69—71、207—208 页
对死亡的态度（attitude to death）：第 25、63、79—83、130—132、149、159—162 页
竞争性（competitiveness）：第 205、206—207 页
城邦强加的勇气？（courage state-imposed?）：第 189、205 页
教育制度（education system）：第 69—71、124、128、206、208、

224 页
荣誉和羞耻文化（honour and shame culture）：第 156—159 页
自由的理想（ideal of freedom）：xi，第 8、12、65、192、205、207—208 页
自我牺牲的理想（ideal of self-sacrifice）：xi，第 195、203、211—212、213 页
法律体系（legal system）：第 77—78、135、205—206、212 页
宗教虔诚（religiosity）：第 7、79、81—82、92—93、124、126—128、127、148—149、209—210、221 页
对待黑劳士的态度（treatment of Helots）：第 12、65、69、71、73、77、132、164 页脚注，第 192—193、202—203、207 页
仇外（xenophobia）：第 170—171 页
战争纪念碑（war memorials）：第 100、164、171、211 页
也可参见阿格西劳斯（Agesilaus）；阿吉斯（Agis）；克里奥美涅斯（Cleomenes）；德玛拉图斯（Demaratus）；列奥尼达（Leonidas）；列奥提西达斯（Leotychidas）；来库古（Lycurgus）；摄政王波桑尼阿斯（Pausanias，Regent）；提尔泰奥斯（Tyrtaeus）
“简朴的”这一词汇的来源（‘spartan’，origin of term）：第 202 页
斯巴达的长矛（spears，Spartan）：第 145 页
斯佩尔提亚斯（Sperthias）：第 93、128 页
斯大林格勒（Stalingrad）：第 192 页
内战（stasis）：第 118、249 页
自杀/谋杀（suicide/homicide）：x，第 130—132、199、204、209—210、211 页
幸存者愧疚（survivor-guilt）：第 156—159 页

苏撒（Susa）：xiii，第 7、21、34—35、36、40、43、87、93 页

斯巴达人的剑（swords，Spartan）：第 144、176 页 312

西恩尼西斯（Syennesis）：第 240 页

昔兰尼的辛奈修斯（Synesius of Cyrene）：第 173—174 页

安娜·西诺迪努（Synodinou，Anna）：第 193 页

叙拉古（Syracuse）：第 61、73、106 页

叙利亚人（Syrians）：第 117—118、232、234、238 页

精英分遣队（task forces，elite）：第 129 页

特格亚/特格亚人（Tegea/Tegeans）：第 73、77、105、158 页

坦佩防线（Tempe line）：第 7、121—122、123、124、138 页

恐怖主义（terrorism）：第 130、243 页

泰特拉姆尼斯图斯（Tetramnestus）：第 240 页

电影《300 勇士》[*The 300*（film）]：第 194 页

底比斯/底比斯人（Thebes/Thebans）：第 72、75、82、129 页脚注，第 170、207 页

温泉关战役中的底比斯（at Thermopylae）：第 7、138—139、147、152 页脚注

底比斯的米底主义（medism）：第 9 页

地米斯托克利（Themistocles）：第 9、91、97—99、121、142、155、165 页脚注

温泉关战役（Thermopylae，Battle of）：第 141—152、249 页

阵地（battle positions）：第 141—142 页

希腊军队的构成（composition of Greek force）：第 7—8、132、138 页

希腊人士气方面的胜利（Greek morale victory）：第 199、204 页
希腊人的战术（Greek tactics）：第 145 页
希腊人被背叛和包抄（Greeks betrayed and outflanked）：第 146—148 页
希腊人的后卫战斗（Greeks rearguard action）：第 148、149—151 页
温泉关传奇（legend of）
古代（in antiquity）：第 154—174 页
近现代（in modern times）：第 153、177—195、211 页
以温泉关命名的地点（places named after）：第 179、181 页脚注
文艺复兴时期的温泉关传奇（in Renaissance）：第 175—176 页
温泉关战役的纪念碑（memorials to）：x—xi，第 100—102、152 页脚注，第 155、161、163、213、225—226 页
波斯在温泉关战役中的损失（Persian losses at）：第 149、150 页
温泉关战役的重要性（significance of）：xi—xii，第 1、13、151 页
温泉关的地形（topography）：x，第 123、138、141 页

温泉关—阿尔特弥西昂轴线（Thermopylae-Artemisium axis）：第 122、123 页
塞隆（Theron）：第 107 页
特斯皮亚/特斯皮亚人（Thespiae/Thespians）：第 9、138、147、152、188、189 页
色萨利（Thessaly）：第 7、23、59、88、102、117、121、122、123、147 页

三十僭主（Thirty Tyrants）：第 154、160 页脚注，第 166、192 页
色雷斯/色雷斯人（Thrace/Thracians）：第 11、109、116、235 页
　大流士一世与欧洲的色雷斯人（Darius Ⅰ and European）：第 23、49、90 页
修昔底德（Thucydides）：第 5、90、98、118、139、189、205、215、216、223、227、228 页脚注，第 254 页
提巴列诺伊人（Tibarenians）：第 235 页
提格拉涅斯（Tigranes）：第 113、232 页
提莫纳克斯（Timonax）：第 240 页
梯林斯人（Tirynthians）：第 105 页
提塔伊乌斯（Tithaeus）：第 237 页
马库斯·尼布尔·托德（Tod, Marcus Niebuhr）：第 65、190—191 页
女王托米丽司（Tomyris, Queen）：第 19 页
极权主义政权（totalitarian regimes）：第 189、192、203 页
图拉真皇帝（Trajan, Emperor）：第 170 页
府库文书（Treasury Texts）：第 42 页
波斯的贡金（tribute, Persian）：第 8、19、31、36—37、43、114 页
三列桨战船（triremes）：第 99、238 页
特里坦塔伊克美斯（Tritantaechmes）：第 116、236 页
特洛伊真人（Troezenians）：第 105 页
特洛伊战争（Trojan War）：第 15 页
裤子（trousers）：第 111、231 页
特洛伊（Troy）：第 108 页
波斯人说真话的理想（truth, Persian ideal of）：第 47—48、133—134 页
康斯坦丁·特里帕尼斯（Trypanis, Constantine）：第 191 页 313

波斯对僭主制的支持（tyrants, Persian support for）：第 88 页
提尔海斯提亚德斯（Tyrrhastiades）：第 146 页脚注
提尔泰奥斯（Tyrtaeus）：第 81、173、174、227 页

铀转化（uranium conversion）：第 242 页
乌提亚人（Utians）：第 233 页
乌托邦（utopia）：第 204、210—211 页

彼得罗·范努奇（Vannucci, Pietro）：见佩鲁基诺（Perugino）
维特鲁威（Vitruvius）：第 132 页脚注
伏尔泰（Voltaire）：第 179 页

战争（War）
  希腊文化中的战争（in Greek culture）：第 2—6 页
  希罗多德对战争的看法（Herodotus's view of）：第 248 页
  战争的纪念碑（memorials to）：第 3—4、100、164、171—172、211 页
  修昔底德对战争起因的叙述（Thucydides on causes of）：第 90 页
  西方对战争的看法（Western view of）：第 131 页
华纳兄弟（Warner Brothers）：第 194 页
大规模杀伤性武器（weapons of mass destruction）：第 242 页
约旦河西岸（West Bank）：第 199 页
波斯人对鞭子的运用（whips, Persian use of）：第 108、134、149 页
共妻（wife-sharing）：第 208 页
女性（women）

希波战争中的女性（in Graeco-Persian Wars）：第 118—120、240 页
斯巴达的女性（Spartan）：第 71—72、81—82、132—133、210、224—225 页

斯巴达的仇外心理（xenophobia，Spartan）：第 170—171 页
色诺芬（Xenophon）：第 72、79、82、114、162、171 页
波斯大王薛西斯（Xerxes，Great King of Persia）：第 46、59、168、178、218—219 页
即位（accession）：第 87 页
魔鬼铭文（*Daiva*-Inscription）：第 31、49 页
薛西斯之死（death of）：第 245—246 页
扩张主义（expansionism）：第 31、58 页
希波战争中的薛西斯（Graeco-Persian Wars）
向希腊大陆进军（advances on mainland Greece）：第 108—109、121、123 页
所谓的试图刺杀薛西斯（assassination，alleged attempt on）：第 146—147、230 页
萨拉米斯战役（Battle of Salamis）：第 165 页脚注
温泉关战役（Battle of Thermopylae）：第 1、142、145、146—147、149、150—151、161、200、249 页
决定入侵希腊大陆（decision to invade mainland Greece）：第 6—7、87—91、246 页
兵力（forces）：第 109—120、231—241 页
进攻之前的准备（preparations for invasion）：第 95—97 页

萨拉米斯战役之后返回亚洲（returns to Asia after Salamis）：第59、165—166页脚注，第249页

与斯巴达的关系（relations with Sparta）：第8—9、93—94、209、210页

所谓的与德玛拉图斯的对话（supposed dialogues with Demaratus）：第91、94、133—135、178、210、218、233—234页

亨德尔的喜歌剧《薛西斯》[*Xerxes*（Handel）]：第178、179页

山田洋次（Yamada, Yoji）：第131页

佐比鲁斯（Zopyrus）：第116页

琐罗亚斯德教（Zoroastrianism）：第43、243页

图书在版编目(CIP)数据

浴火温泉关 ： 重塑世界历史 ／ (英) 保罗 · 卡特里奇著 ； 王静译. -- 上海 ： 上海社会科学院出版社, 2025. -- ISBN 978-7-5520-4753-0

Ⅰ. E19

中国国家版本馆 CIP 数据核字第 2025N8V368 号

上海市版权局著作权合同登记号：09－2024－0577

THERMOPYLAE：THE BATTLE THAT CHANGED THE WORLD

by

PAUL CARTLEDGE

浴火温泉关：重塑世界历史

著　　者：［英］保罗 · 卡特里奇

译　　者：王　静

审　　校：李永斌

责任编辑：范冰玥

封面设计：周清华

出版发行：上海社会科学院出版社

上海顺昌路 622 号　邮编 200025

电话总机 021－63315947　销售热线 021－53063735

https://cbs.sass.org.cn　E-mail:sassp@ sassp.cn

排　　版：南京展望文化发展有限公司

印　　刷：上海景条印刷有限公司

开　　本：890 毫米×1240 毫米　1/32

印　　张：12

插　　页：2

字　　数：298 千

版　　次：2025 年 9 月第 1 版　2025 年 9 月第 1 次印刷

ISBN 978－7－5520－4753－0/E · 043　　定价：78.00 元